The Anxious Generation

重磅导读

01　冲在最前面拯救“焦虑的一代”的不应只是父母

彭凯平　清华大学心理与认知科学系教授、社会科学学院前院长

02　“无手机教育”到来，这届年轻人会重获幸福吗

胡泳　苇草智酷创始合伙人，北京大学新闻与传播学院教授

03　从《时代周刊》封面到手机屏幕——解码 Z 世代的焦虑基因

徐凯文　大儒心理创始人

04　Z 世代的教育危机与应对之道

顾远　群岛教育创变者社区创始人，《教育 3.0》作者

05　AI 时代，跳出系统看成长

张晓楠　新东方直播间 CEO

06　焦虑的一代，需要重回完整的童年世界——教育怎么办？

李斌　蒲公英教育智库创始人，新校长传媒总编辑

扫码测“手机依赖度”
领取《紧急干预计划》

01　冲在最前面拯救“焦虑的一代”的不应只是父母

彭凯平
清华大学心理与认知科学系教授、社会科学学院前院长

手机和社交媒体对人类的改变超乎想象

我向大家推荐我的好友海特先生的新书《焦虑的一代》。这本书让我们看到孩子们在手机和社交媒体浪潮中正在受到的影响，也帮助我们深刻理解了互联网技术革命对每个人的巨大冲击。

海特先生在这本书中的研究、观点和思想都建立在了大量的心理学实证研究之上。这本心理学著作能够得到社会的普遍共鸣，我觉得是因为它反映了时代的呼声——要关注互联网时代成长起来的孩子。在青春期就开始频繁接触互联网的这一代人又被称为“数字虫”。他们的童年已不再是曾经的模样，而是从户外游戏和社交互动的丰富环境中转移到了屏幕前的虚拟世界。智能手机、社交媒体、短视频、泡沫直播、无穷无尽的游戏、“网红”生活、伪造的信息与知识、海量的数据等数字时代的产物重新定义了孩子们的生活与心灵。充满烟火气的“玩耍式童年”就这样被眼花缭乱的“手机式童年”所取代。

手机和社交媒体不仅改变了人类的生活方式，而且造成了人类成长和认知方式的根本性颠覆。互联网上的产品设计，特别是那些目的是吸引用户注意力的应用，利用了多巴胺反馈机制让孩子们沉溺于即时的刺激。其上瘾模式不仅削弱了孩子们的自控力，也破坏了他们的情绪稳定和幸福感。在电子产品里泡大的孩子们正

面临着极大的心理危机。焦虑、孤独、情绪失控等心理问题正在引发暴力、麻木、放任、意义缺乏、原创力衰减、抑郁症候、人际疏离等生存危机。

中国孩子面临的压力

数字时代给男孩和女孩带来的心理问题，无论中国还是外国都普遍存在。男孩沉迷网络会失去原始的生命力和激情，失去社交的机会和能力，未来年轻人谈恋爱的比例就会下降，形成低欲望社会。而女孩呢？在过去，女孩是会被好好保护起来的。中国古代的女孩是“养在深闺人未识”。而现在的女孩把自己的生活在社交媒体中“晒”了出来，然后要面临大量的网络霸凌和攻击。女孩们还会因为社交媒体产生容貌焦虑、身材焦虑、社交关系焦虑。有一种新的心理疾病叫“错失恐惧症”（Fear of Missing Out，FOMO），指担心自己会错过一些重要的信息或者体验的心理状态，比如当看到朋友们在社交媒体上分享有趣的活动时就会感到焦虑和不安。除了以上的共同点，我觉得中外还是存在一些文化差异的。比如，管教式教育在中国比较突出。其他一些国家的父母可能没有中国父母这样关心子女的学习、恋爱，甚至是生活习惯。再比如，中国父母的比较意识可能比较强。这种意识的优点是有助于自我提升，而缺点是会产生攀比心态，给孩子造成心理压力。

可以说，中国和外国的孩子们都面临着时代的压力，而孩子们在网络世界中所遭遇到的更加深层的问题几乎无人监管。教育者与养育者虽然在孩子沉迷网络游戏的反对态度上能够达成共识，但在具体管理与帮助的过程中所持有的观点与手段则矛盾重重。加之今天，特别是在发达国家或者像中国这样发展得很好的发展中国家中，孩子们的现实生活被保护得太好了，好到失去了“真正好”的标准。这导致孩子们在虚拟世界中的迷失和在现实世界中的无力。

以上种种问题只是数字时代儿童教育所面临的挑战的冰山一角。但哪怕只是这一点点挑战，都足以深刻地影响并改变孩子们的互动、学习和终生发展，并在孩子们的心理健康与情感发展中产生一系列动荡。这些问题不是只会影响到某些孩子或某些家庭，而是一个世界性的问题，会对全人类面对新的科技进步与社会发展提出强烈的伦理控诉，因为它关系到人类的发展，并对未来构成了威胁。

应对全球化的心理大危机

在互联网飞速发展的20多年中，社会各界都针对这些问题大声呼吁过，但大多数呼吁都是帮助父母做好监护和养育，并没有提供系统的解决方案。就此，海特在本书中大胆地指出，想要解决这一全球化的心理大危机，就必须由父母、学校、社会共同应对，统一协同，建立同一的目标，行使一致的行动。

父母的确需要为孩子创造一个平衡的线上线下生活方式。比如，与孩子一起制定明确的规则，限制电子产品的使用时间段和使用场合；帮助孩子理解这些规则背后的原因；展示健康的社交媒体使用习惯；带孩子参与户外活动和面对面的社交活动；带孩子识别和处理网络上的虚假信息和潜在风险，学习社交媒体上的隐私设置和个人信息保护；为孩子提供多样化的兴趣培养途径，支持孩子探索和发展多种兴趣，等等。

学校也应承担重要责任。比如，将课堂学习与真实生活相结合，让孩子参与真实社会问题相关的项目；提供丰富的课外活动和选修课程，鼓励学生探索不同的兴趣领域；培养学生的数字素养，帮助学生安全地使用互联网，理解数字环境中的权利与义务；建立有效的监控机制，等等。孩子们在参与各种活动和项目中发展自己的兴趣和才能，才能学习到如何在现实生活中与人沟通和合作，减少对虚拟世界的依赖。

此外，社会各界都需要制定和实施相关政策，保护青少年免受电子产品的负面影响。这包括加强对电子产品内容的监管，限制不适宜青少年的内容传播，鼓励青少年参与线下活动。科技公司需要开发和提供更加健康、有益的产品和服务。比如，设计一些有助于提高孩子学习能力和创造力的应用，或者开发一些限制使用时间、防止沉迷的功能。

本书是一份写给全社会的行动指南，为我们如何在数字时代中培养孩子提供了清晰的方向。面对这一代孩子的心理危机，我们不能简单地禁止或放任，而是要找到一个平衡点，让孩子们既能享受科技带来的便利，又能保持健康的生活习惯和社交能力。正如海特在书中所说的那样，我们的目标是让孩子更好地驾驭虚拟世界与现实世界。我们的终极目标不是培养一个成功的孩子，而是培养一个有能力为自身提供幸福感的人。

我要向孩子们推荐这本书，他们知道自己面临的陷阱、风险、挑战的时候，才能提早做准备，防止懵懵懂懂、稀里糊涂，在无所知晓中落入陷阱。我要向父母们推读这本书，因为冲在最前面拯救“焦虑的一代”的一定是他们的父母。只有了解孩子们面临的心理冲击，父母们才会有更多同理心，对孩子多一些关怀和理解，不会把孩子的问题当成他个人的问题，会意识到有些问题是时代的挑战，是科技的冲击。这本书也很值得我们教育工作者和心理学研究者关注。我们都是这个时代的参与者和影响者，我们的一言一行、一举一动既受到这个时代的影响，也创造了这个时代。因此，我们这个时代的所有人都应该读一读这本书。

02 “无手机教育”到来，这届年轻人会重获幸福吗

胡泳
苇草智酷创始合伙人，北京大学新闻与传播学院教授

“无手机教育”与青少年社交媒体禁令

2007 年问世的 iPhone 开启了现代智能手机时代，当前的中小学生都出生于这一时代。但《焦虑的一代》的出版终于带来一股潮流，学生在校期间使用手机的权限可能会被大幅限制。美国越来越多的学区领导者和政策制定者正在采取新的手机管理政策，由此展开的公共辩论也明显倾向于支持更严格的限制。从沿海到内陆，父母们都清醒地认识到，他们的孩子焦虑、抑郁、沉迷于手机，缺乏现实生活中的社交技能，因为他们花在手机上的时间太多了。社会上出现了一种共识，限制手机使用将有助于改善学生的心理健康和学习表现。

“无手机教育”理念开始风行校园，目标是帮助学生摆脱手机的干扰，专注于发展学习能力和社交技能，同时改善心理健康。

仍以弗吉尼亚州为例，州教育部于 2024 年 8 月 15 日发布的指导草案建议，在整个“上课铃到下课铃”（即学生到校和离校）期间，各年级学生的手机应保持关闭并收起。如果父母需要在上课期间向孩子传递信息，应通过学校办公室联系。

而根据加州州议会的最新法案，允许学校使用置物柜或 Yondr 锁袋来限制学生使用手机。Yondr 锁袋是一种材质柔软的手机大小布袋，开口设置磁性锁，学生把手机放进袋内后会自动上锁，直到下课之后到指定地点，接触磁性装置之后才会解锁。

皮尤研究中心研究表明，智能手机引入10年后，美国95%的青少年都拥有智能手机，45%的人表示经常使用手机上网。上网的一个“主要目的地”是社交媒体平台。美国国家卫生研究院2023年的一份报告发现，青少年使用社交媒体“几乎是普遍现象”，高达95%的青少年和40%的8～12岁儿童使用社交媒体平台。此外，皮尤研究中心的一项调查报告显示，青少年平均每天在社交媒体上花费3.5小时。

研究人员开始尝试评估这种“屏幕时间”对青少年心理健康的影响，其中一些研究报告了令人担忧的结果。2017年发表在《临床心理科学》（*Clinical Psychological Science*）杂志上的一项广泛传播的研究发现，青少年使用屏幕的时间越长，他们出现抑郁症状或尝试自杀的可能性就越大。相反，他们花在非屏幕活动上的时间越多，例如参加体育运动或与朋友外出，他们出现这些问题的可能性就越低。这些以及其他类似的研究结果引发了人们对“沉迷于智能手机的一代”的恐惧。

“无手机教育”不仅仅是美国的共识。国际经济合作与发展组织（OECD）2023年发布的数据显示，屏幕使用时间与学习成绩之间存在明显的相关性。学生使用设备和社交媒体的时间越长，尤其是在校期间使用得越多，他们的数学成绩就越差。为此，该组织建议校园内全面禁止使用手机。

2024年6月，西班牙曾提出立法建议，将禁止使用社交媒体平台的年龄限制从14岁提高至16岁。而在法国，从2023年开始禁止15岁以下未成年人使用社交媒体，但获得父母准许后，大多数人都可以绕过政府的这项禁令。

澳大利亚议会在2024年11月28日通过《2024年网络安全修正案》，禁止16岁以下未成年人使用多数社交媒体平台。如果TikTok、Facebook、Snapchat、Reddit、X和Instagram等社交媒体平台不能系统性阻止16岁以下儿童持有账户，将被处以最高5 000万澳元（约合人民币2.35亿元）的罚款。

据路透社报道，正是海特的书成了该修正案的催化剂。海特常说的一句话是：我们在现实世界中过度保护孩子，却在虚拟世界中对他们保护不足。

澳大利亚通信部长米歇尔·罗兰（Michelle Rowland）表示，推出上述法律的目的是保护青少年，而不是让青少年隔绝于网络。罗兰说：“这一切都是为了保护青少年，而不是要惩罚或孤立他们。同时，我们也是为了让父母们知道，在保障儿童健康和幸福方面，我们和父母属于同一阵营。”

罗兰援引政府的一项调查报告称，95% 的澳大利亚父母都认为，网络安全是他们在养育孩子方面所面临的最严峻挑战。罗兰指出：“14 岁至 17 岁的澳大利亚未成年人当中，近 2/3 曾浏览过有害内容，包括药物滥用、自杀自残以及暴力的内容，另有 1/4 的人则接触过宣扬不健康饮食习惯的内容。”

年轻人为何不幸福了

2021 年弗朗西丝·豪根（Frances Haugen）披露了 Meta 的内部邮件，揭示该科技巨头早已知道社交媒体对青少年心理健康的影响，此后全球各地的领导人一直在为如何遏制这一技术对年轻人心智造成的成瘾效应而苦恼。

2024 年夏天，美国卫生总监维韦克·默西（Vivek Murthy）撰写了一篇《纽约时报》专栏文章，呼吁在社交媒体应用程序上张贴类似于烟盒上的警示标签，指出社交媒体的使用与年轻人的心理健康风险有关。

默西写道：“为什么我们未能应对社交媒体带来的危害，而这些危害的紧迫性和广泛性丝毫不亚于不安全的汽车、飞机或食品？这些危害并非意志力或教养方式的失败，而是由于在没有充分安全措施、透明度或问责机制的情况下，释放了强大的技术所导致的结果。衡量任何社会道德水准的标准，是看它如何保护自己的孩子。……我们拥有让社交媒体为孩子营造安全环境的专业知识、资源和工具。现在是行动的时候了，因为孩子们的福祉正面临威胁。”

问题是，许多孩子对这样的禁令不以为然。他们争辩道：“大人们也同样重视自己的移动设备，为什么却要干涉我们？”弗吉尼亚理工大学城市事务与规划学院副教授沙利尼·米斯拉（Shalini Misra）研究环境与社会心理学。她总结了为什么人们如此广泛地关注儿童和青少年使用手机和社交媒体的问题。

米斯拉说：“因为他们还年轻，大脑仍在发育中。”孩子们很难应对智能手机带来的刺激和源源不断的信息流。大脑中处理执行功能（比如解决问题、进行组织和集中注意力等）的部分还在发育。

成年人也会在不断的信息流中挣扎，但他们的执行功能更强。“他们的冲动控制能力更强，管理和调节情绪的能力也更强。”

米斯拉曾经就移动设备的存在对社交互动的影响进行过一项研究。她发现，当两个人进行对话时，如果至少有一个参与者将手机拿在手中，或放在两人之间的桌子上，对话的质量就会下降。“他们说，双方的共情削弱了，觉得彼此间的联系也减少了。两个人之间的关系越紧密，手机就越是一种障碍。”

海特提出了一种四管齐下的方法来解决青少年对手机的依赖问题：在孩子进入高中之前，不要给他们智能手机；在孩子 16 岁之前，不要让他们使用社交媒体；将手机排除在学校之外；让孩子更加独立。

然而，海特的书也不是没有争议的。它对青少年心理健康危机的看法过于简单化。海特的批评者认为，他利用了一些确实存在的现象（例如抑郁和焦虑的孩子、对科技的过度依赖以及人与人之间的疏离感）对智能手机进行了过于宽泛的指责，而问题其实比表面上看到的要复杂得多。

正如加州大学欧文分校心理学教授坎迪斯·奥杰斯（Candice Odgers）在《自然》杂志上对《焦虑的一代》的批评中提出的那样：“社交媒体真的是青少年心理疾病流行的幕后黑手吗？”根据奥杰斯的说法，答案是否定的。她尖锐地指责海特“仅仅通过观察趋势线编造故事”，并表示他的书的核心论点“没有科学支持”。奥杰斯指出，海特犯了将相关性误认为因果关系的基本错误。

奥杰斯在 2020 年发表的一项综述分析了 40 项此前的研究，未发现智能手机持有、社交媒体使用与青少年心理健康之间存在因果关系。她引用的 2023 年一项覆盖 72 个国家的幸福感与 Facebook 普及率的分析也没有提供将社交媒体传播与心理疾病联系起来的证据。这些研究人员甚至发现，Facebook 的普及与青少年幸福感的一些积极趋势有关。另一项分别对 500 多名青少年和 1000 多名大学生进行的为期两年和六年的调查发现，社交媒体使用的增加并不会导致抑郁症的发生。

奥杰斯认为，海特从如此不确定的科学结果中得出“青少年有问题，因此智能手机不好”这一大而化之的结论是错误的。他犯了事后归因谬误：后此，故因此。这是逻辑学研究中经常遇到的认识偏误，它指的是这样一种不正确的推理：如果 A 事件先于 B 事件发生，则 A 事件是 B 事件的原因。

具有讽刺意味的是，海特自己在他的学术研究中曾经指出，“道德推理通常是事后构建的”，即在已经做出判断后才进行推理。科学家同行表示，他的书宣称“不道德的科技已经腐蚀了当今的青少年”，因而掉进了同样的陷阱。

牛津大学心理学教授安德鲁·普热比尔斯基（Andrew Przybylski）强调：“非凡的主张需要非凡的证据。现在，我认为海特并没有提供这样的证据。”

斯特森大学心理学教授克里斯托弗·弗格森（Christopher Ferguson）表示，海特的书正在煽动对社交媒体的道德恐慌，让人联想到关于视频游戏与现实暴力的关系的辩论。

像奥杰斯一样，弗格森在 2021 年也对 30 多项研究进行了荟萃分析。他说："总体而言，正如视频游戏等以前的媒介一样，人们对屏幕使用时间和心理健康的担忧并没有可靠的数据依据。"荟萃分析发现，使用智能手机或社交媒体与心理健康状况不佳或自杀倾向之间没有联系。

海特回应了批评，辩称他和他的合作研究者扎克·劳施汇编了大量实验研究，其中大部分都支持他的说法。海特还强调，虽然有许多相关性研究，但他的研究也包括因果关系的证据。并且，在一档广播节目中，海特反问："我一直在要求提出替代理论。你认为不是智能手机和社交媒体的问题，那到底是什么呢？"

他指出，2012—2013 年，美国青少年心理健康指标突然出现了急剧的下滑，没有人能解释为什么——而且，这种情况不仅仅发生在美国，加拿大、英国、澳大利亚、新西兰、北欧等地都是如此。"我等着有人找到一种只在这些地区释放的化学物质，特别影响女孩，年轻女孩最甚。如果有人能找到，那你就有了另一个故事。"

批评者们迅即指出，海特在诉诸无知，这是另一种逻辑谬误：替代理论不存在，因此我的假设是正确的。显然，畅销书排行榜上缺乏关于青少年心理健康状况恶化的其他解释，并不意味着海特书中的观点就是正确的。

答案可能就处在两方争论的中间：智能手机是青少年心理健康恶化问题的一部分，但不是全部。

在这一点上，我认为海特是对的：智能手机是瑞士军刀型工具。我想从 A 点到 B 点，它有地图功能；我想吃饭，它告诉我附近哪家餐馆排名最高；我想听音乐，它有音乐软件；我想看视频，它给我提供各种视频平台。这太神奇了，起初看上去对任何人的心理健康都没有害处（甚至好像还有点益处）。

然而，App 经济的发展，迅速改变了智能手机的角色。想象一下，现在你口袋里有一个设备，成千上万的公司都在努力吸引你的注意力，并力图让你长时间使用它们的应用软件。

结果怎么样呢？手机从你的工具变成了你的器官。几乎所有人都带着手机睡觉，把它放在枕头下、床垫上，或者至少在床侧的一臂之遥。他们在入睡前查看社交媒体，并在早晨醒来时立即拿起手机。很多人必须这样做，因为他们把手机当闹钟。“刷”手机是他们入睡前做的最后一件事，也是他们醒来后做的第一件事。一些人说：“我知道我不应该，但我就是忍不住。”有多少人仅仅是想睡前小小放松一下而拿起手机，结果，不知不觉地“刷”了两三小时而影响了睡眠？

想想看，我在这里说的都还是成年人。孩子们更容易受到一种想法的影响：“这事太难了，不如先轻松一下。”就连大人都始终在寻找比手头正在做的事更有趣、更轻松的东西。然而成年人已经有了完全发育成熟的前额叶皮质，青少年却没有。所以，各种各样在手机上发生的趣事会把青少年吸引走，更别提社交媒体了。

海特说，当你换上智能手机，拥有前置摄像头、Instagram 和高速数据的那一天，那就是这个设备可能变成你的主宰的那一天。对孩子来讲，他所说的“童年大重构”便是指这样的时刻。那么，经历了重构的孩子会如何长大呢？

过去有一个被称为“U 型幸福曲线”的现象，其中青少年晚期和二十多岁的人与六七十岁的人一样最幸福，而中年人则相对比较不幸福。这一现象在全球范围内普遍存在，直到几年前还是这样。

而现在，二十岁左右的年轻人，通常不会说自己是最幸福的人。经济学家大卫·布兰奇弗洛尔（David G. Blanchflower）的最新一篇工作论文显示，上述 U 型曲线现象已经不再成立。他研究了 34 个国家，发现青少年晚期和二十多岁的人实际上是最不幸福的，或者说最焦虑的。

无论如何测量，年轻人经历了巨大的变化。曾经他们是最幸福的群体，现在却变成最不幸福的。由于成年人没有在青春期保护他们，这可能会对他们的大脑产生持久的影响，因为青春期是一个如此重要的阶段。

作为大学老师，我接触的是后青春期的年轻人。他们从重构的童年里恢复了吗？我不知道。我总是试图说服他们，你的注意力是你拥有的最宝贵的东西。如果你走运，你可以赚很多钱；你赚的钱没有上限。但你拥有的注意力是有限的。你就是不能拥有更多的注意力。所以，你打算把它分配给谁？

起码，每当孩子们在教室里上课时，我们都希望他们使用技术的重点是学业，而不是无休止的、可能有害的滚动内容。

03 从《时代周刊》封面到手机屏幕——解码 Z 世代的焦虑基因

徐凯文
大儒心理创始人

焦虑是文明必修课？解码《时代周刊》封面下的集体潜意识

我坚信所谓的“焦虑的一代”不单单包括青少年。焦虑是一个普遍现象，影响着每一个人。青少年只是众多受害者中的一个群体，也是承受其后果的关键群体。过去，我进行了一项研究，在《时代周刊》网站上回溯了几十年的封面故事，探寻“焦虑”作为主题的频率。我记得有四次封面特别突出了这一主题，每一次都深刻反映了那个时代的特色。

20 世纪五六十年代，《时代周刊》的一期封面以“内疚与焦虑”为主题，这与战后的心理创伤紧密相连，封面上配以爱德华·蒙克的《呐喊》，画中背景是宁静的峡湾，与画中人物痛苦的表情形成鲜明对比。蒙克通过这幅画传达了一代人的心声，表明西方社会在 60 年代就已开始显露焦虑的迹象，人们感受到了焦虑、孤独、迷茫乃至恐惧。

进入 80 年代，焦虑问题再次浮出水面，成为时代的焦点，这一时代被称为“高焦虑时代”。尽管科技的进步让人类能够登月，但焦虑感依然普遍存在于美国人的生活中。在这一背景下，人们开始探索解决焦虑的新途径，比如研发抗焦虑、抗抑郁药物，开创新的心理治疗方法，事实上，许多目前被广泛使用的药物和心理治疗手段正是在这一时期诞生的。

90年代，随着“理解焦虑”这一主题的兴起，社会对儿童心理健康问题的关注日益增加。一项深入的研究揭示了焦虑的心理机制，其结论颇具说服力。然而，《时代周刊》总编辑以一句精辟的话概括了这项研究的精髓：“尽管我们似乎对焦虑有了全面的了解，但与90年代中期的美国人相比，我们曾经所说的‘焦虑的一代’所经历的高焦虑时期简直微不足道。”

智能手机：是吞噬童年的元凶还是替罪羊？

我已多年未关注最新一期的内容，但我记得在2011年，某杂志刊登了一幅探讨焦虑的漫画，题为“为什么焦虑对你有益？”漫画描绘了一个戴眼镜的知识分子，手持一根精致的红绳，似乎准备愉快地结束自己的生命，而标题却在强调焦虑的积极面。在全球精神健康领域，美国的投资最为巨大，尽管竞争激烈，但其成果也最为丰富。作为一名精神科医师，20世纪90年代我曾参与一些精神科药物进入中国市场的实验。而美国的精神疾病发病率位居世界之首，高达26.4%。

谈及互联网，新冠疫情期间我负责了一个关键课题，研究当前形势为何愈发严峻，且尚未触顶，仍在恶化。特别是在经济发达地区，青少年自杀率的增长尤为显著，这一点尤为引人关注。相比之下，经济相对落后的地区，如三、四线城市，情况尚可，而一、二线城市的自杀率却高得惊人。这里提到的仅是自杀成功的案例，而尝试自杀的人数通常是成功自杀人数的20倍。若再考虑到自残和自我伤害的案例，即考虑那些并非出于自杀意图，而是为了处理情绪的人，这一比例可能会更高。

这是一个至关重要的问题。正如马克思和恩格斯所强调的，科学技术既拥有巨大的潜力，也承载着重大的责任。如果人类未能以智慧掌控科学技术，就可能被科技反噬，导致科技对人的异化现象。手机的普及无疑带来了一场革命，但它模糊了工作与生活的界限，使得工作可以随时介入人的私人时间。这种无间断的连接性加速了生活节奏，随之而来的焦虑感也愈发强烈，在年轻一代尤甚。

因此，尤其是在经济发达的一线城市，孩子们承受着巨大的压力。在这种背景下，人文教育的重要性愈发凸显。人文教育能够培养我们的批判性思维和人文关怀，帮助我们以智慧的方式掌握科技，避免被科技所控制。我们必须认识到，科技的发展不应以牺牲人性为代价，否则高科技的副作用可能会反噬人类。

探索文化根源——美国孩子与中国孩子谁更焦虑?

美国的高焦虑情况就与其文化密切相关。美国文化中对物质追求、竞争和成功的强调，导致了焦虑的普遍化。在这种文化趋势下，孩子们尤其容易受到焦虑的影响，他们往往是最先感受到压力并可能因此崩溃的群体。

最近听到一位在美国一所中学读书的学生反映，仅有数百名学生的学校，近半年来却发生了数起学生危机事件，这表明青少年的心理健康问题已成为一个全球性议题，而非孤立事件。因此，我认为我们应对时代的焦虑问题需要超越表面，深入探讨其背后的文化和人类生态因素，包括我们如何与自身的欲望相处，以及是否必须超越他人才能感到满足。广泛性焦虑的本质是对尚未发生事件的过度担忧。但无论我们如何忧虑，未来总会到来，其具体形态无人能预知。我们应该更多地借鉴中国文化中的智慧，学习如何不被外界操控，不被物欲所左右，以及如何避免在不断追求超越他人时反受其害。

事实上，所谓的手机问题并非问题的核心，我们往往将各种问题错误地归咎于手机使用。回想互联网和手机刚开始普及时，提出的诊断标准认为每天使用超过 4 小时就是手机成瘾。然而，现在几乎每个人都超过了这个标准，手机已成为日常生活不可或缺的一部分。因此，禁止孩子使用手机既不现实也不可取。

为何将手机问题视为伪问题？在我与一些被认为严重依赖手机或网络的青少年交流时，我发现他们并非真的沉迷于手机，而是将其作为一种消磨时间的工具。当我问及他们是否真的喜欢玩手机时，他们的回答往往是否定的。他们选择玩手机，通常是因为觉得学习乏味且压力重重。因此，我们的目标不应是简单地阻止他们使用手机，而是引导他们参与更有趣、更积极的活动，如唱歌或跑步，这些都是有益身心的选择。

因此，在引导孩子方面，如果学校的教学和课余活动都能激发兴趣，手机问题就会变得次要。我们应专注于如何使学习变得有趣，如何让孩子在学校感到快乐。人类天生喜欢有趣的、新鲜的事物，也需要亲密的社会联系。作为社会性动物，亲密关系对我们至关重要。孩子们一旦缺乏高质量的陪伴、亲密关系和团队互动，以及学校中的有趣活动，学习就会变得枯燥且充满压力。

正如海特在其著作中所强调的，孩子们天生具有一种复原力和面对挫折的能力，过度保护剥夺了他们锻炼这些能力的机会。从医学的视角来看，长期生活在无菌环境的孩子一旦接触外界，更容易生病。相反，孩子如果经常接触微生物，体内会形成一定的免疫力。过度保护反映了一些父母的焦虑，他们对孩子的小磕小碰反应过度，最终导致孩子们不敢自由玩耍，陷入焦虑和痛苦。

从隔绝到共生：突围焦虑需要重建哪些社会支持

另一个值得深入探讨的问题是社会支持的缺失。我们都记得童年时光里，邻里间的联系都非常紧密。我曾观察到，一些来访者虽然问题不严重，却愿意花费大量金钱，甚至可能是他们收入的 1/4，来进行心理咨询。当我问及他们为何这么做时，他们的回答令人深思：因为缺乏倾听、交流的对象。

我长期跟踪研究汶川地震中失去子女的家庭，发现尽管他们未能获得现代化的心理干预，但心理状况表现良好。他们是如何走出悲痛的呢？关键之一在于，尽管他们从村庄搬入了小区，但仍然保持着紧密的社区联系，一起打麻将，一起打工，这种社会支持对心理健康至关重要。缺乏社会支持是导致人们需要心理支持的主要原因。如果拥有坚实的社会支持网络，如亲密的朋友和儿时玩伴，许多问题便能更早得到解决。

人们选择与机器对话，部分原因是对直接的人际交流和互动感到不安。因此，为了使人们能够建立起更完善的智慧和知识体系，必须为他们创造相遇的机会，即便是通过冲突。心理健康的促进强调了社会支持的重要性。我们能否逆转趋势，重返一个彼此熟悉的社会？在大城市中，人与人之间的距离似乎越来越远。

于此，我非常赞同中国教育学会名誉会长顾明远先生的观点，我们也看到了问题的严重性。我们目前正处于一个人与人过度竞争的疏离环境中，迫切需要减缓这种趋势。通过与数百位校长的访谈，我们发现教育评价体系存在重大问题：成功的定义过于狭隘，似乎只有进入清华北大等顶尖学府才算成功。这种评价标准忽视了其他学校。如果成功的定义仅限于考入顶尖大学，那么 99.9% 的人都会被排除在外，这种功利主义目标无疑会引发广泛的焦虑。

为全人类守护每一个孩子的童年

我对教育的未来是持乐观态度的，主要基于两个原因。首先，社会各界已经开始采取行动，因为父母们意识到孩子面临的挑战，迫切需要变革。这并非任何人的过错，而是时代的步伐已经超越了我们，AI 时代已经到来，而我们的教育思维模式还停留在工业化时代。其次，我们有机会重新思考在当前时代下，学习应如何进行，教育应如何适应，这可能是我们从根本上解决问题的关键。

大儒心理 2024 年接到的咨询量高达 12 000 例以上，其中青少年占 71%。令人鼓舞的是，这些青少年中没有一个表示放弃。他们每个人都渴望进步和自我实现，需要得到认可和肯定。然而，孩子们往往因为担心被误解而犹豫是否寻求帮助，例如担心看医生会被标签化，或者担心药物的副作用。他们对寻求帮助有一些预设的顾虑，包括对老师的担忧。实际上，孩子们愿意寻求帮助，只是他们希望以自己能接受的方式进行，而不是被动地接受学校的安排。

我们的社会环境，尤其是学校环境，并没有我们想象的那么焦虑。在为父母举办的讲座中，我经常强调，父母应该向宠物学习，因为它们不会询问孩子的考试成绩，更不会讨论排名，而是无条件地支持和陪伴孩子，给予其温暖和肯定，因此受到孩子们的广泛欢迎。关键在于如何在家中和学校营造一个积极的环境，让孩子们喜欢上学并主动学习。

《焦虑的一代》给我们的重要启示也在于此：如果一代人普遍产生了焦虑，那一定是时代的问题。时代应该为孩子提供更加适合健康成长的社会环境，让孩子获得充足的睡眠、真实的社交环境，让孩子能将注意力放在更有价值的事上，保护孩子远离令人成瘾的电子产品。海特先生提出的不仅是教育命题，更是文明命题。当社会为孩子的童年腾出喘息空间时，一代人都将重获滋养心灵的阳光。

04　Z 世代的教育危机与应对之道

顾远

群岛教育创变者社区创始人，《教育 3.0》作者

如何区分现实和虚拟世界

不同世代的划分依据的是同一代人基于共有的成长大环境，所体现出的具有共性的生活方式、精神状态、社交方式、价值观等。1995 年后出生的孩子被称作“Z 世代”。他们的青少年时期和移动互联网、智能手机、社交媒体的出现与极速发展刚好重叠，由此带给他们成长的影响有目共睹。

这种影响令人猝不及防又眼花缭乱。我们可以说出多少种好的影响，就能相应说出多少种坏的影响。我们亟需清晰而有说服力的判断标准和行动建议。

我手边的这本《焦虑的一代》正是围绕这一目的而写的。

作者是一位父亲，和很多的父母一样，对越来越多的孩子们沉迷于虚拟世界深感忧虑，因为居高不下的青少年焦虑和抑郁比例而担心。和很多父母不一样的是，作者还是一位知名的社会心理学家（曾著有《象与骑象人》)，他把自己的担忧变成了清晰的思考和扎实的研究。

作者把 Z 世代以及当下世代的青少年所面临的危机，概括为“在现实世界里受到了过度保护，而在虚拟世界里则保护不足”。

在现实世界里，人们的人际关系和社交活动体现出了四种特征：具身性、实时性、沟通主要是一对少数、发生在社群之内。虚拟世界则在上述四个方面呈现出

完全相反的特征。

这个区分可以看作全书中最具启发性的部分之一。它有助于我们在判定现实与虚拟时区分形式和实质。一个孩子正在使用网络视频和另一个孩子交流，这是现实世界还是虚拟世界？不一定，要用上面的四个标准去衡量。如果这场视频通话的性质类似于过去两个少年笔友之间的鸿雁传书，那么它并不因为使用了互联网而失去其现实性。

反过来，一个孩子参加了户外活动，这一定是现实世界吗？不一定。想起来我参加过的一项综合体能竞技赛，旁边有亲子场。很多的父母在不停地拍照，孩子也会摆出各种造型。有的照片光鲜亮丽，有的则看上去浑身泥泞，但是目的似乎都只有一个：发到朋友圈里展示，并期待收获点赞和好评。无论是父母还是孩子，身体在现实世界中，心理和精神却在虚拟世界里。

所以，我们也可以理解，作者虽然在提醒我们警惕沉迷虚拟世界对孩子成长的损害，但作者并不是“一刀切”地反对使用一切互联网设备和技术，关键看怎么用。

这个区分还为我们明确了探讨问题的框架和评价标准。作者在书中第二部分，从人的成长发展角度，详细分析了现实世界中的自由玩耍给孩子们带来的意义。这部分内容几乎可以当作一本简明的儿童认知发展读本。

在书的第三部分里，作者指出了沉迷于虚拟世界带给青少年的一系列损害，而这些损害带来的最直观也最严重的后果便是青少年焦虑症和抑郁症的持续高发。这也是作者给本书起名《焦虑的一代》的原因。

社交媒体不等于互联网，智能手机不等于电脑

作者指出了一个很有讽刺意味的现象：人类对烟酒、赌博、色情等对青少年的危害认识得很清楚，这些外在刺激会极大地影响他们的生长发育和心智发展，而同时他们的自控能力相比成年人又薄弱许多，所以必须严格管制，设置年龄限制。而沉迷于虚拟世界带给青少年成长发展的影响是类似的，甚至更加严重，但是人们的重视程度和相关举措却严重不足。

作者在全书的最后一部分分别面向社会、学校和家庭给出了自己的建议。不少建议都需要作者所称的“集体行动”，也就是说至少有一部分人先组织起来去行

动，去尝试。

在所有建议中，最关键的是四条：孩子上高中前不使用智能手机；孩子 16 岁前不开设社交媒体账号；学校打造零手机校园；让孩子有充足的自由玩耍时间以及自主权。

这些建议可能会让那些原本就严禁孩子们使用智能移动设备的成年人们更加理直气壮。此时有必要提醒的是，作者明确指出社交媒体不等于互联网，智能手机不等于电脑。作者认为需要警惕的是无处不在的虚拟世界对青少年的影响，他并不反对将技术应用于丰富现实世界的体验。

对于那些持更自由的教育观，对孩子使用电子设备持更宽松态度的读者，则很有可能觉得作者是不是有点过于保守和谨慎了。毕竟，人类对于人的发展方式、认知模式等的理解还有很多未知，而虚拟世界带来的可能性也不能因噎废食。如此严格地限制孩子们进入虚拟世界会不会因此错失了很多机会?

作为一个密切关注人的发展成长和教育创新的人，我完全理解这种想法。我个人的态度是，作者在书中指出的现实世界带给人的成长发展的因素都是本质性的，是经过百万年人类这个物种的历史验证的，也是有严谨科学研究支持的。我们一方面可以探索虚拟世界带来的未知的潜力和可能性，同时也要将书中提到的那些助力成长的因素作为红线来做一个“警报器”，任何的探索都不应触发那些警报。

最后，我还可以在作者的四条建议之后再补一个建议：把这本书和另一本书搭配阅读。另一本书是彼得 · 格雷（Peter Gray）的著作《玩要是最认真的学习》（*Free to Learn*），围绕如何在现实世界里进行自由玩耍做了详细的阐述，并给出相应的建议。

05 AI时代，跳出系统看成长

张晓楠
新东方直播间 CEO

3个维度，看手机主宰的生活会带来什么

AI带来的变化太快了，让人类看到了自己的边界。过去，我们总以为能掌控很多东西，但实际上我们能掌控的世界在快速扩大，我们人类的局势和边界却在缩小。缩小和无限扩大之间的张力会使我们产生焦虑。今天的方法、今天的认知、今天的手段，解决不了明天的问题。而未来来得太快，三个月就是一个未来。如果我们现在不能用未来的方法解决问题，或者在系统之内解决不了系统问题，那就需要跳出系统来看问题。

海特先生这本《焦虑的一代》帮助我们站在系统之外，审视时代问题。我非常喜欢这本书的第8章，里面给出的“社会空间的3个维度”坐标轴给了我很大的触动。书中说，X轴表示亲密度，包括了各种社会关系，比如亲子关系、亲密关系以及我们与自我的关系。而Y轴表示社会等级，就是我们所说的“标签”。我们一辈子的评价体系都在让我们去获得各种标签，比如上的是名校还是普通学校。我们的每句话也都充满了标签。因为Y轴很好界定和评价，我们可以用共同的概念和标准去衡量社会等级。因此，我们在纵轴上发展得特别愉快。但我们在X轴上容易失去体验和感受。没有了体验和感受，我们的各种关系就会出现问题。Z轴表示神性，这个维度非常重要。无论是有神论者还是无神论者，大家心里都有判断是非好

坏的标准，相信有些人、地点、行为、物品是神圣、伟大而纯洁的，能带来道德提升感。海特先生分析了这个坐标轴中的3个维度，告诉我们，手机主宰的生活会带来什么。我们越来越生活在某种不自知的信息茧房里。

被链接方式影响的人类

做媒体这么多年，我发现，技术的变革首先会在传播领域带来大的变化。这么多年来，人类实际上是被传播的内容、传播的方式，以及最重要的——链接方式所影响。技术带来了传播的变化，传播带来了链接的变化，于是我们所有的社会关系都在重构。在这种重构中，必然有书中所说的混乱、迷失和焦虑。海特先生提醒我们，生活一旦被手机主宰，我们就会被大量由算法选择并通过通知推送的内容所包围。这时，互联网里的内容就容易在精神层面将我们越拉越低。如果我们不想轻易下坠，就需要夺回对信息的控制权，以及对生活的控制权。

我还非常喜欢这本书里“焦虑的女孩”和“孤独的男孩”这两个章节。因为我们天生的性别、生理结构决定了很多问题。正如书中所说的，男人负责外出狩猎，女人负责守家，这些都是我们基因决定的，我们很难与之对抗。也许随着生物医药和科技的发展，我们可以改变许多基因规律，但基因在我们当下生活中的影响仍然存在。

我喜欢看一些奇奇怪怪的研究，这本书中从男孩和女孩这两个角度分析，契合我发现的一些特别有意思的现象。书中提到，为什么女孩现在如此热衷于修图，而男孩也在修图，但女孩更疯狂。我发现，部分女孩旅行时关注的是景点是否适合拍照，而不是景点本身的美好。她们可能花费了很多时间和金钱去一个景点，但评价这一天是否值得，主要基于是否拍出了可以修图后发到社交媒体上的照片。如果同行伴侣把照片拍得好，女孩会给予奖励；如果没拍好，可能就会发生争执，即使景点再美也变得不重要了。很多女生在景区可能不再像以前那样深度体验40分钟，真正感受景区上空的白云，而是会过度关注是否能拍出可以展示的照片。正如《焦虑的一代》中所说：“在虚拟网络中，女孩们所经历的社会比较是人类进化过程中经历的社会比较的数百倍。”在这种比较中，大部分女孩都面临着迷失的风险。

为什么要把时间还给孩子？

这本书里有一个观点是我特别认同的。它说，把时间还给孩子。妈妈都爱自我否定，说自己没有给孩子提供高质量的陪伴。但这本书里告诉你，不用陪伴，让孩子自己玩，每天给孩子创造更多自由玩耍的时间。这是我第一次深刻地看到这样的观点，说要把孩子的时间还给孩子。书中讲到，我们的大脑里同时存在着两种模式：发现模式和防御模式。发现模式有这几个特征：主动寻找机会、仿佛小孩进入糖果店般激动和好奇、独立思考、渴求自由成长。而防御模式有这几个特征：时刻关注危险、匮乏心态、习惯寻求团队的支持、渴求安全的环境。防御模式一定是需要的，我们的祖先在大草原上必须掌握逃跑技能。而现代人其实一定程度上已经不用开启防御模式。以玩耍为主导的童年才能自然地促进大脑发育，激活儿童的发现模式。而以手机为主导的童年起到的是反作用，会把孩子拉入防御模式。书中说，孩子们都是反脆弱的。他天然就有发现的能力。这本书讲解了如何激活孩子天生的能力，以及如何保护孩子天生的能力。

《焦虑的一代》与其说是家教书，不如说是父母的自我疗愈书。海特先生不仅为我们揭示了现代社会的焦虑根源，更提供了一种跳出系统，重新审视自我与孩子成长的新视角。这本书是一面镜子，让我们看到了自己如何在技术的洪流中失去了对生活的控制权，同时也照亮了回归本真、重拾生活主导权的可能路径。在这个信息爆炸、算法驱动的时代，我们每个人都或多或少地被困在了自己编织的信息茧房中。我们的孩子，作为未来的希望，更不应被这些无形的枷锁束缚。《焦虑的一代》提醒我们，作为父母，我们的责任不仅是保护和引导，更是释放和激发孩子们内在的潜能。我们的目标不仅是为了孩子们的幸福，也是为了我们自己的内心的成长。这样，我们才能共同迎接未来的挑战，拥抱一个更加丰富和多元的未来。

06 焦虑的一代，需要重回完整的童年世界——教育怎么办？

李斌
蒲公英教育智库创始人，新校长传媒总编辑

过度的信息自由、过高的安全保护之殇

作为一名教育深度观察与研究的专业人士，在阅读乔纳森·海特教授的这本译著时，我依然被其中建立在广泛调研基础上，全球青少年心理疾病的比例与程度震惊了。

“Z 世代”“Alpha 世代”的家庭与学校教育之困我们其实并不陌生，孩子们的“时代病”绵延多年，已经让哪怕最有责任感的教育人也感到麻木甚至无能为力——遗憾的是，几乎没有人系统性反思“我们在哪些关键环节做错了”。此刻，本书基于全球视角进行深度钩沉，让这个跨人种大流行的“病因”重新变得如此触目惊心，以至于我不得不慎重地增加一个新年小目标：如何让更多的中国父母、中小学教育者、社会工作者读到这本书，并展开一致的行动？

本书用翔实的数据比较告诉我们，随着日新月异的技术进步，尤以智能手机、移动电子设备的普及为标志，所有人的生活方式都一夜改写，并在人们毫无准备的情况下，给一代未成年人的心理带来了巨大创伤。儿童从“玩耍式童年”走向了“手机式童年”，几乎没有障碍地可以获得与成人相同的信息。他们是人类第一代兜里揣着门户网站度过青春期的人，是在虚拟世界中信息自由度最高的一代学生群

体。在他们的精神世界，最难逃脱的“监狱”，是无力放下的智能手机；最难拔除的“毒素”，是无法消化的碎片化信息。

所以，就有了进化史上心理疾病确诊率远超过往的“焦虑的一代”。而这样的现象并不止于哪一个国家或地区，“全世界都在沦陷”，“这是人类历史上最大规模的对下一代进行的无控制实验”。正如2023年我在蒲公英教育智库年度风向标报告中的同步忧虑：巨大的信息洪流如同择人而噬的洪水，且有着不断升高的水位。疏导这场无形的“大洪水灾害”，是未来教育乃至全社会的核心主题。

我们都知道，迄今为止全球中小学教育基于对未来世界的预判，已经有了很大的观念与范式进化，但这一进程却伴随着“成人世界的两个巨大失误”，导致教育的结果并没有规模化改善，甚至反向出现规模化失控的局面。第一个失误，就是如上所指，社会、家庭、学校没有做好未成年人面对虚拟世界的守护工作；第二个失误则正好相反，却同样严重：基于错误的安全观，我们实施了对儿童“在现实世界里的过度保护”。大人们以各种现代手段为依托，寻求过度地减少伤害、减少冲突、减少挫折、减少风吹雨打，减少不确定性……最终，孩子们几乎失去了自由玩耍的可能。

我们看见身边社区里已经越来越少的儿童自主结伴玩耍，中小学校里已经几乎为零的学生自由活动时间，就知道本书所说的西方国家集体“失落的童年”，在中国并没有例外；甚至我们还必须承认，中国未成年人所受的过度保护与管控压力，有过之而无不及。

我必须实录本书中的一段内容，因为它如此清晰地说明了，过高的安全保护措施，对儿童成长究竟造成了怎样不可逆的伤害：

> 20世纪80年代，美国科研人员举行了一场名为“生物圈二号”的宏大实验，是史上最大的人造封闭生态圈项目……为了在一个封闭环境中构建雨林生态系统，他们种植了许多树木。树苗一开始都能茁壮成长，但不知为何，长着长着就会突然倒下，根本长不大。后来研究人员才搞明白，小树苗的成长离不开风的助力。刮风时，树苗被压弯，迎风面的树根会被微微拔起，而背风面的木质会被轻轻挤压。树苗很聪明，会长出更粗的根系，以便给迎风面提供更大的抓地力；同时会改变背风

面的细胞形态，以增强抗压力。一棵树如果很早就接受大风考验，长大后就会更加壮硕；如果放在一个安逸的温室里，那么不等长大，它大概率就会倒下。

这就是植物生长的“反脆弱”特性。事实上儿童生命也是相通的：越挫越勇、历练变强。人的精神免疫系统周期性启动，才能产生真正有效的内在成长。身体免疫系统也是如此：孩子们需要在童年的时候接触灰尘、寄生虫和细菌，身体免疫系统才能得到更好的发展。

所以我们必须认识到，今天中小学教育最大的“次生灾害”，是不知从何时起，在家庭、学校和社会领域，“安全”已经飙升为一种神圣的价值观，超越一切考量，贯穿全部儿童出现的空间与场所，成为绝对的衡量标准，一切教育价值都必须为它让路……正如大家所知，这样绝对的安全观，带来了沉重的现实后果：未经玩耍式打磨成长的儿童，和高比例陷入焦虑抑郁的青少年，变得更不安全了。

“鱼跃此时海”，才能“花开彼岸天”

成人世界常常难以理解的是，大多数“问题孩子”并无生存保障的缺乏，他们为什么会焦虑？

简单来说，焦虑是源于或深或浅的“价值恐惧”：对未知的不确定感，对看得见美好的无力触及感，对自我价值的怀疑，对在潜在的社会关系中被孤立、被羞辱的惧怕和担忧……

在信息过载的情况下，这一代青少年还会一方面感觉“自己的心智在加速长大”，一方面却发现自己在真实世界解决问题的能力，没有获得同步成长。我们知道，这个世界不会因为技术进步变得越来越简单，越来越复杂才是它的本质，所有人都只能通过驾驭这份复杂，找到存在的意义。而驾驭复杂，永远需要的是真实现场那些微妙的判断与处理，而不是网络社交那些连头像都不知真假的互动。

所以当“Z 世代”“Alpha 世代”以更多的虚拟生活取代了真实世界，同时又在真实世界里被过度保护，从而失去必要的冒险与挑战，浅成长，浅生存，浅思考，浅浅地做事，浅浅地生活……就成为这一代人的总体特征，而他们最终会发现，自己在这个世界没有“根”。

所以当你的孩子不做家务，不爱社交，不爱助人，不谈恋爱，无心结婚，甚至不想工作，不断放弃努力……至少有一个方面的原因是，长时间的生命浅发育，导致无根浮萍一样的浅生长，没有内在能量、精神与勇气，去直面这一场看上去挺复杂的现实生活。

更大的问题是，孩子在重要的童年关系中也是缺失的：兄弟姐妹关系、家族血缘关系、家乡邻里关系、同学关系、师生关系都在变淡。再反观身边每一天的信息景观，当下的世界光怪陆离，文明的来处暗淡无光，无数的文化圭臬在城市化、现代化中跌落尘埃，公共空间全面崩塌，公共价值虚无化、碎片化……于是那些仇恨的、贪婪的、垃圾的信息填满大脑，轻易地就能让他们"生病"。

然而这一切并非绝境。如果我们此刻把脉这个"生病的孩子"，听听 TA 的心跳，在最不显眼的节奏里，听见的一定是这些深层的基于天性的渴望：和别人相比，我的优势与不足究竟是什么；我该如何更好地处理与父母、老师和同伴的关系；如何在班级、社团中找到自己的位置，并赢得同伴的尊重；如何消除由于自身的种种失误带来的后续影响；如何克服心理因素的负面影响而使自己快乐；我该如何成长为能自主管理自我努力，同时也为他人着想的有用之人……

是的，孩子们不是不希望回归现实生活，重建真实关系，而是他们越来越信心不足，不确定自己能不能做好；而我们的家校社育人系统，也很少关注这些与分数、文凭无关的问题。我想，和所有教育者以及全社会一起行动，帮助孩子们回答好这些问题，重拾生命的掌控权，重归完整的童年世界，正是乔纳森·海特教授写作本书的根本价值。他的建议也非常具体、有效：全社会集体行动，创建零手机校园（请注意不是零网络、零智能校园）；降低管控，加大与同伴自由玩耍的支持力度；提供学习进程的冒险与挑战度。

"鱼跃此时海"，才能"花开彼岸天"。我特别喜欢这一句听上去无厘头的诗，鱼儿在无边的海上自由跳跃，花儿从此开满了海角天涯。在我看来，这似乎代表了我们对下一代的祝福，祝福他们能够摆脱困境，回归天性，获得自由而充分的真实成长。

什么叫自由而充分的真实成长？我的认识是，只有当孩子们在与真实周边互动的过程中，对每个天性的侧面，都有充分的发挥、冲突、反思与自我修正，生命才会有充分的真实成长。他们需要回到与同伴的关系中，需要站在真实的挑战中，需要直面适度的压力项，去充分地调动与展示自己的天性，包括美的向往、力的表达、心的成就、爱的渴望，甚至包括物的贪婪、我的炫耀、动物的攻击性、人性的自利性……都不能被过度压抑。

从这个意义上说，我们的教育生态需要一场回归天性的重塑：以自由玩耍为媒介，以真实挑战为支点，顺天性培养，才能实现逆天性生长。

一场事关教育生态的“系统重置”

这当然是一件很难的事情。在整个成人的世界里，我们需要共同追问一系列的大问题：

比如，自由玩耍真的很重要吗？答案是肯定的。托克维尔曾说过：没有比获得自由更加美妙，也没有比运用自由更加困难。我始终相信，一个人能够在自由的儿童世界里有笑有哭，有聚有散，犯错犯傻，冲突反思，并最终从容自如，学习那点事情，其实已经很简单。然而，我们真的能够做到吗？

比如，本书还有一个观点令人印象深刻：压力体验，就是那些“可能会造成伤害的体验”，是儿童健康成长必须经历的考验。不过作者也指出，慢性压力的危害，远大于急性压力。而问题也许恰恰在于，我们今天的中小学校以及家庭教育，总是尽最大可能地排除了“急性压力”，却又以各种评价、考试、要求放大了慢性压力。

又比如，智能设备对孩子的心智具有无与伦比的独占力量。所以当孩子们在学校和家庭里，老师和父母对智能设备的排除或有效管理，以及对学习工具资源的定向供给，就具有特别重要的价值。但大人们显然并没有用好这一时间，我们常常以家校共育的名义，用了另一个东西独占孩子们的心智：填鸭式课堂与无休止的作业。

再比如，人的成长需要一个健康的社区，人们在这里学会妥协，学会信任……如何以及谁来重建社区公共生活，为儿童营造大量与同伴玩耍的空间，而不是被大人规划监督的学习空间？这件事情对儿童心智的全面成长如此不可或缺，却又似乎找不到专业与科学的抓手，所以很难排进有识之士的公共日程。

以及对今天的学习者而言，什么样的技术与设备需要很好的管理与警惕，什么样的技术与设备又是可以在学习生活中保留的？我对父母和老师的建议是，有助于孩子们展开现实的创造、突破现实世界挑战、建立真实关系的技术与设备，可以为孩子们保留。

我们需要一场事关教育生态的“系统重置”。

最后要说的是，本书最值得推荐的，是其中不仅有对儿童青少年问题深刻的洞见，更给出了大量专业的解决方案，大部分思路对中国的教育工作者而言，也极具借鉴意义。作为学校教育的研究者，我特别期待本书能够启发更多的教育同仁，以真正的教育家精神为底色，学习更好的方法，从“高控制”的课堂，走向“低结构”的学习，这才是一切教育生态最难以重塑的根本问题，也是孩子们能否从虚拟世界回到现实世界，喜欢上现实世界的根本原因。

用好这些解决方案，答好这个根本问题，我们必须理解“学校究竟是什么”：如果教育就是生活本身，那么学校在很大意义上，就是生活的一种“玩法”。每一位教育工作者在惯性中整齐划一的心理需求，必须被一种坚定的关于个性化、生动的信念所包裹，才有变革的勇气，以真实生活的情感魅力、价值魅力、当下与未来挑战，在这场游戏中把孩子们从虚拟世界唤回。

我们相信，好的教育是森林的样子，好的成长是森林中彼此互动、彼此赋能、相互关联、相互制约的成长。让我们共同努力，让这样的成长不是成为“人上之人”，也不是“人下之人”，更不是“人外之人”，而是成为“人中之人”。

07　如何更好地为孩子洞见未来

贺岭峰
上海体育大学心理学院教授、博士生导师

焦虑，是这一代孩子的标配

很多人都问，这一代孩子怎么了？为什么会有那么多孩子焦虑、抑郁、自闭、厌学、对网络成瘾、自伤？我们当年也没有这样啊。很简单，我们养孩子的方式不一样了。

以前，不论是“放养”还是“圈养”，我们也都是让一群混龄的孩子在一起，跳皮筋、躲猫猫、捅马蜂窝、成群结队。大孩子带小孩子，在真实的情境中实现和真人的即时互动。孩子学会了见机行事、看风使舵，从小就练成了情商高手、人际大师。现在，我们把孩子统统“盒装”起来，一人一个学习盒子，剥夺了他们的社交时间，只剩下人题互动。偏难怪题变成了打不完的怪兽，纷至沓来，孩子们疲于应付，完全看不到解决这些 ABCD 问题与成就人生和拯救世界有什么关系？

以前，我们的孩子是在熟人社会里开启人生的历险的。去小卖部打一瓶酱油，去邻居家借两头蒜，去隔壁村看一场露天电影，去小河沟捉一罐子泥鳅。反正不是七大姑八大姨的亲戚邻里，就是厂里厂外大院胡同的熟人工友，老师也是亲戚，同学也是玩伴，成长环境是安全的、可溯源的、熟悉的、友善的。现在，我们的孩子是在虚拟世界里开始冒险的，肤白貌美大长腿、帅气多金游戏神、闪亮耀眼皮肤装、盲盒抽卡赌博机、网络喷子键盘侠、小众怪癖朋友圈、暴力虐待暗网源，你完全无法想象孩子在虚拟世界会遭遇什么。一方面，我们在现实世界里车接车送，把孩子保护得几乎丧失独立生存能力；另一方面，我们在虚拟世界里完全失控，根本不知道孩子遇到的是什么。

以前，孩子会帮父母做家务、干农活、带弟弟妹妹。亲子之间在劳动、休闲、社交过程中会有特别多的互动、复盘、庆祝。所以，孩子理解爸爸妈妈生活的艰辛，懂得父母的良苦用心；爸爸妈妈也看见了孩子脾气秉性、优势不足，早早地就为孩子的人生做出了不同的规划。大儿子憨厚老实，就留在身边继承家业、养老送终；二儿子机智灵活，就放出去经商做买卖，闯荡社会；三儿子好勇斗狠，就送去当兵打仗，没准战功赫赫，光耀门楣；四儿子喜好诗书，就请个私塾先生，教他读书识字，考取功名，学而优则仕；五儿子动手能力强，就拜师学徒，掌握一门手艺，开个小店，凭本事吃饭。现在，父母希望自己的孩子个个是“学神”“学霸”，考试就要考个清北复交、985、211，否则就是孩子不用心、不努力、不听话。家里什么事都不用你做了，就学个习还学不好吗？殊不知，孩子学习学不好的关键可能就是出在什么事都不让干上。

以前，孩子能够睡足觉，躺下就酣然入梦，醒了就满血复活，精气神满满。现在，孩子 90% 以上睡眠不足，晚上睡不着，早上起不来，上课就犯困，做作业就满脑子浆糊。

以前，孩子放学早，就满山遍野地疯跑狂玩，一直到华灯初上才意犹未尽地回家吃饭。消耗了精力，舒活了筋骨，激活了大脑，唤醒了激素，人生充满活力。现在，孩子上课不能动，下课不能跑，体育课被占用，活动课改自习，放学挤公交，回家做作业，全天都坐着，身体是僵的傻的，大脑处于缺氧状态。身体没活力的孩子，人生也没动力了。

以前，我们的孩子还可以在阳光下，享受 30 000 勒克斯的自然光照射，茁壮成长。现在，我们的孩子只能待在 300 勒克斯的灯光下学习，越来越抑郁，越来越焦虑。阳光、空气和水，是生命成长之源，现在，我们的孩子都缺。你养盆花，还要定期搬到户外晒晒太阳。养条狗，也要每天带着出去遛几回，跑几圈。偏偏是养孩子，开始不让孩子见太阳了，每天活在不到 1/100 的照度里。我们在北欧和北极圈地区已经发现了季节性抑郁症的存在，冬季的极夜现象让该地区光照不足，会导致抑郁症和自杀率的高发。就是监狱里的犯人，每天至少也会有 1.5 ～ 2 小时的放风和晒太阳的时光，为什么就不能让我们的孩子多见见阳光呢？

焦虑，是全世界未成年人都面临的挑战

在《焦虑的一代》里，作者乔纳森·海特列举了大量的研究数据，论证了这一代孩子面临的焦虑处境，并指出社会剥夺、睡眠剥夺、注意力碎片化、成瘾是这一代青少年遭受的4大伤害。而这一切，都是在最近十几年的时间里发生的。自由玩耍的童年逐渐退场，手机式童年开始兴起，男孩越来越孤独，女孩越来越焦虑，生命力在渐渐退化。所以，我们的孩子今天所面临的焦虑问题不是个别现象，而是时代特征；不是中国孩子才有的问题，是全世界未成年人都面临的挑战。

为此，乔纳森·海特呼吁，我们的父母、学校、社会都应该采取行动，为我们的下一代做点什么，来阻止焦虑对孩子的侵袭。本书针对不同年龄段孩子的父母，提出了很多具体而有操作性的行动建议。比如，增加孩子的自由玩耍时间，增加混龄冒险活动，控制低龄孩子的手机使用，不要让孩子在卧室使用网络设备，让孩子去朋友家过夜、去野外露营，鼓励孩子进行面对面社交活动，家人在吃饭时间都要远离手机，支持孩子去第三地点活动，让孩子帮忙做家务，鼓励孩子找兼职工作学会赚钱，让孩子去做志愿者或辅导员，鼓励孩子亲近大自然等。

《焦虑的一代》作者乔纳森·海特是纽约大学社会心理学教授，也是畅销书《象与骑象人》《正义之心》《娇惯的心灵》的作者，2013年被《展望》杂志评选为“世界顶级思想家”，曾获得奖项高于诺贝尔奖的旨在表彰在精神领域取得非凡成就者的“坦普尔顿奖”。读书，就是与智者的灵魂相遇，他的书，值得一读。相信他的真知灼见可以帮助我们更好地为孩子洞见未来。

最后，希望阅读此书的读者一起行动起来，让我们孩子的玩耍式童年重新回到地球。

2025年春节写于上海南翔九号站心理平台

08 童年的再构：让玩耍式童年返场，让孩子重回现实世界

田宏杰
中国青少年研究中心少年儿童研究所研究员

父母越在意孩子的快乐，孩子却越焦虑？

在生活中我们常常看到一个悖论：现在的父母比以往任何时代的父母都更在乎孩子的快乐幸福，更愿意为孩子的快乐幸福付出时间和精力；但现在的孩子似乎比以往任何时代的孩子都更容易受负面情绪困扰，更难以快乐幸福。在心理咨询室里，父母们也总是困惑：为什么我的孩子这么脆弱？我们小时候再大的委曲、挫折都经历过，都很好地过来了，现在我们这么爱护孩子，尽可能地满足他的需要，可为什么一点小委曲、小挫折都能让他有这么多的问题？

如果我们只是从一个孩子或一个家庭来看，父母的困惑是很难解答的。要解答这个困惑，我们需要一些社会学的想象力，把孩子和家庭的问题与更广大的社会背景相联系，置于更广阔的认知框架内，才能看清这个问题的本质并找到真正的解决之道。乔纳森·海特的这本书为我们提供了这样的认知框架，他比较了近年来各国儿童及青少年心理健康问题的发病比例，分析了焦虑问题陡然攀升的全球化趋势，指出“童年大重构”，即玩耍式童年的退场和手机式童年的兴起，给儿童及青少年带来了诸多负面影响。他认为父母在现实世界中的过度保护和在虚拟世界中的保护不足这两大趋势，是让“95后”成为“焦虑的一代”的主要原因。

我们不敢让孩子冒险了

为什么孩子的自由式玩耍和冒险式玩耍减少了？回答这个问题之前，我想先请父母们看看以下几个问题：

1. 你会尽可能地打造家里的环境，给宝宝提供无死角的保护吗？
2. 你允许孩子在有可能受伤的环境中疯玩吗？
3. 你允许自己十来岁的孩子独自在小区里或村里玩耍吗？
4. 当孩子与伙伴发生冲突或被伙伴排挤时，你会放手让他自己解决问题吗？
5. 你会帮助孩子安排他的课后活动，并且来回接送他吗？

回想我女儿的成长过程，我对问题 1 和 5 的答案大概是“会”，对问题 2、3、4 的答案大概是“不会”。

是不是有很多父母和我一样，在不知不觉中给了孩子过多的保护，在孩子的成长中进行了过度的参与？在当前儿童中心主义的文化中，我们相信“有万分之一的风险，发生在自己孩子身上时，就是百分之百”，我们希望通过我们的参与让孩子拥有友好且顺利的社交，希望孩子的时间用得更有效率，这些安全主义和教育功利主义思想让自由式玩耍和冒险式玩耍在孩子的成长过程中悄然退场。乔纳森·海特在书中指出，安全主义是孩子探索新世界的经验阻断器。就像小树苗的成长离不开风的助力，一个有机会让人受伤的环境，才能让孩子学会如何躲避伤害，不去受伤；经历挫折、焦虑、恐惧、受伤和排挤，才能让孩子学习疏解挫败感、战胜焦虑恐惧、有办法应对不公正的环境和待遇。孩子要在真实的世界中成长，他得经得住风，才能真正形成内心的清醒和笃定。

乔纳森·海特提出人类探索世界有两种模式：防御模式和发现模式。如果我们对孩子过度保护，就会在孩子的成长过程中剥夺和阻断他对这些经验的获得。那么随着孩子长大，遭遇了这些负面问题时他就会容易被焦虑击垮，进入到防御模式中，逃避可能发生的失败、冲突、受伤。这种防御模式能够保证他的安全，但也会让他陷入无意义的攻击或无力的内耗之中。但反过来，如果我们敢于让孩子在玩耍中去冒险，敢于让孩子在社交中去经历冲突，这些战胜焦虑、克服困难的经历会“化作内心深处澎湃的成就感与刺激感”，下一次，他会在“惊恐中掺杂着好奇”，开启发现模式去探索新的世界和新的关系，在探索中形成新的能力，建立稳定的自信。就像那些从树上摔下来过的孩子，长大后反而不怕爬树；那些经历过与伙伴大吵一场又和好如初的孩子，长大后反而不怕人际冲突，因为“伤痕和眼泪也是孩子成长的工具”。

虚拟世界排挤了自由玩耍的时间

“95 后”也被称为 Z 世代、网生代，他们一出生就与网络信息时代无缝对接，尤其是智能手机的兴起和社交媒体的迭代更加促使他们把大量的时间用在虚拟世界中，进一步排挤了自由玩耍的时间，阻碍了他们与现实世界的接触。乔纳森·海特在书中分析了手机式童年背景下，孩子面临的 4 大伤害：社会剥夺、睡眠剥夺、注意力碎片化和成瘾。这 4 大伤害从不同的层面给孩子的心理健康带来负面影响，让孩子更易陷入心理危机之中。

面对玩耍式童年的退场和手机式童年的兴起，父母会觉得没有办法、无能为力。乔纳森·海特提出在这样的社会背景下，父母作为个体会遭遇集体行动的困境。我们一个家庭改变，但别的家庭和整个社会没有改变时，我们可能会将自己置于更大的焦灼中。比如，我们想让孩子到小区里自由玩耍，但是小区里没什么可玩的，也没有别的小朋友一起玩，怎么办？我们不想让孩子使用智能手机，但别的孩子在交流游戏的话题时我的孩子不懂，别的孩子在网上社交时我的孩子没朋友，我的孩子质疑“为什么别人都可以带手机，我却不可以”时，怎么办？要想改变这一现状，不能只靠一个家庭的努力，而是需要社会、学校和家庭的共同努力，要一起来重视自由玩耍对孩子成长的意义，丰富和改善现实世界的玩耍体验，探索未成年人手机管理模式，让孩子有更少但更好的线上活动体验。通过我们的合力，让玩耍式童年返场，让孩子在现实世界中成长，让孩子用发现模式探索他们的人生，找到属于他们这一代的快乐和幸福。

09　探索焦虑的根源　走出焦虑的困境

孙清亚
北京十一衢州实验中学校长

在当今社会，我们不难发现，年轻一代似乎被一种无形的焦虑之雾所笼罩。他们成长于物质相对富足的环境，却承受着前所未有的心理负担。这种焦虑，如同一道难以逾越的鸿沟，横亘在他们与幸福之间。那么，这一代孩子，究竟失去了什么？又为何会陷入如此深刻的焦虑困境？《焦虑的一代》一书，便为我们揭开了这一谜团，引领我们深入探索这一代年轻人的内心世界。

人与自我：迷失在虚拟与现实之间

教育的重要任务就是引导孩子逐步学会认识 4 种关系——人与自我、人与自然、人与社会和人与未来。而其核心任务是引导他们认识人与自我的关系。然而，在现代科技的冲击下，这一关系正面临着前所未有的挑战。孩子们在手机、游戏、社交媒体的虚拟世界中迷失了自我，他们塑造了一个个“理想化”的自我形象，却忽略了现实中自我认知的建立。

我们这一代，曾在大自然的怀抱中自由成长，亲身经历生命的起落与变迁。割草时割伤手指的疼痛，让我们意识到生命的脆弱与宝贵；目睹家中小猫小狗的生死，让我们感受到生命的无常与深情。这些真实的生命体验，构成了我们对自我的深刻认知。然而，现在的孩子们却大多与这种真实的生命体验隔绝，他们在虚拟世界中寻求刺激与满足，却渐渐失去了对自我的真实感知。

如《焦虑的一代》所言，网络游戏不能提供具身性的体验。孩子们在手机游戏中经历了血腥场面，却未真正感受到疼痛和难过。这种虚拟与现实的断裂，导致他们在面对现实生活中的挑战时感到无力与迷茫，焦虑也随之滋生。

人与自然：断裂的联系，丧失的意义

人与自然的关系，是教育中不可或缺的一环。然而，在现代社会中，这一关系却正面临着严重的断裂。孩子们越来越少有机会亲身感知自然，他们被屏幕所包围，生活在虚拟的世界里。这种与自然的疏离，不仅剥夺了他们感受大自然之美的权利，更让他们失去了对生命的敬畏与尊重。

我们曾在大自然中奔跑、嬉戏，感受四季的更迭与生命的律动。春天赏花、夏天戏水、秋天拾叶、冬天玩雪，这些看似简单的活动，却让我们与自然建立了深厚的联系。而现在的孩子们呢？他们更多的是在屏幕前度过四季，对自然的感知变得模糊而遥远。

《焦虑的一代》指出，这种与自然的断裂，是导致孩子们焦虑的重要原因之一。他们失去了与自然的亲密接触，也就失去了生命的根基与意义。因此，我们需要重新审视人与自然的关系，让孩子们重新走进大自然，感受自然的魅力与力量。《焦虑的一代》让我更加坚定了在教育领域中探讨人与自然关系的重要性。北京的教育理念提出，各学科拿出 10% 的时间应用于开展学科实践活动，让孩子们自由地接触大自然。我曾提出的“在地自然四季课程”，正是强调让孩子走进大自然，理解人与自然的关系。

人与社会：虚拟社交的陷阱

人与社会的关系，是孩子们成长过程中必须面对的重要课题。然而，在现代科技的冲击下，这一关系也变得愈发复杂与微妙。孩子们在虚拟社交中寻求存在感与认同感，却往往忽略了现实中的人际交往与情感交流。

我们小时候，前后三庄的孩子都互相认识，打打闹闹中建立了深厚的友谊。而现在的孩子们呢？他们被车送到学校，被老师排队管理，课间不能说话、不能大吵大闹。他们在现实中缺乏交往的机会与空间，只能在手机里寻找存在感。这种虚拟社交的陷阱，让孩子们在与人交往中感到困惑与焦虑。

《焦虑的一代》揭示了社交媒体带来的社会剥夺、睡眠剥夺、注意力碎片化和成瘾 4 大伤害。这些伤害不仅影响了孩子们的身心健康，更让他们在现实社会中愈发孤独与无助。因此，我们需要引导孩子们正确使用社交媒体，重建与现实社会的联系。

人与未来：理想的缺失与痛苦的追寻

人与未来的关系，即对理想的追求，是孩子们成长过程中的重要动力。然而，在现代社会中，许多孩子在满足了基本物质需求后，却往往找不到更高层次的目标与理想。他们陷入了痛苦的追寻之中，无法自拔。

我们这一代人经历过贫穷和饥饿，懂得生活的不易与珍贵。因此，我们更加珍惜眼前的机会与挑战，努力追求自己的理想与目标。而现在的孩子们呢？他们生活在相对富足的环境中，却缺乏对生活深刻的理解和感悟。他们更多地从手机和媒体中寻找刺激与满足，却忽略了对未来理想的探索与追求。

《焦虑的一代》指出，这种理想的缺失是导致孩子们焦虑的重要原因之一。他们需要在现实生活中寻找自己的兴趣与热情，树立远大的理想与目标。只有这样，他们才能在成长的道路上勇往直前，不畏艰难与挑战。

重建连接：走出焦虑的困境

面对孩子们的焦虑困境，《焦虑的一代》不仅提供了深刻的分析，还给出了有效的建议。作者认为，政府、科技公司、学校和父母等各方应共同努力，为孩子们建立更健康的成长环境。

具体来说，政府可以制定相关政策，限制特定年龄阶段孩子使用媒体账号的时间；科技公司可以研发更加健康、有益的科技产品，引导孩子们正确使用科技；学校可以优化课间休息质量，增加孩子们户外活动的时间与空间；父母可以陪伴孩子走进大自然，感受生命的魅力与力量。其中，增加课间休息时间、改良操场、减少规则等建议，对于改善孩子们的教育环境具有重要意义。北京全市义务教育学校把“课间 10 分钟”整体优化为“课间 15 分钟”，正是对这一建议的积极响应。

同时，我们也需要找到更有吸引力、更有意义和价值的方式来吸引孩子们的注意力。比如鼓励孩子们养宠物、参与实际的自然活动等，让他们在现实世界中寻找乐趣与成就感。只有这样，我们才能帮助孩子们重建与世界的连接，走出焦虑的困境。

关注成长，共筑未来

《焦虑的一代》是一本值得深入阅读和思考的好书。它不仅为我们揭示了这一代年轻人焦虑的根源与现状，更为我们提供了帮助他们走出困境的深刻洞察与切实建议。作为教育工作者、父母或关注孩子未来的人，我们应该认真阅读这本书，从中汲取智慧与力量。

让我们携手共进，为孩子们的成长保驾护航。让他们在阳光下自由奔跑、在大自然中尽情嬉戏、在现实中建立深厚的友谊与理想。让焦虑之雾逐渐散去，让青春之花在阳光下绚丽绽放！

10 一本书洞察两种童年模式

林炉生
中华慈善总会幸福家园·童心陪伴负责人

成人世界的规训

我的童年是在福建闽南的一个小山村度过的。

我出生在福建土楼，是家中四个兄弟姐妹中最小的。那是20世纪80年代，我的父母忙于种水果，几乎没有时间管我们，这让我获得了很多现在孩子所没有的自由探索的空间，各种游戏都是我自己玩出来的。比如，我们土楼内外的孩子会形成两大阵营，我们自称楼内派，楼外的孩子们组成了楼外派，我们两派之间经常会打闹，有时候是打架。第一年，我跟在一个六年级孩子后面。第二年，他上了初中就不和我们玩了，后来他又跑到越南去工作。于是，我接了他的班变成了孩子王。我们在打闹中学了很多东西，比如，我们会去山上砍竹子，制作弓箭。为了砍到长的竹子，我们还捅了马蜂窝，结果脸被叮得肿起来了。我们两派打得很厉害，后来还有父母带着孩子上门讨说法。

现在我的小家，经常是四个大人和一个孩子。我发现，孩子几乎无时无刻不在成人世界的规训之中，这是现在的孩子和我们小时候最大的区别。因为我觉得是小时候的自由探索环境才让我拥有更多抗挫力，遇到困难和问题时能够坚韧生存，所以我挺担心自己的孩子，目前看来他缺少自由玩耍和自我探索的空间。现在城市里的住房就这么大点地方，孩子稍微玩点什么就很容易把家里搞得乱七八糟，大人习惯性就会介入和干扰。我家现在住在大学校园内，算是住在比较大的社区里了，以前草坪不让上，刚带宝宝上去，保安就会赶我们出来，或是开水龙头把草坪喷湿。现在草坪上可以搭帐篷，有的大学生还在草坪上搭帐篷过夜。但是城市社区或公园里的很多草坪还是不允许孩子自由玩耍的。

现在的孩子上学后，老师也管得多、管得严。如果孩子遇到困难或做出点什么出格的事情，老师会马上介入。那么孩子的试错空间在哪里呢？他没有试错的空间，怎么去面对困难，去尝试，去改变，并在过程中培养抗挫力和坚韧品格呢？我小时候的农村小学是村里的文化和教养中心，是个开放的地方，父母随时可以进入学校，家校之间亲密互动。我记得小时候，有父母或是村民打架，打得很厉害，最后还得靠校长或是老师出来劝解。现在不是这样，现在连农村学校都是封闭的，学校变成了一座孤岛，与村庄断离了联系。但这是个复杂的问题，没有人敢承担把校门打开的责任，似乎社会上也有相似的境地。

有一次，我带着娃在学校大草坪边上玩耍。我的一位邻居也住在校内，她要去接她的大孩子，她的小孩子跟我娃同龄。我就跟她说："你把孩子放我这里，我们一起玩，你去接大孩子吧。"刚开始她也不好意思，但在我的坚持下，她同意了。等她走后，旁边的另一位邻居好意地提醒我说："你帮她看孩子，万一出了事情怎么办？"她担心我帮别人看孩子，万一这孩子摔了碰了，我不是要承担责任吗？

可能因为我小的时候，左邻右舍经常互帮互助，孩子们也时常在一起玩耍，我便养成了这种习惯。还有就是认知方面，我总觉得小娃从小得有玩伴，打闹、交流、探索，甚至是干点什么"冒险"的事情，都可以。在这种无成人规训的环境中长大，对他们的成长和身心健康有益。

集体行动困境

在《焦虑的一代》中，作者指出，父母和社会互助系统在培养孩子的独立性方面都陷入了集体行动困境。父母、学校、社群的最优策略都是"随大流"：始终密切监督孩子，以免承担责任，即使这么做会影响孩子的全面发展。书中的这些观点解释了我这些年在养育中的深切感受。其核心论点让我印象深刻，即父母们养育孩子的大趋势："现实世界中的过度保护和虚拟世界中的保护不足。"

我小时候在村里，经常会到邻居家里吃饭，而我家里做好吃的，也常喊邻居小朋友来家里品尝。但现在住城市高楼里，即便做邻居好多年，也可能都没进过对方家门。我希望我的孩子生活在一个有爱、互助的社区环境中，所以，我从两年前就开始搞父母互助育儿。我建了个互助育儿群，现在群里已经有 100 多人，包括孩子父母，或是爷爷奶奶、外公外婆，大家都在一个群里，孩子放学经常一起玩，我们也经常组织活动，比如周末一起带孩子去公园、去农场。等孩子们再大一些，我们就组织去爬山、去旅行。

正如《焦虑的一代》所警示的，我们这一代父母在养育孩子的过程中，往往不自觉地在现实中过度保护孩子。我们的孩子被束缚在成人预设的安全网中，无法体验到那种自由玩耍、探索和冒险的快乐。这种现实世界中的过度保护和监管，不仅限制了孩子的身体活动，也限制了他们的情感和心智发展。

让我们放下焦虑，还给孩子一个“放养”和自由探索的空间吧。

11 修复“手机式童年”已经或即将带来的伤害

蒋莉
浙江省教育督学，浙江省新思维教科院院长

我们的孩子赶上了一个最富裕、最智能、最便捷的时代，同时却也是时代浪潮下最直接、最弱小的“受害者”。

作为一个在教育领域工作了 35 年的老教育人，我对此有着深切的感受，尤其是近 10 年来，当我将研究和服务重点逐步转向学前教育和家庭教育，对高度屏幕化的童年困境，越发担忧。我惊讶地看到，科技和屏幕带来的渗透式影响，从孩子还是个婴儿时就已经开始了——智能屏幕被越来越多的年轻一代父母视为一种替代型的养育工具，被深度运用，这也使得孩子在天然的生活情境中发展身体、心理和认知的机会，被大量剥夺。

年轻父母们似乎还没有清晰地认识到，对幼儿成长来讲，“真实的对话、伙伴游戏、户外活动”和“电子音频、智能玩具、培训班课程”有着截然不同的意义，前者帮助大脑建立丰富、灵敏、富有弹性的回路，后者教会大脑懒惰、刻板、封闭、单一和脆弱。在我接触的家庭案例中，很多父母通常要等到孩子小学中高年级或是初中阶段，才会对此有充分的警醒和反思，而推动他们走向警醒和反思的原因不是别的，是他们的孩子不可避免地从沉迷游戏、厌学走向了精神抑郁。

要让年轻父母们前置思考——科技高速发展对人类童年的大重构会催生怎样的成长问题甚至是社会问题，多少有些期待过高。怎么办呢？我想，我们需要的是足够专业、有说服力同时又听得懂的声音，海特先生的《焦虑的一代》便是这样一本书。

海特先生被誉为“世界顶级思想家”，拥有哲学、心理学、社会学多重研究背景。在本书中，他深入地阐述了“手机式童年”的成因，以及“手机式童年”给儿童成长带来的 4 大伤害：社会剥夺、睡眠剥夺、注意力碎片化和成瘾。

不可否认的是，“手机式童年”带给成长的伤害是“时代的伤害”，这里头的“时代性”很容易被简单地理解为“必然性”。人们面对“必然性”的问题，是很容易垂头丧气的。好在，海特先生在本书中，更多的是从一个社会学家的自觉出发，将更多的笔墨用在了因果及关联性的专业阐释和解决方案探讨上，试图推动家庭 、学校 、社会之间的联动式调整，修复“手机式童年”已经或即将带来的伤害。

海特先生提出的若干条建议，直指我们养育和教育孩子时犯下的两大过错——“在现实生活中过度保护孩子，在虚拟世界中对孩子保护不足”。这些建议理解和落实起来并不难，比如，他建议父母在孩子 14 岁左右才可以给孩子第一部智能手机，16 岁前杜绝社交网络，大量增加孩子的自由玩耍时间，努力培养孩子的独立性，等等。事实上，这些建议和我平时经常跟父母们说的“生活养育”异曲同工，只是，我尚缺少海特先生这等将心理学、脑科学、社会学、哲学思想融会贯通，且通俗表达于纸上的深厚功力。因此，这本书，举双手推荐给父母朋友们。

2024 年 11 月 11 日写于杭州

12　打开理解孩子内心世界的大门

宋晶
海嘉国际双语学校中学部副校长、教育研究院副院长

在这个快节奏且充满挑战的现代社会，心理疾病如同隐匿在暗处的阴霾，正以令人揪心的态势在青少年群体中蔓延开来。而《焦虑的一代》照亮了这片令人担忧的黑暗角落，为我们深度剖析心理疾病流行现象背后那错综复杂的根源。

海特先生敏锐地捕捉到了在时代变迁的洪流中，童年所经历的不再是我们记忆中那般简单纯粹的成长过程，而是一种深刻且广泛的重大改变，这种改变如同对孩子与世界之间连线的一场大重构。从社交模式的革新到信息爆炸的冲击，从家庭结构的变化到教育理念的更迭，每一个看似微小的变化，都像是蝴蝶扇动的翅膀，在孩子们敏感而脆弱的心灵深处掀起了惊涛骇浪。

作者通过详实的研究资料、生动的案例分析以及深刻的理论解读，抽丝剥茧般地揭示了这些变化是如何在潜移默化中侵蚀孩子们的心理健康防线。这本著作像是一把具有神奇魔力的钥匙，为父母们打开了理解孩子内心世界的大门，让他们明白那些平日里难以察觉的因素是如何在孩子的心灵上留下痕迹；对于教育者而言，它是指引方向的指南针，促使他们重新审视现行的教育模式和环境，思考如何在教育过程中更好地守护孩子的心灵；而对于每一个关心社会现象的普通读者来说，这本书则是一面镜子，映照出我们所处时代对下一代成长的深刻影响，从而引发我们对整个社会发展模式和价值取向的进一步思索。《焦虑的一代》以其独特的视角和深刻的内涵，成为一本不可多得的佳作，值得每一个人用心去研读。

The Anxious Generation

重磅赞誉

杨斌
清华大学经管学院教授、
领导力研究中心主任

樊登
帆书 App 创始人

吴越
新学说传媒创始人 & CEO

赵蔚
启行营地教育创始人

陆彬
北京顺义国际学校校长

杜文雅
21 世纪教育研究院合作发展中心主任

作为父母、中小学校长老师，如何避免下一代毁于“手机式童年”，多玩耍，更独立，真成长，乔纳森·海特的 4 条建议可操作，很及时。也（更）该读读本书的，还有企业家、管理者和工程师们，产品和服务守住向善底线，保护和帮助到了未成年人成长，不发动和参与以“瘾”为饵的竞次博弈。疾速走向人机与共，边界行止务须清醒。

杨斌

清华大学经管学院教授、领导力研究中心主任

海特先生在《焦虑的一代》中并不是让孩子远离网络，而是提醒要注意智能手机里的社交媒体。因为过早拥有社交媒体账号的孩子很容易产生焦虑等负面情绪。总在口袋里揣着一个“门户”的孩子，能轻而易举地与真实世界隔离，进入社交媒体经过美化的他人生活，并在别人“精彩生活”的映衬下，对自己的生活失去兴趣，这就是现在孩子容易焦虑的原因。孩子沉迷在社交媒体和游戏的虚拟世界，就没办法得到真正的人际交往锻炼。海特先生在书中分析得非常透彻，我推荐每一位有社交媒体账号的人都读一读。

樊登

帆书 App 创始人

作为一位 10 岁男孩的父母，此书犹如在迷途中的灯塔，为我指明了前行方向。书中通过详实的论据充分证明，对于在手机式童年环境中成长起来的孩子来说，其所面临的伤害绝非仅仅是注意力碎片化，还包括睡眠剥夺、社会剥夺以及成瘾等问题。而这些因素直接促使经历手机式童年的孩子心理危机爆发。身为国际学校教育领域的从业者，或许我应该采取一些行动了。

吴越

新学说传媒创始人 & CEO

当扎实的数据与科学的分析华丽丽摆到眼前，相信每个人都会摒弃掉那最后一丝丝侥幸心理。智能电子设备与互联网对儿童与青少年的“合力异化”，立竿见影的伤害与长期的负面影响，都必须立刻正视，马上反击。让孩子们的童年与互联网电子产品物理隔离，为孩子们提供现实交往的机会，使他们在“自由玩耍”和“有目的探索”间平衡切换，将是这个时代成年人给孩子们最有意义的托举。

赵蔚

启行营地教育创始人

《焦虑的一代》是一部开创性著作，深刻影响了北京顺义国际学校对学生使用科技产品的态度。作者以前所未有的洞察力剖析了过度使用电子产品与心理健康威胁的关联。他的观点很有说服力，促使我们教育工作者与父母开始深刻反思社交媒体和电子设备对学生心理健康与学业发展的深远影响。这本非凡著作引发了关于科技产品使用习惯的审慎思考，使家庭与教育者在守护学生心理健康的坚定使命中紧密联结。在这本书的启发下，我们正在探讨如何统改合理使用科技来锻炼学生应对数字时代挑战的能力。我们真心建议每个学校都应该研读这部重要著作，它将让教育工作者思考科技应用与学生全面发展之间的微妙平衡，为教育找到更清晰的方向。

陆彬

北京顺义国际学校校长

我强烈建议教育行业的从业者，包括教育官员、校长和一线教师，以及广义的教育工作者——父母都阅读此书。它不仅能帮助加深对当前教育挑战的理解，还为解决这些困扰提供新的视角和方法。书中有很多关于美国儿童的焦虑问题成因机制和解决方案的表述，虽然在具体数据上与我国有很大的区别，但是它凭借扎实的理论基础、严谨的逻辑架构以及详实的案例剖析，为我们思考自己的孩子如何应对AI时代的挑战，解决我国儿童心理健康问题，提供了很多有价值的参考。

杜文雅

21 世纪教育研究院合作发展中心主任

湛庐CHEERS

与最聪明的人共同进化

HERE COMES EVERYBODY

CHEERS
湛庐

焦虑的一代

[美] 乔纳森·海特　著
Jonathan Haidt
赵学坤　译

The Anxious Generation

中国纺织出版社有限公司

测一测

你知道如何养育手机里泡大的孩子吗?

扫码加入书架
领取阅读激励

扫码获取全部测试题及答案，
一起让孩子远离
“手机式童年”

- 青少年的心理健康状况遭遇全球性下降，经调查和研究，你认为可能是因为什么？（单选题）

  A. 焦虑和抑郁风险的增加

  B. 青少年变得更加坦诚

  C. 青少年变得过于敏感

  D. 科技的变革改变了交流模式

- 以下哪种玩耍可以促进孩子的成长发育？（单选题）

  A. 一群混龄的孩子在户外恣意疯玩

  B. 孩子在成年人的引导和保护下玩耍

  C. 在一个做足保护的地方安全地玩耍

  D. 在老师的引导下与同龄的孩子一起做游戏

- “手机式童年”有什么危害？（单选题）

  A. 注意力的碎片化

  B. 对电子产品成瘾

  C. 睡眠时长和质量下降

  D. 以上全部

扫描左侧二维码查看本书更多测试题

Jonathan Haidt
知名思想家、社会心理学家
纽约大学斯特恩商学院教授、美国艺术与科学学院院士
畅销书《象与骑象人》《正义之心》的作者
乔纳森 · 海特
被《展望》评选为“世界顶级思想家”之一
被《外交政策》评选为“全球百大思想家”之一
在 TED 大会上的演讲点击量超过 900 万次
100 多篇学术文章被引用近 10 万次

拥有哲学思维的杰出心理学家

乔纳森·海特，1963 年 10 月 19 日出生于纽约。海特在大学时主修哲学，用他自己的话说是“看了太多伍迪·艾伦的电影，产生了一种错觉，认为哲学应该有点用”，但同时他也选择了一些心理学课程，并爱上了这门科学。

1985 年，海特在耶鲁大学取得哲学学士学位，后进入宾夕法尼亚大学学习心理学。海特本来是想做有关幽默心理学的实验，但进入宾夕法尼亚大学一周后，他遇见了美国判断与决策学会主席乔纳森·拜伦。他和拜伦就“道德思考是不是有别于其他类型的思考”展开了热烈的讨论。第二天，海特就请拜伦做导师，投入道德心理学的怀抱。

1992 年，海特获得宾夕法尼亚大学心理学博士学位，随后到芝加哥大学研究文化心理学。1995 年，海特进入弗吉尼亚大学任教。在弗吉尼亚大学的 16 年中，他获得了由州长颁发的弗吉尼亚州杰出教授奖、洛克菲勒客座教授杰出教学奖，以及坦普尔顿积极心理学奖等多项大奖。

积极心理学的先锋，道德心理学的革命者

1999 年，海特投身积极心理学，在方兴未艾的积极心理学界，他以独特的“气质”成为积极心理学的先锋派领袖。积极心理学创始人塞利格曼曾说：“要想理解幸福，从跟随海特开始。”海特博古通今，善于跨界，他用现代科学验证古老的幸福假设，《象与骑象人》就是他思想的结晶。此书甫一出版就登上亚马逊心理学理论类排行榜榜首，持续热销，受到众多企业家的青睐。

与其他研究道德心理学的学者不同，海特的研究充满了情感与冲突，用他的话说就是：“我和两个年龄相仿的姐姐一起长大，每天都会打架……道德在我家是件激情洋溢的事儿，可我所读到的文章却全部是关于论证和认知结构的……这似乎太理智了。”于是，海特从情感、直觉这条路出发，开始研究道德心理学与复杂社会系统。他设计的思想实验——“兄妹间发生性关系你怎么看”叩问人心，被众多心理学家、心理学教材引用。

海特和几位科学家创办了 YourMorals.org 网站，通过对道德与政治心理学的研究，帮助人们理解和尊重与自己道德基础不同的群体，促进各政治派别间的相互理解。2012 年，海特的著作《正义之心》一经出版即登上《纽约时报》排行榜，也获得了 Zócalo Public Square 图书奖等诸多奖项。在这部恢弘的作品中，他解答了如下问题：为什么人类会因政治与宗教产生分歧？人类的正义之心到底从何而来，又将往何处去？

从商界到时代挑战，探讨和践行道德责任

2011年，海特受纽约大学斯特恩商学院院长之邀，加入商学院并重新设计道德伦理课程。商科教育成就了很多人的事业，为社会生产了众多追逐私利者。海特加盟商学院，不是向学生灌输“道德是什么”，而是让他们明白，成为一名商界专业人士，应如何理解人类本性中的缺陷，如何学会与不同群体打交道，如何设计伦理体系、设计组织机构和创建公司。他将商业伦理、道德心理学引入复杂社会系统，使企业、非营利组织、城市和其他系统更有效地工作。

2019年，海特与格雷格·卢金诺夫合著了《娇惯的心灵》，探讨了当代教育体制和社会环境如何让孩子变得脆弱。2024年，海特的新书《焦虑的一代》出版后引发了世界各国的广泛关注和讨论。海特指出，在智能手机普及后的十几年间，不同国家的青少年在相近的时间段内普遍出现了心理健康问题。他提出，要结束这场心理大危机，必须全社会共同努力，帮助孩子们减少对手机的依赖。《焦虑的一代》出版后，海特一直在积极联合社会各界力量，推动书中所呼吁的措施落地实施。

海特作品

献给第三公立小学、实验中学、

巴鲁克中学和布鲁克林科技高中的校长和老师们，

他们一生都在致力于培育包括我子女在内的孩子们成长。

我与中国父母的共鸣：一起面对“手机式童年”的挑战

很高兴《焦虑的一代》由湛庐引进到中国，也很高兴有机会直接与中国读者交流。从互联网到社交媒体和人工智能，中美两国在发展这些变革性数字技术方面都处于全球领先地位，这些技术正在以我们难以理解的速度改变着我们的关系、社会，甚至我们的大脑。

我在书中提出，社交生活大规模转移到少数几个社交媒体平台及其他数字产品上，整体对孩子害处匪浅，会干扰他们的社交、情感和认知发展。孩子需要在现实世界中成长，进行大量的体育活动，拥有独立性、责任感、直接的社交互动，当然还要生活在充满爱的家庭以及强大而充满活力的社会群体中。我在书中提供了证据，表明自 21 世纪第二个 10 年初期以来，美国以及许多其他西方国家的青少年心理健康和学业表现一直在恶化。我指出这些负面趋势在很大程度上是由从玩耍式童年向手机式童年快速转变所导致的，这种转变在西方国家发生于 2010—2015 年。

中国的年轻人呢？中国幅员辽阔、文化多元，并且发展速度之快几乎在世界历史上都是罕见的。这又对中国的孩子产生了什么影响呢？中国的年轻人至少和美国的年轻人一样频繁地使用互联网和智能手机。我所能找到的几项研究都提供了证据，表明中国的年轻人正遭受着许多与西方国家年轻人相同的心理问题：焦虑和抑郁情况不断上升，其中女孩的增幅最大。全球互联网覆盖范围内的青少年似乎都出现了严重的问题。

中美两国分别做了什么来保护孩子免受手机式童年所带来的伤害呢？在这方面，我们两国的差距很大。美国的联邦政府基本上没有采取任何措施来保护孩子免受网络的社交剥夺和身心伤害。美国父母只能自己去限制和保护，但常常失败。因为如果父母试图延迟给孩子配备智能手机、注册社交媒体账户，孩子往往就会觉得自己被孤立了，与那些整天使用这些设备和平台的朋友们格格不入。我不得不努力对我的两个孩子施加一些限制，因为他们不想成为年级中“唯一”不使用社交媒体的人。

尽管美国联邦政府存在诸多失职，但是我们 50 个州中的许多州长都在采取行动，部分动力源自《焦虑的一代》一书的出版。已有超过 12 个州的州长签署了立法文件，让他们所在州的学校实现“无手机化”。许多其他国家的领导层也在采取行动，比如，澳大利亚大胆地将注册社交媒体账户的年龄提高到 16 岁。

还有一批美国父母正在携手合作，共同守护孩子，这与我在第 12 章中所建议的做法相呼应。父母们协作起来，延迟到孩子 14 岁时才给他们配备智能手机，或者延迟到 16 岁才让他们使用社交媒体。父母们在社区内相互配合，组织孩子的小团体，让他们安全地一起玩耍，几乎没有严格监管，以培养他们的独立性。这些变革都是由妈妈们推动的。在本书出版之前，她们就已经做好了行动的准备。如今，她们正借助这本书来指导她们的变革。

中国政府更加积极主动，采取了与美国联邦政府截然不同的方法。我很高兴得知，自 2021 年起，中国已经禁止将个人手机带入中小学校园。我也对中国政府要求硬件和软件制造商合作创建应用程序的“青少年模式”很感兴趣，这个措施能够防止孩子接触到一些不利于他们身心健康的成人内容。这正是我在第 10 章中所建议的，应该由政府制定一套保护孩子的通用规则，所有公司都得遵守。

中国在保护孩子免受互联网的糟糕影响方面取得了进展。但我能否就这个故事的另一部分，即玩耍式童年的重要性，提一些建议呢？请中国父母创造机会，给孩子更多无关电子屏幕的乐趣和玩耍时间。童年不应该只在为将来的考试做漫长的准备。孩子们需要亲身的冒险和经历，这些经历将为他们迎接人生中即将到来的挑战做最好的准备（参见本书第 3 章和第 4 章)。

希望我们两国能够相互学习如何在这个迅速变化且充满干扰的世界中养育出健康、快乐且受到良好教育的孩子。

乔纳森·海特

写于美国纽约

2025 年 1 月

失落的童年

设想一下，当你的第一个孩子 10 岁时，一位你从未见过的、拥有远见的亿万富豪就选中了她，邀请她成为火星上第一个永久性人类居住地的一员。你的孩子之所以脱颖而出，是因为学习成绩优异。当然，基因分析结果也给她加了分，但你不记得什么时候授权过什么人给孩子做过这个分析。更让你惊讶的是，孩子竟然已自行报名参加了这个项目。理由是她对外太空充满热爱，而且她所有的朋友都参加了。她央求你一定要同意。

你知道孩子意愿强烈，所以没有直接驳斥，只答应会好好了解一番。然后你发现他们选择孩子作为火星移民，是基于适应性的考虑。毕竟火星上的生存条件很特殊，特别是重力比地球上要小得多，孩子比大人适应得更好。如果一个孩子在火星上经历青春期和随之而来的生长高峰，那么他的身体将会永久性地适应火星环境。如果成年后再移居过去，适应性就没有这么好了，至少目前从理论上看是这样的。至于在火星上长大后，孩子们能否再回到地球上继续生活，就未可知了。

令人恐慌之处不仅限于此。首先要担心的是辐射问题。地球上所有动植物的进化都是在地球磁层的保护中完成的。亿万年来，太阳风、宇宙射线，以及其他有害粒子流不断冲击着我们的星球，是磁层将它们大部分阻挡在外或使其发生偏转。火星是没有这样的保护层的。孩子去了火星之后，身体里每个细胞的 DNA 都将不断地被离子穿透。离子数量之巨，非地球环境可比。该项目的规划者已经给火星移民基地建了一个保护罩，但这是基于成年航天员的身体数据而建的。据研究，成年航天员在太空生活一年后，罹患癌症的风险会略有增加。[1] 孩子们要面临的风险可能会高出不少，因为他们身体里的细胞还在快速增殖、分化，比成年人活跃太多，更容易受到损伤。规划者们考虑到这些风险了吗？针对孩子们的安全研究做到位了吗？如你所知，根本没有。

其次要担心的是重力问题。经过漫长时间的进化，地球上的生物已根据地球独特的重力条件进化出目前最优的身体构造。从生命诞生的那一刻起，每个生物的骨骼、关节、肌肉以及心血管系统就在重力的作用下发育，而地球的重力是集中的、向心的、基本稳定不变的。我们的身体一旦脱离这股持续的牵引力，后果也是显而易见的。成年航天员在太空的失重状态下生活几个月后，肌肉便会退化，骨质也会疏松，体液还会异常地积聚在不应该积聚的身体部位，比如颅腔，这会对眼球施加压力，导致眼球变形。[2] 火星也有重力，但大小仅相当于地球的 38%。一个成长于火星的孩子，其身体将接受数年的低重力影响，所以他的骨骼、心脏、眼睛和大脑都极有可能出现发育畸形。项目规划者们充分考虑低重力对儿童生长发育的影响了吗？如你所知，依然没有。

那么问题来了，你会同意孩子参加吗？

答案当然是否定的。你意识到这是一个荒唐至极的想法——把孩子送往火星，她可能永远无法返回地球。试问哪位家长可能点头？这个项目背后的公司野心不小，他们急于抢先竞争对手一步，在火星上确立自己的地位。其领导层似乎对儿童成长一无所知，对孩子们的安全问题也漠不关心。更糟糕的是，他们根本没有认真寻求孩子父母的同意，甚至没有跟孩子父母核实确认，孩子只要在确认书上的一个框里打钩，表示自己已经得到父母的支持，就可以启程去火星了。

没有任何公司能够未经我们同意就带走我们的孩子，并将他们置于危险的环境中，否则他们将承担巨大的法律责任，对吗？

千禧年之交，美国西海岸的科技公司搭乘互联网技术的东风，打造了一系列改变世界的产品。一股“技术乐观主义”的思潮涌向天南海北。人们认为，多亏了这些产品，生活变得更轻松、更好玩、更高效了。其中一些产品促进了人们的联系与交流，可能会成为越来越多的新兴组织的福音。这一切如新纪元的曙光，这些科技公司的创始人被誉为英雄、天才，甚至全人类的恩人，一个个如同普罗米修斯，把神的礼物带给了人间。

但科技改变的不仅仅是成年人的生活，它对孩子们也产生了很大的影响。20 世纪 50 年代以来，电视成为儿童和青少年的挚友。后来，新兴科技产品便携性、个性化和互动性的优势远远超越以往的科学技术。父母们早就注意到了这一点。2008 年，我儿子才两岁，但他已在我的第一部 iPhone 上，无师自通地学会了划屏。许多父母发现，只要塞一部智能手机或平板电脑给孩子，就能让他开心地玩上好几小时，不给父母添乱。这甜头大家多少都尝过，但这样真的没问题吗？没人能回答。但其他人都是这么做的，所以大家就觉得这应该没问题。

至于其产品对儿童和青少年的心理健康有何影响，科技公司极少甚至完全没有研究过。研究健康课题的人员和团队也无法从这些公司拿到任何数据。然而，越来越多的证据表明，科技产品的确在损害孩子们的健康。在证据面前，科技公司大多极力否认，混淆视听，大玩公关手段。[3] 最为恶劣的要数那些精于运用心理学技巧来提高“用户黏性”的公司。孩子们处在脆弱的发育时期，大脑正在不断地对外界刺激形成新的反射机制，却被这些公司用伎俩牢牢拴住。其中就包括了社交媒体公司，它们对女孩们的健康造成重创。另外，还有游戏公司和色情网站，主要瞄准男孩们的心智。[4] 这些公司把令人成瘾的内容打包成一条条信息流，源源不断地传输到孩子们的眼睛和耳朵里。这些内容取代了孩子们的体能活动和面对面社交，重构了一代人的童年，改变了人类的发展进程，其规模之大、程度之深，令人难以想象。这场重构的高潮发生于 2010—2015 年。不过，本书将从 20 世纪 80 年代讲起，那时的父母就开始陷入恐慌和过度保护式育儿了。这股风潮始终不散，穿越了新冠疫情时期，延续至今。

那么，迄今为止，我们是否用法律武器约束过这些公司呢？美国于 1998 年出台了《儿童在线隐私保护法》（*Children's Online Privacy Protection Act*，COPPA），为大多数其他国家制定相关法律法规提供了样板。依据此法案，不满 13 岁的儿童在与网站签订合约（即“用户服务条款”）以注册新账号时，必须获得父母的同意，否则网站不可获得儿童的个人信息或侵犯其权利。这实际上将“互联网成年”的年龄设定在了 13 岁，但其出发点并非保障儿童安全或关爱儿童心理健康。[5] 法案也未严格要求公司查验用户年龄。所以儿童大可勾选一下声明自称年龄达标或填写一个假生日，便可尽情沉迷于网络世界，无须父母知情或同意。在美国，已有 40% 未满 13 岁的儿童创建了自己的 Instagram 账号，[6] 但从 1998 年起，联邦法律却没有进行过任何修订。相比之下，英国已经在采取一些初步措施了，美国部分州也在跟进。[7]

一些科技公司的行径与传统的烟草、电子烟公司如出一辙，它们精心制造出高成瘾的商品，并巧妙地绕过了限制向未成年人出售的法规。科技公司跟某些石油公司也很类似，后者曾拼命抵制“含铅汽油禁令”。在 20 世纪中期，已有大量证据告诉我们，仅美国一个国家的司机，每年向大气层排放的铅就高达数十万吨。这些铅严重影响了孩子们的大脑发育，受害者人数以千万计。大量孩子的认知能力受损，反社会行为的发生率增加。但石油公司肆无忌惮，对含铅汽油的生产、宣传、销售一如既往。[8]

当然，现今的社交媒体公司和 20 世纪中期的大型烟草公司还是大不相同的。对成年人来说，社交媒体公司的产品大有用处，它们帮助成年人查找信息、寻找工作、结交朋友、寻觅爱情；让购物和社会活动的组织更加高效；让生活的方方面面都更便捷。大多数人对禁烟都举双手赞成，但对社交媒体的限制尺度却很难一锤定音，因为它实在是太有价值，太有用，也太让人爱不释手了。尽管部分成年人对社交媒体和其他在线活动已经过度沉迷，但就像对待吸烟、喝酒和赌博等问题时一样，让当事人自行决断就好。

不过未成年人不一样。人类大脑寻求奖励的部分成熟得相对较早，但前额叶皮质要等到 25 岁左右才能完全发育成熟，它对自我管控、延迟满足以及抵抗诱惑至关重要。青春期前的儿童处在一个尤为脆弱的发育阶段。他们进入青春期后，常常在社交中感到惶恐不安，容易受到来自同龄人的压力，任何能在社交上给他们带来认同感的活动都容易叫他们沉迷。我们不允许这个阶段的孩子购买烟草、酒类，也不让他们赌博。同样是使用社交媒体，青少年付出的代价明明比成年人高，但收益却微乎其微。我们还是让孩子先脚踏实地，把地球上的日子过好，再去考虑火星的事情吧。

本书关注的人群是出生于 1995 年之后的孩子，[9] 他们常被称作“Z 世代”(Gen Z)。更早的那一代被叫作“千禧一代”（Millennials，出生于 1981—1995 年）。有些搞市场营销的人认为，2010 年是 Z 世代的终点，自那以后再出生的孩子应该被称作“阿尔法世代”（Gen Alpha）。对此，我有不同意见，Z 世代，即焦虑的一代，不可能已经迎来了终点。除非有一天，我们能摒除影响童年的一切焦虑因素，让孩子们不再焦虑，否则 Z 世代将无休无止。[10]

感谢社会心理学家琼·特文吉（Jean Twenge）的开创性研究，为我们阐释了不同的世代为何会表现得如此不同。背后的原因包括了他们孩童时代经历的大事件（如战争或经济大萧条），以及他们在未成年时期使用过的设备的变革（从收音机到电视，再到个人电脑、互联网，直至 iPhone）。[11] Z 世代的第一批人在 2009 年开始进入青春期。彼时正值几股技术浪潮登上历史舞台，并彼此融汇：21 世纪最初 10 年迅猛扩张的高速宽带、2007 年面世的 iPhone，以及实现了高度病毒化传播的社交媒体。2009 年，“点赞”“转发”或“分享”按钮的出现进一步推动了社交媒体的变革，改变了网络世界的社会动态。2009 年之前，社交媒体连接的大多只是现实生活中的朋友，没有如今这些让人可以及时反馈、让信息得以广泛传播的功能，所以当时的社交媒体“毒性”尚轻。[12]

没等几年，第四股浪潮也汹涌而至，它给女孩们带来的冲击远大于男孩。2010 年，智能手机增加了前置摄像头；2012 年，Facebook（现改名为 Meta）收购了 Instagram。这两件事对自拍照的兴起与流行可谓居功至伟。在其助推与裹挟下，大量青少年精心策划、打磨、上传照片和视频，把自己的生活展示给身边的熟人以及陌生人看。这里的“看”不是简单地浏览，展示者还要接受他人的评判。

Z 世代成为历史上第一批兜里揣着“门户”度过青春期的人。这个门户就是智能手机，会将他们从周围的人身边吸引走，带他们进入一个新宇宙。那里比现实世界更加刺激，令人上瘾，且幻化无穷。但正如我后面要说的，那里并不适合儿童和青少年。想在这个宇宙中左右逢源，孩子们得耗费大量的精力去打造和管理他们的个人形象，且要持续发力，不可松懈。这对于获得同伴的认可来说至关重要，在青春期的孩子眼里，同伴的认可就像氧气一样，同时也是避免网络羞辱的必要条件，否则他们将迎来青春期的地狱时刻。Z 世代的孩子每天都要花几小时聚精会神地浏览手机屏幕，透过一张张欢乐开怀的照片，审视他人的生活，如朋友、熟人，乃至素昧平生的“网红”们。用户生成视频、流媒体娱乐内容越来越多。这些内容会自动播放，或者由算法推荐，而算法的设计宗旨就是尽可能地延长他们的在线时间。与此同时，孩子们与身边的朋友和家人玩耍、交谈、接触的时间大大减少，甚至连目光交汇一下的机会都少之又少。这减少了他们参与具身社交（embodied social）的机会，而具身社交对人类健康成长是不可或缺的。

Z 世代的孩子们体验着一种激进而崭新的成长模式。身在其中，他们每个人都成了实验的观察对象。这种模式让他们不再像父辈、祖辈那样，与身边小小的、紧凑的社群亲密接触，彼此互动。而在过往岁月中，人类正是以小社群的形式不断繁衍进化的。我们可以把这种模式称作“童年大重构”，最先被重构的这群孩子就像是被送去火星长大的第一批人。

技术固然在重塑这一代孩子的生活体验和精神状态，但这只是童年大重构的主线之一。我们还要看到第二条主线：父母们好心办坏事式的过度保护，以及限制孩子在现实世界中的自主权。孩子的茁壮成长离不开大量自由自在的玩耍经历。这一需求在整个哺乳动物界都是显而易见的。在玩耍过程中，他们要处理各种小挫折、小挑战。这些体验就像一种预防针，让他们为今后迎接更大的挑战做好准备。但因为一系列历史及社会的原因，自 20 世纪 80 年代起，自由玩耍的时间就开始减少。到了 20 世纪 90 年代，减少的趋势加剧。在美国、英国和加拿大，越来越多的父母开始担忧，如果他们允许孩子独自外出，孩子极有可能会成为绑架犯或恋童癖者的目标。与此同时，随着个人电脑的普及，孩子们在家门外自由玩耍的时间进一步减少。因为电脑里的世界更好玩，更让他们坐得住。①

我建议将 20 世纪 80 年代末当作从“玩耍式童年”（play-based childhood）向“手机式童年”（phone-based childhood）过渡的开始。这个过渡期很长，直到 21 世纪第二个 10 年的中期才结束，那时，大多数青少年都拥有了属于自己的智能手机。“手机式”在这里是一个很宽泛的概念，我指的是所有既能联网，又能消耗休闲时间的个人电子设备，包括笔记本电脑、平板电脑、能联网的电子游戏机，以及最重要的拥有无数应用程序的智能手机。

无论玩耍式童年，还是手机式童年，我所说的“童年”也是一个很宽泛的概念，包括了童年时期和青少年时期。我只是不想把概念写得太长，否则得说“手机式童年时期以及青少年时期”。发展心理学家通常将童年和青春期之间的过渡标记为青春期的开始，但孩子们进入青春期的时间有早有晚，而且近几十年来呈现出越来越早的趋势，所以将青春期等同于青少年时期已不再准确。[13] 下面是本书对各个年龄段的定义。

- **儿童：** 0 ～ 12 岁。
- **青少年：** 10 ～ 20 岁。
- **少年（teens）②：** 13 ～ 19 岁。

---

① 各项证据显示，父母的过度保护、网络和智能技术的使用、心理健康等方面的变化趋势，在英语圈国家都是同时同方向发展的，美国、英国、加拿大、澳大利亚、新西兰，无一例外。我认为，这些趋势在大多数，甚至所有西方发达国家中都存在，只是各国有着不同的个人主义发展程度、社会融合度，或其他文化因素，所以趋势的表现形式也略有不同。我正在收集其他国家的研究数据，之后将公开发表。

② 英语里，数字 13 ～ 19 的末尾均有字母组合 teen，所以人们习惯把 13 ～ 19 岁的孩子称为 teens。——译者注

- **未成年：**所有未满 18 岁的人。我也会用“孩子”这个称呼，因为“孩子”比“未成年人”听起来更加亲切、随和。

儿童和青少年之间有一段时间是重合的，这是我有意为之，因为 10 ～ 12 岁的孩子正处于从童年向青春期过渡的阶段，这个阶段也被称作青春期早期。此时的他们跟儿童一样活泼爱玩，但也开始发展青少年时期才有的、复杂而高级的社会情感与心理体系了。

随着“玩耍式童年”向“手机式童年”转变，许多儿童和青少年很乐意待在家里享受线上世界的美好，但他们失去了用双脚丈量土地、与人交往的机会，这些体验对所有哺乳动物的成长都有着重大意义。孩子们原本该通过这些真实的运动、面对面的社交活动，发展基本的生存能力，克服童年期各种天生的恐惧，并练就独立性，逐渐减少对父母的依赖。在虚拟世界里，与朋友们的互动并不能完全弥补这些经验上的缺失。更甚者，当孩子们把玩耍和社交的阵地转移到网络世界后，他们会频繁地进入成年人的平台，浏览面向成年人的内容，甚至与成年人进行不良的互动，这很可能危害他们的健康。因此，尽管父母在现实世界中奋力扑杀各种风险，限制孩子自由活动，却又往往不自觉地在虚拟世界中给予了孩子完全的自主权。这一定程度上是因为大多数父母自己也不知道网上到底有什么，更不用说知晓应该管什么，以及怎么管了。

本书的核心论点就是，1995 年以后出生的孩子成为“焦虑的一代”，主要是因为父母的上述两大趋势——现实世界中的过度保护和虚拟世界中的保护不足。

我想再聊一下本书将使用到的特定表述。首先是“现实世界”，指满足下列 4 项特征的人际关系和社交活动。这些典型特征已经存在了数百万年。

1. **具身性（embodied）**。也就是说，我们通过身体语言进行沟通，我们能察觉他人的身体语言并且会有意识或无意识地对他人的身体语言做出回应。

2. **实时性（synchronous）。**即交流是在同一时间进行，伴随着有关时机与顺序的微妙提示。

3. **沟通主要发生在一对一或一对少数几个人之间。**任何时刻，都只进行一个对话或一个互动。

4. **发生在社群内，且社群有着较高的准入门槛和退出成本。**所以，成员们有着强大的动力去维护彼此的关系，及时修复裂痕。

相对地，当我提到“虚拟世界”这个概念时，我是指一系列满足下列 4 项特征的人际关系和社交活动。它们的历史很短，不过是最近几十年才有的现象。

1. **非具身性（disembodied）。**沟通双方无须调动表情、手势等，只需要留言即可。对方可能是人工智能（现在很多情况下，已经是了）。

2. **非实时性（asynchronous）。**双方通过基于文字的帖子和评论进行沟通（视频通话除外，这种沟通是实时的）。

3. **大量的一对多交流。**可以向潜在的庞大受众传播信息，可以同时进行多个互动。

4. **社群的准入门槛不高，退出成本极低。**谁不开心了，都可以轻易地拉黑他人或退群。社群的生命很短，成员的关系很脆弱，说散就散。

现实世界和虚拟世界的边界其实很模糊。我和我的家人的生活是非常贴近现实的，哪怕我们常用视频电话、短信和电子邮件来保持联系。相反地，两个生活在 18 世纪的科学家倒可能离虚拟世界更近，因为两人仅仅通过书信往来。区分两个世界的关键是，一个人为了维护人际关系，需要下多少功夫。如果我们在一个无法轻易退出的群体中长大，那么我们的行为就会像老祖宗们几百万年来一直遵循的那样：学习如何为人处世、如何管理自身行为和情绪，以呵护这些宝贵的人际关系。不少网络社区也找到了方法，提升成员对关系的维护意愿和力度，以及集体归属感。但总体而言，如果孩子们成长于一个个网络社区，面对不停更迭的成员结构，互动时连真实姓名都不用，想退出时只需要点击一下按钮就好，那么他们大概率学不会老祖宗们的社交技能。

本书分为 4 个部分，分别阐述了 2010 年以来青少年的心理健康变化趋势（第一部分）；童年的本质以及我们是如何毁掉这个时期的（第二部分）；新出现的手机式童年所带来的伤害（第三部分）；从家庭、学校、社会角度出发，我们应该如何修复这些伤害（第四部分）。只要我们联合起来，采取行动，一定能扭转局面。

第一部分仅有一章，概述了 21 世纪 13 ～ 19 岁的青少年们心理健康面临危机和幸福感下降的实际情况，揭示了快速过渡到手机式童年所带来的破坏性有多大。从 21 世纪第二个 10 年的初期开始，焦虑、抑郁和自我伤害率就在急剧上升，这反映了心理健康状况的下降，其对女孩的冲击最为严重。男孩的情况更为复杂，各方面的涨幅虽不如女孩大，但涨势抬头得比女孩更早。

第二部分深入挖掘了背后的原因。21 世纪第二个 10 年爆发的心理大危机，需要我们回溯到 20 世纪 90 年代。那时父母们日益增长的恐慌以及过度保护式育儿才是根源。我阐述了智能手机和父母的过度保护，如何像“经验阻断器”一样，使得儿童和青少年难以获得他们最需要的具身社交经验，包括冒险式玩耍、文化的亲身传承，乃至过渡仪式（rites of passage）[①]，以及恋爱关系。

第三部分通过对研究成果的展示，我阐述了手机式童年给儿童的成长发育带来了哪些伤害。我发现了 4 大伤害：社会剥夺（social deprivation）[②]、睡眠

① 过渡仪式是一个民俗学和人类学的经典概念，由法国民族志学家阿诺尔德·范热内普（Arnold van Gennep）提出。这个概念是指人从一种状态过渡到另一种状态时的仪式化或类仪式化过程，如在出生、结婚、死亡等关键节点要经历的典礼和程序。这些仪式有助于缓冲阶段转换过程中的危险，实现安全的过渡。——译者注

② 社会剥夺指儿童在成长过程中无法接受正常的社会刺激，比如被剥夺了社会交往、对他人进行认知和评判的机会等。——编者注

剥夺（sleep deprivation）、注意力碎片化（attention fragmentation）和成瘾（addiction）。接下来我将重点关注女孩群体。① 社交媒体的使用不仅与心理疾病有关联，更是心理疾病的直接病因。我将以经验性证据为基础，解释这个病因的多种作用原理。男孩也会遭遇心理健康问题，但病程稍有不同。我阐述了童年大重构是如何让男孩们的“未能成功启动”率（rate of failure to launch）急转直上的。未能成功启动是指难以从青少年过渡为成年人，并承担起相应的责任。在第三部分的结尾，我想探讨一个问题：以手机为主导的生活给我们所有人（包括儿童、青少年和成人）带来了怎样的影响？我还会暂时抽离学术视角，俯身去灵性的世界里寻找答案。原谅我只能称其为灵性的世界了，我讨论了 6 种古老的精神实践，这些实践可以帮助我们所有人在当下生活得更好。

第四部分是我提出的若干点建议，每一条都是当下可以落地，也是迫切需要落地的。我的建议以相关的研究成果为依据，希望能够帮助科技公司、政府、教育机构以及父母解决各种“集体行动问题”。这些问题一直是社会学界研究的重点，但任何人都不可能凭一己之力就解决掉。如果各方能够联合起来，相互配合，就有希望打破僵局，为这个世界带来更加光明的未来。

我是纽约大学的教授，会给本科生和研究生上课，也常受邀去高中和其他大学演讲。我发现，Z 世代的孩子们身上都有几项特质，这些特质极有可能帮助他们扭转局势。

首先是积极主动的心态。他们追求进步，希望自己越来越强，而且大多数孩

---

① 关于性别的说明：总体而言，女孩和男孩常用的线上服务不一样，各自的心理健康状况以及心理疾病模式也有区别。所以本书有大量篇幅（特别是第 6 章和第 7 章）会分别从女孩和男孩的角度出发，讨论各自问题的变化趋势与进展情况。还有一点值得关注，越来越多的 Z 世代孩子自认为是非二元性别。研究已发现，这些孩子的心理健康状况比和他们同龄的男性和女性的心理健康状况更糟糕［可参见普赖斯 – 菲尼（Price-Feeney）等人 2020 年的研究成果］。一直以来，我们对该群体的研究就不多。网络给他们带来了怎样的深刻影响，我希望学界能给予更多关注。在本书介绍的研究中，大多数都不分性别，涵盖了所有青少年的情况。如后面要讲的 4 大伤害，就广泛地影响着孩子们，无论他们的性别认同如何。

子对新颖的沟通方式持开放态度。其次是远大的抱负。他们的内心深处奔涌着改变世界的激情，希望给人间带来更多的公正与温情。他们擅长组织活动，实践心中的想法，而组织的平台也正是社交媒体。

在过去一年多的时间里，我看到越来越多的孩子逐渐清醒，他们开始识破科技公司对自己的操纵与利用。随着活动经验的丰富，以及创新能力的提升，他们必将找到自己这代人的破局方法，其效率和效果都更胜于我的建议。我相信，他们更有能力去落到实处，让方法带来实效。

我是一名社会心理学家，不是临床心理学家或研究传媒的专家。但青少年的心理健康问题已迫在眉睫又错综复杂，我们无法仅从单个学科的角度来理解。我的研究领域涵盖道德、情感和文化。在过去的学术征程中，我收获了不少方法和思路。我将把这些应用到儿童成长和青少年心理健康的研究中。

积极心理学诞生于 20 世纪 90 年代。从那时起我便投身于该领域，在学术的海洋里四处探寻，想搞清楚人类的幸福感到底源自何方。我的第一本书《象与骑象人》（*The Happiness Hypothesis*）① 审视了东西方古代文明，总结出了古人的 10 个“幸福奥秘”。

我曾在弗吉尼亚大学担任心理学教授（直到 2011 年）。当时我开设了一门叫作“幸福学”（Flourishing）的课程，就是基于这本《象与骑象人》。现在我在纽约大学的斯特恩商学院任教，这门课几经改版，一直活跃在本科生和 MBA 学生的课程表中。随着我的学生从千禧一代过渡到 Z 世代，他们的手机从翻盖的变成了智能的，我观察到学生们越来越焦虑，对设备越来越依赖。我能了解到这些情况离不开学生的坦诚。他们向我分享内心的煎熬，描述对各种新兴技术的爱与恨。

---

①《象与骑象人》把人类思考了 2 000 多年的问题归结为 10 个假设，放在科学的天平上讨论。作者提出，人的心理可分为两半，一半像一头桀骜不驯的大象，另一半则是理性的骑象人。这两个分裂的部分，使得人们常常陷于理性与非理性的思想斗争之中，而这种斗争不仅会影响我们的决策，也会削弱我们的幸福感。本书中文简体字版已由湛庐引进，浙江科学技术出版社出版。——编者注

我写的第二本书是《正义之心》（*The Righteous Mind*）[①]。这本书阐述了我关于人类道德感的心理基础演变的研究成果。我探讨了为什么品行端正的人会在政治或宗教立场上产生分歧，尤其关注了人们对于融入道德社群的需求，这些社群往往为人们提供了共同的意义和目标。在撰写这本书的过程中，我意识到，对成人用户来说，社交网络无疑是生活和工作的利器。但对孩子们来说，社交网络替代不了现实的社群。数十万年来，正是现实世界的社群生活深深滋养了人类幼崽，塑造了他们的精神世界，记录了他们的成长足迹。

我对青少年心理健康问题的深入研究，其实真正起步于我的第三本书。格雷格·卢金诺夫（Greg Lukianoff）是我的好友。2007 年，他得了严重的抑郁症，之后便去学习了认知行为疗法。这段经历让他能在很早的时候便察觉到大学生的心理健康出现了严重的问题，且形势危急。当时他看到很多学生陷入了扭曲的思维模式，认知行为疗法对这些模式是明确反对的。

2014 年，格雷格感到情况有些蹊跷，一些学生竟然主动要求学校加大所谓的保护力度，避免一些书和演讲者让他们感到“不安全”。格雷格意识到，学校似乎在有意无意地诱使学生们走入一个个心理牢笼，使其认知发生扭曲，坠入灾难化思维（catastrophizing）[②]、两极化思维（black-and-white thinking）[③]、情绪化推理（emotional reasoning）[④]等思维陷阱。这些认知扭曲实际上可能导致学生抑郁和焦虑。2015 年 8 月，我们两人以“娇惯的心灵”为题在《大西洋月刊》上发表了一篇文章，阐述了这一观点。

---

①《正义之心》是乔纳森·海特的经典著作，该书的出版标志着一次道德心理学的革命，《纽约时报》评价该书是人类认识自我本性的里程碑式著作。书中用详尽的科学研究回答了人们该如何跨越宗教与政治分歧，从而达成相互理解，以促成合作型社会的建立。本书中文简体字版已由湛庐引进，浙江人民出版社出版。——编者注

② 灾难化思维是一种倾向于想象最消极的结果，或把负面影响过度夸大的认知扭曲。——译者注

③ 两极化思维是指对事物进行非黑即白、非对即错的极端化判断。——译者注

④ 情绪化推理是指忽略客观事实或规律，仅以自己当下的情绪为标准，过于主观地对事物做判断，比如“我居然搞砸了这件事情！我就是没用，这辈子都没救了”。——译者注

这篇文章的观点肯定有站得住脚的地方。毕竟在当时的象牙塔里，的确有部分课程、学术思潮[14]无意间在诱发学生们的认知扭曲。但到了 2017 年，问题背后的真相逐渐浮出水面，青少年的抑郁和焦虑问题在多个国家同时暴发，波及各个教育水平、社会阶层和种族的青少年。以 1996 年为分水岭，此年以及之后出生的孩子们，在心理体验方面，与此前出生的孩子们存在明显差异，哪怕他们的出生时间只相差几年而已。

格雷格和我决定继续完善《大西洋月刊》的那篇文章，将其扩展成一本同名书。在这本书中，我们努力寻找这场心理大危机的原因，借鉴了琼·特文吉 2017 年讲"互联网一代"的那本书。可惜那时的我们觉得，技术的发展和危机的恶化之间只有相关性——十几岁的孩子一旦有了智能手机，就开始变得更加抑郁。那些玩手机玩得最多的孩子，恰巧也是抑郁问题最严重的孩子。积极参加线下活动的孩子是最健康的，活动可以是团体性的体育项目、宗教社团活动等。[15]当时我们都认为，相关性不等于因果性，所以还特意告诫父母，不要被我们的发现吓到，不要过激地应对新技术和新设备。

2023 年，新近的大量实验性研究（experimental research）[①]和相关性研究（correlational research）[②]已充分说明，社交媒体对青少年造成了伤害，尤其是对正在经历青春期的女孩。[16]在创作这本书的过程中，我发现自己之前的判断还是太简单了，危机的成因其实相当复杂。问题不仅源自智能手机和社交媒体的作恶，更与一场史无前例的大转型纠缠在一起。这是一场降临到未成年人群身上的转型，改写了孩子们的童年模式，且对男孩和女孩的影响同样深远。

100 多年来，我们做了大量工作来改造这个世界，希望给孩子们建造一个安全的成长港湾。20 世纪初，汽车逐渐普及，随之而来的却是成千上万的儿童

---

① 实验性研究一般是为了确定因果关系。在此类研究中，研究人员常将受试者分为实验组和对照组，通过比较两个组别间的结果差异，判断因果关系成立与否。——译者注

② 相关性研究多是为了找到不同变量之间的统计学关联。研究人员不会人为设计分组实验，只会收集数据进行分析，找到有关联的数据来证明相关性。相关性研究操作成本较低，但不一定能判断因果关系。——译者注

因车祸丧生。20 世纪 60 年代相关法律出台，强制要求乘客系安全带。到了 20 世纪 80 年代，我们又规定车辆必须为孩子配备安全座椅，这才遏制住了惨剧的势头。[17] 20 世纪 70 年代，我还在念高中，但很多同龄的朋友已经在吸烟了。有了香烟自动贩卖机，烟草对于这些小烟民来说是唾手可得的。后来，美国政府发布禁令，坚决取缔了这些香烟自动贩卖机。这个禁令当然给成年烟民带来了不便。自那以后，他们必须去商店购买香烟，还得依照店员要求出示证件，以证明自己的年龄吸烟合法。[18]

几十年来我们多管齐下，不遗余力地为孩子们摒除各种风险。针对儿童的诸多保护措施也没影响到大人的自由，在很多问题上，我们允许成人自主决定。但猝不及防间，我们构建了一个虚拟世界。成人可以沉醉其中，随心所欲地畅享新奇的体验，但儿童几乎没有防御能力。

随着证据越来越充分，我们已经知道，手机式童年正在逐步让我们的孩子在心理上变得不健康，在社交上变得孤立无援，并感到极度不快乐。我们真的不在乎这些代价吗？或许终有一天，我们也会如 20 世纪那般明白一个道理，为了保护孩子，大人不妨承受些许不便。

我在本书第四部分提出了多项建议，以弥补我们已经犯下的两大过错：在现实世界中对儿童的过度保护（他们需要从大量的直接经验中学习），以及在虚拟世界中对孩子的保护不足（他们在青春期特别容易受到伤害）。我的建议都是基于第一部分至第三部分介绍的研究成果。这些成果呈现出高度的复杂性，甚至部分结论尚处于争议之中。我自己大概率也有谬误之处，我将尽力通过不断更新本书的在线补充资料来纠正这些错误。

即便如此，以下 4 项建议仍至关重要。我对这 4 项建议充满信心，因此我将它们称为“基础性改革”。这些建议将为数字时代的儿童奠定基石，让他们能更加健康茁壮地成长。这 4 项建议分别是：

行动建议 The Anxious Generation

建议 1：孩子上高中前不使用智能手机。不要让孩子过早陷入不分白天黑夜可随意上网的状态。第一部智能手机可等到他 14 岁左右再给，在此之前仅提供一部功能手机（basic phone）① 就好，里面的应用程序不多，也没有网络浏览器。

建议 2：孩子 16 岁前不开设社交媒体账号。孩子的大脑尚在发育，最是敏感而不堪一击。此时的孩子不该贸然进入社交媒体的汪洋中，被一轮又一轮尖锐刻薄的比较、一波又一波由算法推荐的“网红”影响。

建议 3：学校内禁止使用手机。无论是小学，还是初中、高中，只要学生在上学，就要收好一切可接发信息的设备，如智能手机、智能手表等。设备应该被锁在专用的手机储藏柜或袋子里。只有这样，孩子们才能把注意力从网络中抽离出来，回到与老师和同学的面对面交流中。

建议 4：让孩子有充足的自由玩耍（即没有父母监督和陪伴的玩耍）时间以及自主权。这样孩子能自然而然地掌握社交技能，克服焦虑情绪，今后成长为有自我管理能力的年轻人。

这 4 项基础性改革操作起来都不难，前提是大家要齐心协力，一起行动。这些措施的落地也不需要花一分钱，就算立法机构什么支持都不给，我们也能采取行动并看到成效。如果一个社区真能动员大多数的父母和学校切实落实这 4 项改革，那么我有信心，不出两年，这里的青少年的心理健康状况会得到显著改善。鉴于人工智能和空间计算技术（如苹果公司的首款头戴式“空间计算”显示设备 Apple Vision Pro）正在突飞猛进地发展，虚拟世界将变得更加逼真，更加

① 功能手机是指功能相对简单的传统手机，主要用于打电话和发送短信，不包含智能手机的复杂功能。——编者注

让人上瘾。问题已刻不容缓，我们必须立即开始行动。

我在写《象与骑象人》一书时，对古人的智慧和祖辈的觉悟肃然起敬。先圣们若来到当下，目睹了手机式童年的汹涌泛滥，会如何引导我们去处理这场危机呢？他们一定会让我们放下智能设备，重新掌控自己的思维。早在公元 1 世纪，哲学家爱比克泰德（Epictetus）就哀叹过人是多么软弱，动辄便允许他人操控自己的情绪。他说过：

> 如果你的身体任人摆布，你肯定会感到不满。那么，你为何不对自己思想的脆弱感到羞耻呢？仅仅因为他人的批评，你就变得思维混乱而且不安。[19]

有些人在网上查看“提到了我”的帖子，或看到别人发布了针对自己的内容，就心神难安。这些人对于爱比克泰德的担忧想必能感同身受。也有人很少被别人“提到”或“吐槽”，他们只是默默浏览着无穷无尽的推送内容，被其他人的新鲜事、评价、动态淹没。公元 2 世纪的哲学家马可·奥勒留（Marcus Aurelius）给自己的忠告定能让那些默默浏览内容的网友有所领悟：

> 你无须浪费时间去在意别人的想法或做法，除非他们能影响到全体民众的利益。你越是在意，就越是无法做好真正有意义的事情。你满脑子想的都是某某做了什么、为什么要这么做，或者哪些人说了什么、想了什么、接下来又要干什么。反正你有想不完的分心事，但就是不能集中注意力，好好想想你该想的事。[20]

X 世代（出生于 1965—1980 年）及之前的成年人自 2010 年以来，抑郁症或焦虑症的发病率在临床上并没有显著上升。[21] 但在技术狂潮的冲击下，他们也被无休止的提示音和乱七八糟的信息折磨得更加心神不宁和精疲力竭。生成式人工智能技术已经能制作出以假乱真的照片、视频和新闻报道了，线上生活八成会变得更加乌烟瘴气。[22] 我们不需要无条件地容忍这一切。对于自己的思维，我们当然可以重拾掌控权。

本书的读者不只限于父母、教师或其他关爱孩子的人群。无论是谁，只要你有兴趣去了解这场划时代的人际关系和认知转型，如何让我们失去了思考力和注意力，让我们做不到忘我地关怀他人，也建立不了亲密关系，那么你就是最佳读者。

衷心希望这本《焦虑的一代》能帮助人们重获真正的人类生活，无论你是哪一代人。

乔纳森·海特

目 录

The Anxious Generation

第一部分

危机袭来

“几乎一直在线”的孩子竟然这么多！孩子表面上在听课、吃饭、聊天，心却已经飞走了。

The Anxious Generation

第 1 章

Z 世代成为焦虑的一代

每当我与青少年的父母交流时，话题总绕不开智能手机、社交媒体和电子游戏。父母们向我倾诉了许多故事，但往往都会落入几种经典的情节模式，其中一种就是“无休止撕扯”模式。父母煞费苦心地制定规则，设置红线。然而，电子设备无孔不入，孩子规避规则的手段更堪称创意非凡。家庭生活都快被科技引发的种种矛盾填满了。想维护家庭传统，延续基本的人际关系，竟然像一场抗洪大战。这洪流既淹没了家长，也吞噬了孩子。

大多数父母跟我聊天时，并不是聊孩子确诊什么精神疾病。他们只是隐隐担忧，孩子身上肯定发生了些古怪的事，似乎正在错失着什么。其实，随着孩子对手机越发沉迷，他正在错失的是整个童年。

有的父母向我讲述的故事就沉重得多了。他们的孩子仿佛被抽走了魂，人在而魂不在。波士顿的一位母亲向我讲述了她和丈夫为了让 14 岁的女儿埃米莉[1]

摆脱 Instagram 所做的种种努力。社交媒体给他们的女儿带来了极大的伤害，令人揪心。夫妻俩在自己手机上安装了好几种程序，专门用于监控和限制女儿手机上的应用软件。家庭生活逐渐沦为一场漫长的战争。那天，埃米莉找到了绕过限制的方法，她破解了母亲的手机，关闭了监控软件，并威胁父母如果敢重新安装，她就自杀。这位母亲告诉我：

> 能让我女儿戒掉社交媒体和手机的方法只有一个，那就是全家搬去荒岛上生活。每年夏天，她都要参加一个为期 6 周的夏令营。那里禁止使用手机以及其他电子设备。每当我们从夏令营接她回家时，她都能恢复正常。但只要一开手机，她便又回到了焦虑和沮丧的状态中。去年我干脆没收了她的手机两个月，给了她一部老式翻盖机，她也恢复了正常。

男孩们的故事通常与电子游戏有关，有时也涉及色情内容，社交媒体倒说得不多。特别是当一个男孩从偶尔玩一玩游戏，变成过度沉迷时，那就更不会碰社交媒体了。一位木匠父亲向我讲述了他 14 岁的儿子詹姆斯的故事。詹姆斯患有轻度孤独症。新冠疫情暴发前，孩子在学校和柔道训练中的表现都不错。但学校因为疫情停课后，父母为 11 岁的詹姆斯买了一台游戏机，想让他打发时间。

起初，这台游戏机的确立了功。詹姆斯玩得不亦乐乎，还很享受里面的社群生活。但随着他对游戏《堡垒之夜》（*Fortnite*）上了瘾，他的行为便开始有些不对劲。这位父亲说："自那时起，儿子变得抑郁、愤怒、懒惰，甚至会对我们发火。"见此情形，他和妻子决定釜底抽薪，没收儿子所有的电子产品。詹姆斯随即就表现出了戒断症状，包括易怒和具有攻击性。他把自己锁在房间里，不肯出来。几天后，症状有所减轻，父母却左右为难起来："除了网上那些人，他没有其他朋友。我们应该如何适度限制他呢？"

虽然这些故事的情节和严重程度不同，但是父母们普遍都感到困顿和无奈。大多数父母不希望孩子把宝贵的童年耗费在手机上。但不知为何，世道已大变。任何试图在技术洪流中逆流而上的父母，似乎都只能将孩子推向社会孤立的困境。

本章后面部分的数据和事实将向你们展示，我们的生活中正发生着什么样的剧变。21 世纪的第二个 10 年，年轻人的生活方式产生了改变，心理状况也相应恶化。在解读数据之前，我想先分享几位父母的声音。他们已经感受到自己与孩子间巨大的鸿沟和严重的疏离感。他们正在力挽狂澜，想把孩子拽回现实世界。

潮起时分

21 世纪最初 10 年，青少年群体中尚未有迹象表明，一场浩大的心理大危机正在逼近。[2] 但刚进入第二个 10 年，情况就急转直下。每种心理疾病的背后都有诸多成因，如基因、童年经历、社会的客观现实等，各种因素交织，彼此影响，才最终导致疾病的发作。我尤其关注的是，为何在 2010—2015 年，Z 世代和部分出生较晚的千禧一代的心理疾病发病率在多个国家都显著上升，而年长一代受到的影响就相对较小呢？为何青少年的焦虑症和抑郁症发病率会在那么多国家集体增长呢？

2018 年初，我和格雷格写就了《娇惯的心灵》（*The Coddling of the American Mind*）一书。如图 1-1 所示，这是该书中的一张图，数据截至 2016 年。现在我已对数据进行更新，以反映此后数年的情况。美国政府每年都会进行一项调查，让青少年回答一系列关于服用药物及心理健康的问题。比如，是否经历了一段长时间的“悲伤、空虚或沮丧”情绪？是否有一段时间“对平时喜欢的大多数事物兴致寥寥，感到厌倦”？调查中有 9 个问题是关于抑郁症症状的，如果受试者对其中的 5 个或更多都回答了“是”，则会被认定为“过去一年中极有可能经历了抑郁发作”。

大约从 2012 年起，抑郁症的患病率就陡然攀升。图 1-1 和此后的大多数图表都会有一个阴影区域，以突出 2010—2015 年的数据，方便读者判断此期间的变化趋势。这个时期也就是我定义的大重构时期。从绝对变化来看，女孩患抑郁症的比例的增幅远大于男孩，且呈现出更为明显的“曲棍球棒”式增长曲线。不过，男孩数据的起点本就比女孩低，所以考察相对变化时，两个性别的增幅大致都为 150%，即男女的患病率都增加到了原来的 2.5 倍左右。相对变化是指自

2010 年以来的百分比变化，以后我将一直以此为基准。此次心理大危机的发生范围极广，任何种族或社会阶层都没能幸免。[3] 2020 年的数据横跨了新冠疫情期的前后。2020 年，每 4 名美国少女中就有 1 人经历了抑郁发作。2021 年，情况继续恶化。虽然自 2020 年起，数据曲线呈现出更加陡峭的增长趋势，但从幅度看，增长主要还是发生于疫情之前。

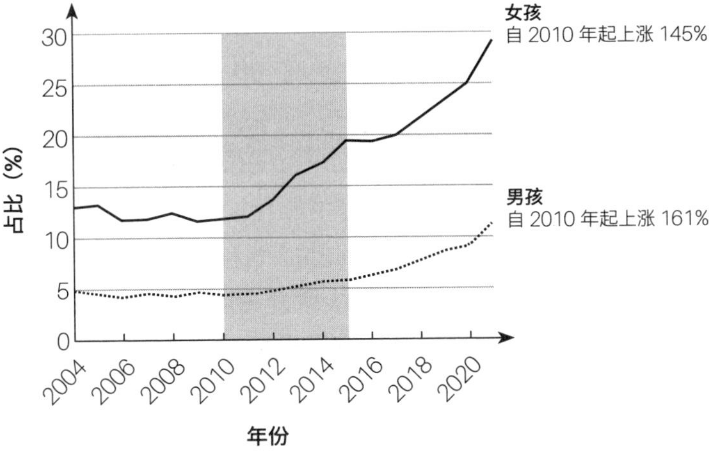

图 1-1　美国 12 ～ 17 岁的青少年患抑郁症的情况

注：数据来源于《娇惯的心灵》一书中学生们自己填写的病症调查问卷表，本书在当时的基础上增加了 2016 年以后的数据。

资料来源：U.S. National Survey on Drug Use and Health。[4]

问题到底出在哪里

21 世纪第二个 10 年的青少年到底出了什么问题？我们必须弄清楚，其中都有谁，他们在什么时候，遭遇了什么。对于这些问题，我们必须一问到底，找到最准确的答案。否则就无法挖出危机的真正根源，更无法解决危机。我的团队以寻找这些答案为己任，本章将详细介绍我们找到的证据。

深入而广泛地分析了青少年的心理健康数据后，我们发现了些许端倪，找到了解开谜团的线索。[5]首先，孩子们的问题主要集中在与焦虑、抑郁相关的疾病上。这些障碍通常在精神病学中被归为“内化障碍”（internalizing disorders）。患者的内心常承受巨大的痛苦，感到焦虑、恐惧、忧伤和绝望。他们总是胡思乱想，心绪不宁，对社交场合感到退缩。与此相对的是“外化障碍”（externalizing disorders）。患者也感到痛苦，但会通过种种行为，对他人表现和发泄出来，如行为障碍、愤怒管理困难、倾向于暴力和过度冒险的行为，等等。在不同的年龄、国籍和文化背景中，女性遭受内化障碍的比例更高，而男性则更受外化障碍困扰。[6]也就是说，无论哪种性别，这两种障碍皆有，且内化障碍呈与日俱增的趋势，外化障碍则呈下降趋势。[7]

通过图 1-2 你可以看到内化障碍发病率的飙升，图中数据显示的是美国大学生患心理疾病及精神疾病类型的变化趋势，受访者自称得到了专业人士的诊断。这些结果来自各大学的标准化调查，由美国大学健康协会（American College Health Association）汇总统计。[8]一开始，抑郁症和焦虑症的发病率就高于其他疾病。此后两者涨幅加剧，无论是相对变化还是绝对变化，都比其他疾病恶化得更为迅猛。21 世纪第二个 10 年的大学校园里，新增的心理疾病大多是抑郁症和焦虑症。[9]

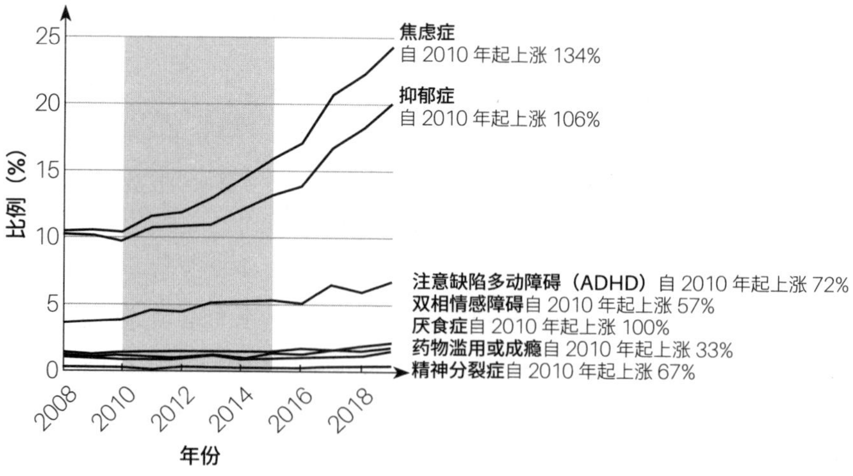

图 1-2　美国大学生患心理疾病及精神疾病类型的变化趋势

资料来源：American College Health Association。[10]

其次，心理问题集中于 Z 世代内爆发，也波及了出生较晚的千禧一代。图 1-3 可证明这一点。图中调查的受访者按年龄被分为 4 组，所有人都报告了在过去一个月中，自己是否“高频率”或“持续性”地感到紧张。2012 年以前，4 个年龄组的数据表现都很平稳，没有任何预警信号。但突然间，最年轻的一组（Z 世代在 2014 年进入该组）的曲线就开始急转直上。紧随其后年龄稍大的第二组（绝大多数是千禧一代）的曲线也呈显著的上升趋势，只是幅度不及 Z 世代。相对来说，年龄最大的两个组变化不大。出生于 1965—1980 年的 X 世代数据只出现了轻微的上升。出生于 1946—1964 年的婴儿潮世代数据竟然还有小幅下降。

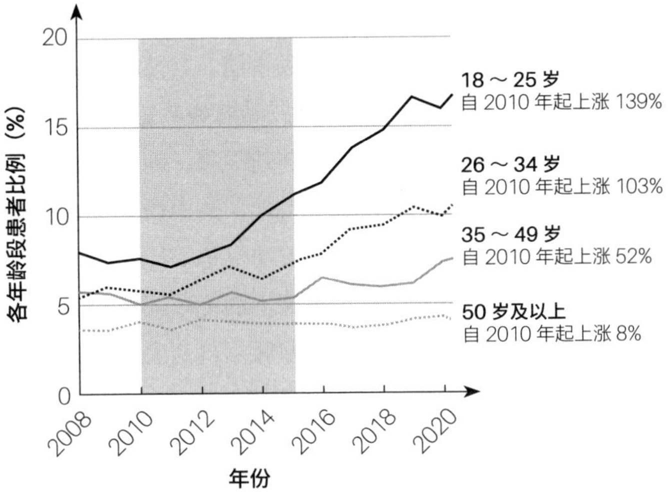

图 1-3　美国不同年龄成年人的重度焦虑症情况

资料来源：U.S. National Survey on Drug Use and Health。[11]

焦虑是一种什么状态

焦虑与恐惧关联极深，但二者并不是一回事。根据《精神障碍诊断与统计手册》（*The Diagnostic and Statistical Manual of Psychiatry*）的定义，恐惧是一个人面对某种威胁，或心里感知到某种威胁即将发生时的内心感受；焦虑则是一个人为未来潜在的威胁担心。[12] 只要事出有因，这些情绪就是正常的。但反应过度时，它们就可能发展成心理障碍。

焦虑症及其相关障碍来势汹汹，几乎成了年轻人主要的心理疾病。从图 1-2 可知，在各种心理疾病中，焦虑症发病率的上升幅度是最大的，抑郁症紧随其后。2022 年对威斯康星州 3.7 万余名高中生的心理状况的一项调查发现，焦虑症发病率从 2012 年的 34% 蹿升至了 2018 年的 44%。其中，女孩和小众群体的增长更为显著。[13] 2023 年，针对美国大学生的一项调查发现，37% 的学生持续性或经常性地感到焦虑，另有 31% 的学生有一半的时间感到焦虑。由此分析，大多数时间里不焦虑的大学生，只占总数的 1/3。[14]

焦虑是对动物在野外生存最有意义的一种情绪。自然界从不缺肉食动物，其他动物不想被吃掉的话，就得时刻保持警惕，随时拔脚逃走。动物反应得越快，越有可能生存下去，也越有可能把自身基因传递下去。哺乳动物的身体进化出了一种本能来应对威胁。有时候眼睛才刚看到危险，画面尚未传到大脑后部的视觉中枢，身体就已经开始产生恐惧反应了。[15] 人类也是一样，有时会莫名感到一股恐惧，或者在还没反应过来时就能避开即将撞上的汽车。我们的身体里有一套快速反应系统，恐惧感就是这套系统的警铃。威胁一旦消失，警铃就安静下来，身体也不再分泌应激激素，恐惧感自然就消失了。

在危险到来的那一刻，恐惧会激活我们体内的快速反应系统，使其及时运转起来。焦虑会激活这个系统的部分反应。如果我们身边真是暗藏危机，那么感到焦虑，进而由焦虑激活系统也有道理。怕就怕身边事物只是正常运转，并没有什么危险，身体也动辄警铃大作，那我们的日子肯定不好过。久而久之，原本正常的、合理的、暂时性的焦虑情绪，就发展成了一种焦虑障碍。

现在，我们的警报系统不再只是对身体威胁做出反应了。我们的进化优势来自更大的脑容量，以及卓越的社群构建能力。所以我们天生就对社交压力敏感，总担心被孤立或羞辱。人们（尤其是青少年）有时更担心“社会性死亡”，而不是生理性死亡。

焦虑会在生理和心理层面给人带来许多影响。焦虑发作时，很多人会在生理上产生紧张感和紧绷感，胸腹部感到不适。[16] 心理上，大家先是惧怕和担忧，一段时间后还会感到精疲力竭。认知的能力也会骤降，人们无法再好好思考，而是陷入胡思乱想。此时很容易形成认知扭曲，比如灾难化思维、以偏概全、两极化思维，等等。这些都是认知行为疗法关注的重点问题。对于那些患有焦虑障碍的人来说，认知扭曲会引发生理不适，生理不适又加剧了惧怕和担忧，惧怕和担忧进一步激化了焦虑情绪……于是形成了一个无休止的恶性循环。

通过图 1-2 可知，当代年轻人常见的心理障碍中，排名第二的是抑郁症。抑郁症在精神病学领域被称为 MDD（major depressive disorder）。抑郁症有两大症状。首先是情绪消沉，如感到悲伤、空虚、绝望等；其次是几乎对任何事物都丧失了兴趣，不能体会到愉悦的心情。[17] 这有点像哈姆雷特对生死的认知。在那个年代，自杀是有违上帝意愿的。哈姆雷特哀叹，人连自己的生死都掌握不了，他感慨："人世间的一切在我看来是多么可厌、陈腐、乏味无聊！"[18] 要确诊抑郁症，这些症状需要至少持续两周。同时还可能伴随生理性症状，比如体重显著减轻或增加、睡眠的急剧减少或增加、极度的疲惫等。此外，患者还可能伴有思维紊乱，比如注意力不集中，反复纠结于过往的过错和失败，不停自责，以及认知行为疗法要解决的其他障碍。抑郁发作时，患者容易走极端，在他们眼里，当下的苦痛是没有尽头的，唯有死亡才能终结一切。

抑郁症有个特点与本书主题高度相关，即其与社交关系联系紧密。当一个人不被社交环境接纳或他觉得自己没被接纳时，就有可能抑郁。抑郁会进一步让他丧失对任何事的兴致，让他无法打起精神来融入新圈子。跟前文的焦虑障碍类似，这也是一种恶性循环。本书将深入研究孩子们的友谊及其他社交关系。接下来你会明白，玩耍式童年才能巩固这些关系，而手机式童年则相反。

我通常不容易感到焦虑或抑郁，但在我生命中曾有三个时期经受过长期焦虑。当时我已经严重到需要药物介入，其中一个时期还伴随有重度抑郁。有了这些经历，我多少能理解现在年轻人的感受。有焦虑或抑郁障碍的青少年没办法轻易"振作起来"，或者"变坚强些"。心理障碍可能与基因有关，有些人天生就更容易产生这些障碍；也可能是思维方式导致，这些障碍既可以形成也可以消退；抑或是社会因素、环境因素造成。不过，2010—2015 年，人类基因肯定没有变过。所以，我们要重点关注的是思维方式，以及社会和环境因素。我们要看看这些方面发生了哪些变化，以致焦虑和抑郁大面积流行。

真有那么严重吗

这些数据刚发表时，很多心理健康专家持怀疑态度。他们认为数据不见得就能代表实际情况。《娇惯的心灵》出版后的第二天，《纽约时报》就刊登了一篇文章，题目是《青少年的焦虑问题，无须小题大做》。[19] 在此文中，有位精神科医生认为青少年使用手机引发了一场道德恐慌，大众夸大了问题的严重性。他提出了几点重要的异议，比如呈上升趋势的数据大多基于受访者的自我报告（参见图 1-2）。这不等于客观事实。有没有可能跟以前比，这一代年轻人更愿意给自己做诊断？或者他们只是更加坦诚，愿意如实地跟外人描述自己的症状？抑或是他们小题大做，误把轻微的焦虑症状当成了心理障碍？

这位医生的观点站得住脚吗？他确实正确地指出，我们需要考察多个指标，全面而准确地判断这场心理大危机是否真的存在。那么我们不妨把青少年自我报告的数据先放一旁，仔细看看那些更"客观"的数据吧。比如许多调查记录了每年因精神问题而被紧急收治，或者因自我伤害而就医的青少年人数的变化。这里说的自我伤害可以进一步分为两大类：一是自杀，患者常服用过量药物；二是"非自杀性自我伤害"，患者多是割伤自己，但没有死亡意图。图 1-4 显示的是近年来，美国的急诊室收治的非自杀性自我伤害的青少年的数据。我们可以看到，收治率呈显著上升趋势，与图 1-1 的抑郁症发病率的趋势一致，在女孩中更为显著。

2010—2020 年，10～14 岁青春期女孩的自我伤害率增加了近 2 倍，15～19 岁女孩的自我伤害率只翻了一番，而 24 岁以上成年女性的自我伤害率有所下降。[20] 由此可知，21 世纪第二个 10 年的初期确实有不寻常的事情发生，对青春期前和青春期的女孩们产生了剧烈的影响。这是条主要线索。图 1-4 统计的自我伤害行为中既有自杀未遂，也有非自杀性自我伤害，如割伤自己。孩子们能走到自杀这一步，这表明他们一定处于极度绝望中。非自杀性自我伤害是很多人，尤其是女孩和年轻女性，在经历焦虑和抑郁的折磨时会选择的应对方式。

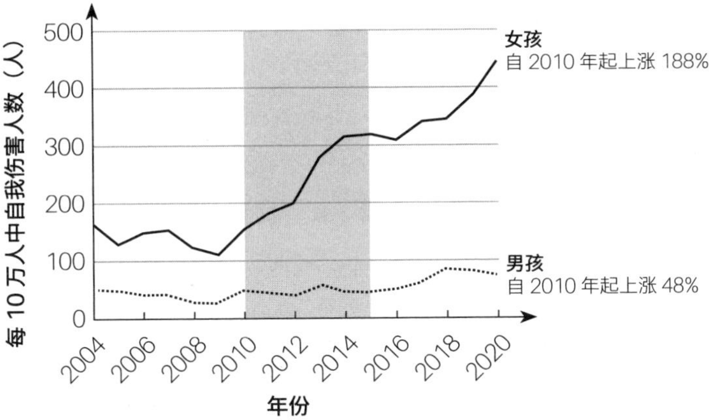

图 1-4　美国急诊室收治的自我伤害患者人数变化（2004—2020）

注：数据为美国青春期少年（10 ～ 14 岁）中，每 10 万人中，因非自杀性自我伤害而被急诊收治的人数。

资料来源：U.S. Centers for Disease Control，National Center for Injury Prevention and Control。[21]

近年来，美国青少年自杀趋势与抑郁、焦虑、自我伤害的趋势相似，只是自杀率的上升稍早几年。图 1-5 展示了美国 10 ～ 14 岁孩子的自杀率，数据显示的是该年龄组每 10 万个孩子中，每年有多少人死于自杀。[22] 在绝大多数西方国家，男孩的自杀率往往高于女孩。但如上文所述，自杀未遂及非自杀性自我伤害在女孩中更为常见。[23]

由图 1-5 可知，美国 10 ～ 14 岁青春期少女的自杀率从 2008 年起开始显著上升。在此之前，自 20 世纪 80 年代以来一直在小范围内波动，2012 年出现激增。2010—2021 年，自杀率猛升了 167%。这也是一条线索，引导我提问：20 世纪第二个 10 年的初期到底发生了什么，青春期前和青春期的女孩们竟陷入这般境地？

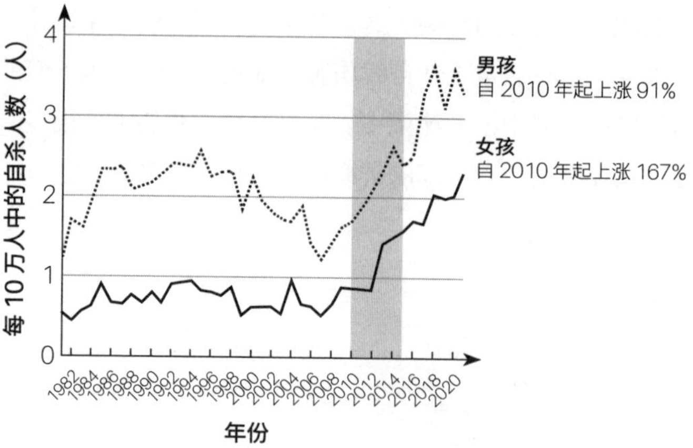

图 1-5 美国 10 ～ 14 岁青少年的自杀率

资料来源：U.S. Centers for Disease Control，National Center for Injury Prevention and Control。[24]

自我伤害率与自杀率在快速上升，自我报告的研究也显示患焦虑和抑郁的人数在增加。两方面结合来看，心理大危机确实存在，我们有充分的理由反驳质疑者。我并不否认，这部分的数据与人们变得更加坦诚，更愿意汇报自己的症状有关。这并不是件坏事。另外，我也不排除部分孩子的确过于敏感，把正常的焦虑和不适感病理化了。总体而言，自我报告的数据加上实际行为方面的数据已经很能说明问题了，在21世纪第二个10年初期，甚至更早，肯定有什么大事发生过，严重影响到了青少年的生活。

智能手机与 Z 世代的形成

2007 年智能手机的出现重新定义了所有人的生活。与之前的收音机和电视机类似，智能手机在诞生之初便横扫天下。图 1-6 展示了近百年来美国家庭在通信技术方面的消费数据。如你所见，每种产品都很受欢迎，几乎是一进入市场，销量便直线上升。在诞生的头 10 年，个个都是现象级产品，人人都在购买。

图 1-6 还展示了互联网时代的一个重要特征：它经历了两个浪潮。首先是

20 世纪 90 年代，以网络和个人电脑的普及为基础，家家户户都开始步入互联网的世界。那时还没有宽带，接入网络的设备叫作调制解调器。到了 2001 年，网络和电脑已是绝大多数家庭的基本配置了。此后 10 年，青少年的心理健康总体无碍。[25] 千禧一代刚好在第一波浪潮中度过了自己的青少年时期。如果我们比较一下，千禧一代比之前的 X 世代更快乐。第二波浪潮是社交媒体和智能手机的迅速普及。到 2012 年或 2013 年，它们已经进入千家万户。也正是从那时起，女孩们的心理健康开始恶化。男孩们的心理状况也更为多样和复杂。

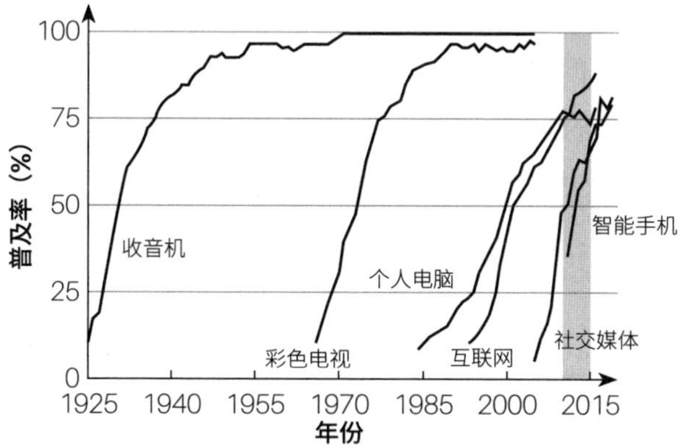

图 1-6　美国几种主要通信技术的发展与普及

注：图中数据为每 100 户美国家庭中，各种通信技术的普及率，其中智能手机的普及速度是最快的。

资料来源：Our World in Data。[26]

手机算不得新东西，早在 20 世纪 90 年代后期，青少年就开始用了。但那时的手机都非常“简陋”，没有上网功能，常被叫作“翻盖机”——用户手腕一甩，就能把屏幕翻开。在翻盖机时代，手机主要用于跟家人、朋友保持联系，沟通都是一对一的。用户可以打电话，也可以费力地按数字键盘来发短信。智能手机则完全不同，它可以让人们 24 小时连接互联网，自由安装各种应用程序。眨眼间，各个社交媒体的大本营便从电脑转移到了手机。手机频频发出各种提醒，催促用户去追踪其他人的动态，看别人在说什么或做什么。这种沟通方式看上去频繁，但并没给用户带来多少好处，不如面对面的交流。情况甚至比之前更糟了，因为很多年轻人深受其害。[27]

关于早期智能手机时代的数据有多个来源可以参考。2012 年，皮尤研究中心针对手机的持有情况发布了一份调查报告。该报告显示，2011 年美国有 77% 的青少年持有手机，但持有智能手机的仅占 23%。[28] 由此可见，当时的青少年若想访问社交媒体，主要还是依赖电脑。他们通常使用父母的电脑或家庭电脑，很难说有什么私密性和便捷性。而且他们一旦出了家门，就没有办法方便地上网了。不过也正是在那时，笔记本电脑和高速互联网快速普及。青少年要上网，还是有很多途径的，体验也还算便捷。这比他们拥有第一部智能手机要早得多。

直到青少年拥有了智能手机，他们才能够随时随地地上网。美国非营利组织“常识媒体”（Common Sense Media）① 对美国的父母进行的一项调查发现，2016 年已有高达 79% 的青少年在使用智能手机，8 ～ 12 岁的儿童中也有 28% 持有智能手机。[29]

智能手机入手后，青少年开始在虚拟世界中度过更多时间。2015 年常识媒体发布的报告显示，拥有社交媒体账户的青少年每天投入在社交媒体上的时间约为 2 小时。整体来看，青少年平均每天有 7 小时的休闲时间（不包括上学和做作业）耗在了电子屏幕上。在这 7 小时里，他们可能打游戏，看奈飞（Netflix）的节目，刷 YouTube，甚至浏览不法网站。[30] 2015 年皮尤研究中心也发布了调查报告，[31] 给出了以下触目惊心的数据：25% 的青少年报告称，他们“几乎一直在线”。到 2022 年，这个数据几乎翻了一番，达到 46%。[32]

“几乎一直在线”的孩子竟然这么多！这或许能回答我们的疑惑，解释青少年的心理健康状况为何会突然恶化。孩子们对网络拿得起放不下，很多时候，Z 世代明明没拿手机，表面上在现实世界中听课、吃饭、聊天等，心却已经飞走了。孩子们真正关心或焦虑的是虚拟社交世界里发生的事，而非眼前的所见

① 常识媒体专注于家庭和教育领域的问题，提供有关媒体和技术使用方面的建议和资源。该组织定期发布数据和研究报告，汇报儿童和青少年在媒体使用方面的情况。——译者注

所感。2015 年，麻省理工学院的雪莉 · 特克尔（Sherry Turkle）① 教授针对智能手机的影响写道："我们总是心不在焉。" [33] 这是人类意识和人际关系的一次深刻转变，严重影响了美国青少年的成长。这场转变就发生于 2010—2015 年，它拉开了手机式童年的序幕，也将彻底终结玩耍式童年。

在这个过程中，有一个时间节点格外特殊，即 2010 年 6 月，iPhone 4 正式发布。[34] 这是 iPhone 史上第一部配备了前置摄像头的手机。从此，自拍照片或视频变得易如反掌。同月，三星公司发布的 Galaxy S 手机也配备了前置摄像头。还是在这一年，Instagram 作为一个仅能在智能手机上使用的应用程序诞生。在发布后的最初几年，用户是不能从电脑上登录 Instagram 的，台式电脑或笔记本电脑都不行。[35] 2012 年，Instagram 被 Facebook 收购。收购前 Instagram 的用户数量还不算大，但收购后就开始了爆发式的增长。2011 年底，Instagram 的用户仅为 1 000 万，[36] 但到了 2013 年初，这一数据就已飙升到了 9 000 万。[37] 我们可以说，智能手机和自拍共同塑造了当代社交媒体的新生态。这和前置摄像头的普及时间，以及 Facebook 对 Instagram 的收购时间一致。2012 年是这个新生态的元年。到了这一年，女孩们纷纷发现，身边的人都在买智能手机，都在注册 Instagram 账号，都在拿自己跟别人比来比去。

接下来的几年，随着 Instagram 及类似 Facetune 这样的外部应用不断推出功能更加强大的"滤镜"和图片编辑工具，社交媒体的吸引力不断增强。女孩们发现，无论自己修没修图，镜子中的自己总是比不过网上的其他女孩。

女孩们的社交活动转移到了社交媒体平台，这是网络给她们带来的最大影响。男孩则有不同的侧重点，他们对虚拟世界的探索有更大的"深度"和"广度"。受他们青睐的线上内容五花八门，如沉浸式多人在线视频游戏以及各种平台如 YouTube、Reddit 等。有了智能手机，这些内容就唾手可得，男孩们可以随

---

① 雪莉 · 特克尔是麻省理工学院社会学教授，麻省理工学院科技与自我创新中心主任，哈佛大学社会学和人格心理学博士。他在《群体性孤独》一书中探讨了"为什么我们对科技期待更多，对彼此却不能更亲密"。该书的中文简体字版已由湛庐引进，浙江人民出版社出版。——编者注

时随地不花钱便轻松获取。

虚拟世界的活动实在是丰富多彩。很多青少年，其实还有不少成年人，已经无法集中注意力跟身边的人相处了。每个人的社交生活都发生了改变，即使是极少数不使用这些社交平台的人也未能幸免。所以我才把 2010—2015 年这段时间称为“童年大重构”。就在这短短的 5 年时间里，青少年的社交模式、行为榜样、情绪状态、体育活动，甚至睡眠习惯都经历了根本性的变革。2013 年那些使用 iPhone 的 13 岁孩子（出生于 2000 年）的日常生活、个人意识和社交关系，与 2007 年那些使用翻盖手机的 13 岁孩子（出生于 1994 年）相比，有着天壤之别。

这代孩子的焦虑和抑郁是理所应当的吗

当我在公开场合分享这些研究成果时，总会有反对的声音响起：“Z 世代当然会抑郁，你自己看看 21 世纪是个什么状态！ 21 世纪初就发生了‘9·11’恐怖袭击事件，然后是阿富汗和伊拉克战争，紧接着还有全球金融危机。陪伴这代孩子成长的是数不尽的问题和矛盾：全球变暖、校园枪击案、政治两极分化、不平等问题，还有越来越沉重的学生贷款。你说 2012 年非同小可？没错，那年刚好发生了桑迪胡克小学枪击案！”[38]

2021 年，《一代人的灾难》（*Generation Disaster*）一书出版。这本书的主旨即上文所说的观点：Z 世代的心理健康问题来源于时代的动荡与危难。[39] 我也同意，21 世纪的开局的确不利。但从时间线上来看，这并不足以证明 Z 世代的焦虑和抑郁仅仅是国家或全球层面的威胁增加所导致。

我们姑且接受一个假定，即认为重大的社会危机，如“9·11”恐怖袭击事件、全球金融危机等，的确会严重影响青少年的心理健康。那么从时间上来看，受到影响的也该是千禧一代才对，这代人出生于 1981—1995 年，在 21 世纪初正好目睹了童年原本美好的世界在自己眼前土崩瓦解。他们望向未来，也只看到一片阴霾，阶层跃升毫无希望。但千禧一代平安地度过了青少年时代，心理疾病的发病率并没有显著上升。还有，如果金融危机等经济问题真是问题的根源，那么我们应该在 2009 年看到一场崩塌式的青少年心理危机才对。而且在接下来的几年，随着失业率下降、股市回升和经济的回暖，青少年的心理健康问题也应该有所好转。然而，我们找不到数据证明这个观点。我在图 1-1 的基础上添加了一条美国失业率的曲线，形成了图 1-7。2008 年和 2009 年，由于各家公司大规模裁员，失业率急剧上升。2010 年起，失业率开始稳步回落，一路降到了 2019 年初的最低值 3.6%。

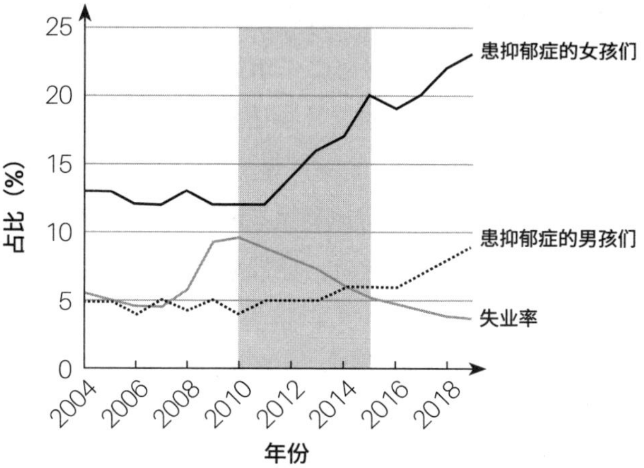

图 1-7　美国青少年的患抑郁症的比例与成人的失业率

注：2010 年后，美国的失业率持续下降，美国青少年的心理危机却一直在加重。

资料来源：U.S. Bureau of Labor Statistics and the U.S. National Survey Drug Use and Health。[40]

我找不到任何经济事件或趋势来解释青少年患焦虑症和抑郁症人数的激增。同样，很难理解为什么一场经济危机带给女孩的影响要比男孩大，尤其对青春期前的女孩影响最大。

我常听到的另一种说法是，气候变化影响了 Z 世代的生活。毕竟跟前几代人相比，Z 世代还年轻，要面对更长久的环境问题，难免焦虑和抑郁。我并不否认这种担忧的合理性，但我想强调，历史上，当一个国家或一整代人共同面对一个大危机时，并不曾导致精神疾病或心理疾病发病率的上升。这种情况与个人处理危机时大不相同。当国家受到军事力量或恐怖主义的攻击时，公民们通常会团结起来，大家情绪饱满，斗志昂扬，整个社会的自杀率都会下降。[41] 研究人员还发现，经历战争的青少年在几十年后，会对他人展现出更大的信任感，以及更强的协作意愿。这些假设都是得到过实验验证的。[42] 当年轻人围绕政治事业团结起来时，无论是 20 世纪 60 年代美国民众反对越南战争，还是 70 年代和 90 年代美国环境运动，他们会变得充满活力，而不是抑郁和沮丧。在人类的历史中，灾难从不少见，哪代人没经历或担心过灾难呢？资本主义经济大萧条、“二战”、核危机、环境恶化、人口过剩、国债过重……这些问题层出不穷。只要所有人团结一致，共同面对危机，那么群体性抑郁就不会发生。人之所以会抑郁，是因为没有找到集体归属感，觉得孤独，觉得自己一事无成，没有价值。这些感觉正是童年大重构带给 Z 世代的影响，后续的章节我还会细讲。

群体焦虑（collective anxiety）可以将人们团结起来，并激励他们采取行动。社会运动，特别是亲身参与的线下行动，会带来兴奋感。过往研究发现，前几代参加政治运动的人们，往往会更加快乐，精力也更加充沛。蒂姆·卡塞尔（Tim Kasser）是 2009 年一项研究的负责人之一，这项研究是关于大学生政治激进主义和幸福感。[43] 他表示：“参与政治活动本身对于提升幸福感有着积极的影响。”然而，近期对年轻激进主义者，包括对气候激进主义者的研究却得出了相反的结论：现在政治活跃的人通常心理健康状况更差。[44] 其实历史从来就不太平，每代人望向未来，都会发现风险和危机就笼罩在前方。只是现在的年轻人多是在网上参加运动。回想许久以前，人们还能亲自参加活动。社会运动的舞台从线下搬到了线上，给参加者带来剧烈的影响。这代年轻人在行动和体验上，与前几代人已截然不同。

气候变化假说也无法解释心理大危机的人口统计特征。数据告诉我们，青春期前的女孩们受焦虑和抑郁的影响最深。这很奇怪，就算为气候忧心，也该是高龄段的青少年和大学生群体受到的影响最大才对。毕竟阅历和知识水平决定了他们对全球性和政治性的问题更敏感，理解也更透彻。此外，这个假说也不符合时间线。我们都知道，2018 年瑞典“环保少女”格蕾塔·桑伯格（Greta Thunberg，出生于 2003 年）在联合国气候变化大会上发表演讲，引起轩然大波。但早在 21 世纪第二个 10 年的初期，许多国家就已经报告心理疾病激增。两者前后倒置，何谈因果关系？

一切看似分崩离析，但过往的每个时代情况都是如此。无论是我在 20 世纪 70 年代的成长岁月，还是我的父母在 30 年代的青涩时光，我们都曾目睹过类似的情景。这是人类历史的必修课。就算世界事件对孩子们的心理健康有所影响，那也不是因为 2012 年发生了什么剧变，而是因为这些事件开始以一种全新的方式，即通过青少年手中的智能手机，以社交媒体的形式，而非传统的新闻报道，涌入他们的意识。在这些社交媒体的帖子中，其他年轻人对于一个似乎正在崩塌的世界的忧虑和情感，以一种极易传播的方式，迅速在同龄人之间蔓延。

英语圈国家全军覆没

要判断美国青少年的焦虑和抑郁情绪是否与时事紧密相关，我们可以采取一种方法：在国家间进行比较研究。这些国家有不同的时事，与美国在文化上也存在不同程度的差异。我选出了几组国家作为比较对象：有与美国在语言和文化上相似但发生的重大事件不同的加拿大和英国，也有与美国在语言和文化上大相径庭的北欧国家，还有来自世界各地的另外 37 个国家，这些国家每 3 年就会对本国 15 岁的青少年进行一次调查。我们马上会看到，不同组别的国家在同样的时间点，发生了同样的危机。这再一次说明，21 世纪第二个 10 年的初期发生了某种变化。

我们先来看看加拿大。这个国家在文化上与美国有许多共同之处，但加拿大的社会和经济问题不像美国那样广泛而尖锐，加拿大人在经济上有更大的安全感。加拿大没有像美国那样陷入频繁的战争，也没有受到高暴力犯罪率的困扰，更在很大程度上避开了全球金融危机的冲击。[45] 然而，即便拥有如此得天独厚的优势，加拿大的青少年也没能躲过心理危机。与同时期的美国孩子一样，他们的心理健康水平也是直线下滑。[46]

图 1-8 展示了加拿大女性中自我报告心理健康状况为“极好”或“非常好”的占比情况。要是挡住这幅图的右半部分，看 2003 年到 2009 年的数据，你会认

为最年轻的女孩们（15 ～ 30 岁）是全体女性中最开心的群体，未来也不会有什么问题。但 2009 年起这条曲线开始下滑，进而急速坠落。最年长（47 岁及以上）女性群体的曲线却基本保持稳定。男性的数据曲线也显示出同样的趋势，只是跌幅相对较小。

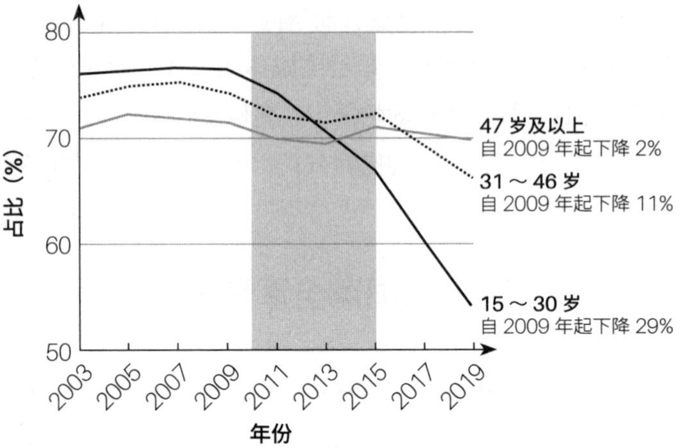

图 1-8 加拿大女性自我报告心理健康状况为“极好”或“非常好”的比例

资料来源：D. Garriguet (2021), Portrait of youth in Canada: Data report。[47]

跟美国的情况类似，加拿大青少年的行为变化与他们自我报告的心理健康水平也高度相关。当我们对加拿大青少年因自我伤害行为而紧急求医的比例进行图表化分析时，发现其趋势几乎与图 1-4 中美国青少年的情况完全相同。[48]

英国的情况与美国如出一辙。尽管在文化上，英国和美国存在一定程度的差异，不像加拿大与美国那般接近。但是，英国的青少年依然没能逃脱魔咒，他们在同一时期，与美国青少年一样陷入了心理大危机中。在 21 世纪第二个 10 年的初期，焦虑症和抑郁症的发病率双双飙升，且女孩的问题更加严重。[49] 行为数据的分析进一步印证了这一点。图 1-9 列出了每 10 万英国青少年中故意伤害自己的人数，数据源自一项针对医疗记录的研究。与美国和加拿大相似，在 21 世纪第二个 10 年的初期，英国青少年身上似乎发生了什么事，导致他们自我伤害的人数急剧增加。[50]

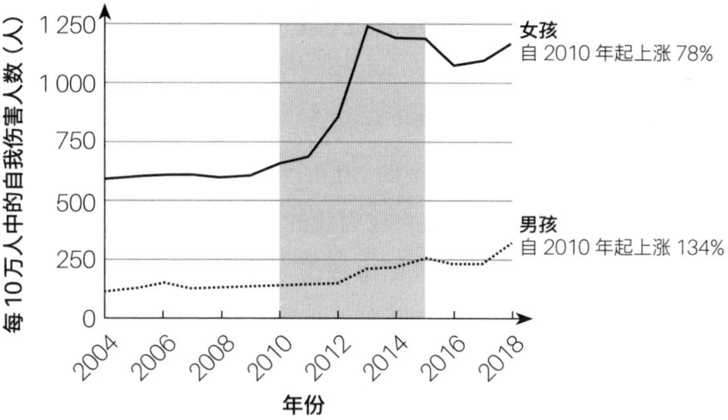

图 1-9　英国 13 ～ 16 岁少年中自我伤害发生率

资料来源：Cybulski et al., 2021, drawing from two databases of anonymized British medical records。[51]

英语圈的其他主要国家也纷纷陷落，如爱尔兰、新西兰、澳大利亚。[52] 图 1-10 是澳大利亚的数据，展示的是该国每 10 万青少年和年轻成年人（12 ～ 24 岁）中因精神疾病急性发作而入院的人数。与其他英语圈国家一样，如果仅观察到童年大重构的起始时间（2010 年），你可能还看不出什么端倪，但到 2015 年，孩子们已经陷入了严重的困境。

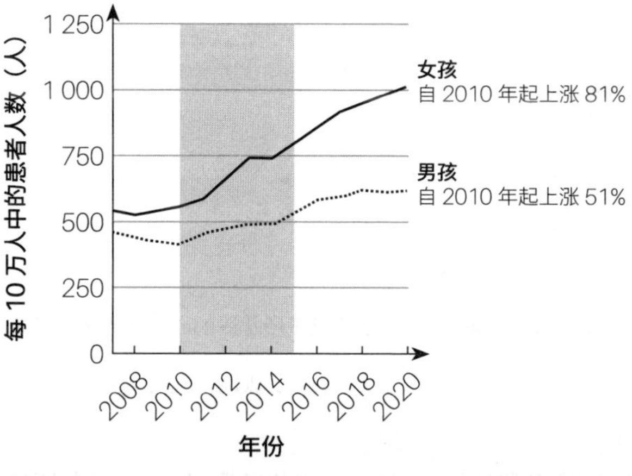

图 1-10　澳大利亚 12 ～ 24 岁人群中因精神疾病急性发作而接受住院治疗的人数

资料来源：Australia' s Health 2022 Data Insights。[53]

全世界都在沦陷

2020 年，我聘请了一位研究助理——扎克·劳施（Zach Rausch）。他出生于 1994 年，在千禧一代中算是年龄较小的。当时他还在攻读心理学硕士学位，是以兼职的形式帮我工作。不久后，扎克成为我的全职合作伙伴，鼎力支持我创作此书。他搜集了全球多个国家的心理健康数据，并在 After Babel 上发表了多篇深度研究报告。After Babel 是我们创建的 Substack 账号，里面的内容是为本书以及下一本书的出版做的准备，我们在上面为相关的观点和创意做测试。在其中一篇报告里，扎克对 5 个北欧国家（芬兰、瑞典、丹麦、挪威和冰岛）的数据进行了汇总分析，发现数据走向与英语圈国家高度一致。图 1-11 就是这几个国家 11 ～ 15 岁孩子所承受的心理压力变化情况，时间跨度从 2002 年至 2018 年。[54] 图 1-11 中的曲线走势与其他英语圈国家如出一辙，如果你不看 2010 年（童年大重构开始）之后的数据，那么一切都很正常。而一旦你往后看到 2015 年的数据，就会发现存在一个严重的问题。

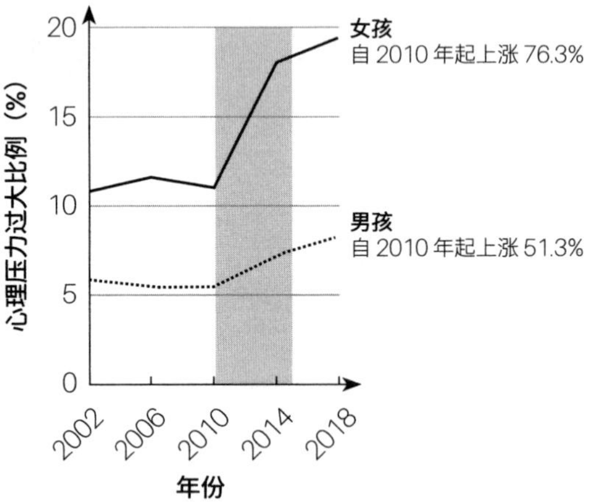

图 1-11 北欧 5 国 11 ～ 15 岁孩子所承受的心理压力变化情况

资料来源：Health Behavior in School Age Children Survey。[55]

世界上还有很多国家和地区，它们不如北欧和英语圈国家那样繁荣富足。这些欠发达区域的情况又如何呢？在心理健康方面，国际性的数据多是针对成年人群体，针对青少年的不常见。[56] 不过，我们还是在教育领域找到了一项全球性的调查，即国际学生评估项目（Program for International Student Assessment，PISA）。此调查从 2000 年起，每 3 年举行一次。调查对象是 37 个国家 15 岁的学生及其父母，每个国家接受调查的人数都有数千人之多。在众多涉及学业进展和家庭生活的问题中，有 6 个问题是关于他们对校园生活的感受。这 6 道题的题干都是陈述性的话语，学生要表达自己的认同程度，比如，“我在学校里感到孤独”“我在学校感觉自己像个局外人（或不被集体接纳）”，以及“我在学校很容易交到朋友”（该项为反向计分）等。[57]

琼·特文吉和我一起分析了这 6 个问题的回答，并对 2000 年以来 37 个国家的情况进行了汇总，绘制了曲线。[58] 图 1-12 是全球几个大区的变化趋势。2000—2012 年，在学校感到孤独、没有朋友的人数比例还算平稳，但接下来就急转直上，唯亚洲除外。在西方国家，自孩子们可以带着智能手机上学，可以在课间自由地浏览社交媒体后，他们就变得“魂不守舍”了。大家跟身边的朋友们失去了沟通，永远挂心着线上的动态，身体和精神仿佛分了家。

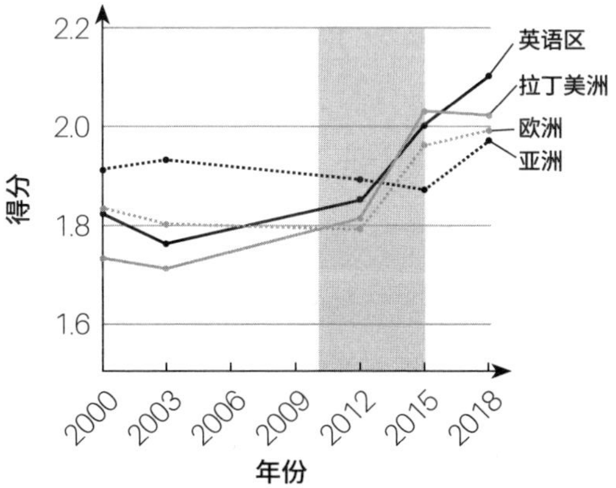

图 1-12　全球 4 个大区 15 岁学生的疏离感得分

注：疏离感的得分为 1 ～ 4 分，分数越高，疏离感越严重。2012—2015 年，除亚洲外，所有地区的情况都在恶化。但 2006—2009 年，这几个问题未被调查采纳。

资料来源：Twenge, Haidt et al. (2021). Data from PISA。[59]

始于 2008 年的全球金融危机并不是引爆 21 世纪第二个 10 年这场青少年心理健康危机的根源，美国的数起校园枪击案、混乱的政治局面，同样不是罪魁祸首。青少年的心理健康状况遭遇全球性下降，我发现唯一能够解释的合理理论是相关科技的变革，是这些技术改变了孩子们彼此间的交流模式。[60]

出生于 20 世纪 90 年代末的孩子是历史上第一批在虚拟世界中度过青春期的人。21 世纪第二个 10 年的初期，在我们放心地把智能手机交给他们时，就如同把 Z 世代的孩子送到火星上成长。这是人类有史以来对自己孩子进行的最大规模的无控制实验。

本章小结 The Anxious Generation

- 2010—2015 年，美国青少年的社交生活大规模地从现实世界转移到了智能手机上，他们可以持续访问社交媒体、在线视频游戏等基于互联网的活动。我把这几年定义为童年大重构时期，我认为这就是近年来全球青少年心理健康问题激增的最主要原因。
- 第一批在智能手机和移动互联网的陪伴下度过青春期的美国孩子，表现出了更高的焦虑、抑郁、自我伤害和自杀倾向。这代孩子被称为 Z 世代，比他们更早的是千禧一代。在童年大重构开始时，千禧一代的大多数人已平稳度过了他们的青春期。
- 焦虑、抑郁和自我伤害如山崩袭来，孩子们无处可逃。女孩受到的影响更甚于男孩，且青春期前的女孩受到的冲击最大。
- 男孩当然也是这场心理大危机的受害者。他们患焦虑和抑郁人数的比例同样大幅攀升，只是幅度小于女孩。男孩常用的设备、使用的内容，还有心理健康问题的类型不同于女孩。第 7 章还会深入探讨这部分内容。
- 美国青少年的自杀率，不分男女，从 2008 年左右开始上升，到了 21 世纪第二个 10 年，更是急剧上升。

- 心理大危机的范围不仅限于美国。英国、加拿大等英语圈国家，以及 5 个北欧国家都未能幸免。不同国家都在大致相同的时期，遇到了同样的问题。2012 年后，西方国家的青少年在学校的疏离感普遍上升。由于缺少数据，其他地区的情况暂时无法判断。[61]

- 在同一时期内，为什么全世界这么多国家的青少年都在集体焦虑、抑郁，表现出同样的恶化趋势？其他任何理论都回答不了这个问题。我们不可否认，很多因素会影响人的心理健康，但 2010—2015 年出现的这种空前增长，既不能通过全球金融危机来解释，也不能简单归咎于美国或任何特定国家发生的一系列事件。

我们不禁想问，手机式童年到底是如何干扰儿童成长，并引发或加剧其心理健康问题的？要找到答案，我们得先弄清楚童年的本质是什么，以及孩子们需要经历些什么事情，才能最终成长为健康的成年人。这是本书第二部分的使命。接下来，我将介绍童年大重构的前夜发生了什么，即玩耍式童年是怎么一步步被瓦解的。一切还要从 20 世纪 80 年代说起。

The Anxious Generation

第二部分

玩耍式童年的退场

Z 世代的父母用心良苦，对孩子采取了各种措施，结果却是阻隔了孩子对大千世界的真实体验。

第 2 章

成长的需求：慢慢成长、自由玩耍、现实交往

想象一下，在 2007 年 6 月 28 日，也就是首部 iPhone 手机正式发售的前一天，你突然陷入沉睡。就像华盛顿·欧文 1819 年创作的短篇小说中的主人公瑞普·凡·温克尔一样，你与现世一别数年后才回归人间。一晃 10 年过去了，你环视四周，发现周遭环境大体如故。唯有一点让你看不懂，那就是人类的行为。大家手里都握着一块由玻璃与金属制成的长方形物体。无论是谁，但凡得片刻清闲，就立刻躬身，把这块玻璃举到眼前，久久凝视。人类的这种行为随处可见，列车上、电梯里、排队的队伍中……公共环境安静得诡异，连小宝宝都不哭闹，被这些长方形物体迷住。偶尔能听到人们交谈，但他们似乎都在自言自语，耳朵里还塞着一对白色的东西。

这个思维实验来自托比亚斯·罗斯－斯托克韦尔（Tobias Rose-Stockwell）的书《愤怒机器》（*Outrage Machine*），他也是我的研究伙伴。这个场景描绘了成年人在生活习惯上的剧变。我发现，这个情况在大龄儿童和青少年身上表现得

尤为突出。回想 2007 年前，孩子们只是在功能手机上打字发短信。那个年代发短信是一件很烦琐的事情。短信大多是一对一的沟通，内容不外乎是约定好下次见面的时间、地点。没人会拿着传统手机，连发 3 小时的短信。但在童年大重构之后，青少年“刷”起手机来便一发不可收拾。他们将大部分时间投入与智能手机的互动中，对帖子的上传者是朋友，还是陌生人并不关心。只要他们睁着眼，就一定在为游戏、视频或社交动态挂心。到了 2015 年，青少年已不怎么在现实生活中参与社交互动了，他们既没时间，也没意愿。[1]

当日常生活，尤其是社交生活，以这种方式彻底重构时，儿童和青少年的成长将受到怎样的影响？手机式童年会改变生理、心理以及文化元素在孩子成长过程中复杂而深入的相互作用吗？很多事情是孩子们必须去尝试和经历的，否则他们无法成长为一个健康、快乐又优秀的成年人。但手机式童年是否把孩子们和这些有益的体验隔绝开了呢？要回答这几个问题，我们先要回过头去看看，一个理想的童年应该是什么样子的。

成长要慢

人类的成长很特别，并非匀速发展。我们的孩子一开始会成长得很快，然后变慢，接着再次加速。和人类比，黑猩猩的成长就稳定多了。它们的幼崽会匀速成长至性成熟，之后便能够繁育后代。[2] 这似乎才是合理的。如果进化的目标是最大化后代的生存机会，那么尽快进入繁殖阶段难道不是最有利于生存的策略吗？

人类的成长偏就不走寻常路。在出生的头两年，孩子们的发育速度快得惊人，但接下来的 7 ～ 10 年，速度又会明显放缓。然后孩子在青春期再次进入极速生长模式，几年后就停止成长。神奇的是，人类大脑在 5 岁时就发育到了总体量的 90%。[3] 智人刚出现时，他们的孩子脑袋大，身体小，瘦弱不堪，还会四处乱跑，一副随时可能被吃掉的可怜样子。为什么人类会进化出一个如此漫长且充满危险的童年呢？

100万～300万年前，人类的祖先从早期的原始人类中分化出来，人类的进化达到了一个新境界，我们开创了文明的时代。文明的萌发，其中包括工具时代的到来，从本质上扭转了人类进化的方向。举个例子，人类学会了使用火把食物煮熟了吃。熟食易于咀嚼和消化，于是祖先们的下颌和消化道开始变小。与此同时，他们的脑容量不断增大：谁能活到最后，不再取决于谁跑得更快或谁的力气更大了，赢家是那些更会学习的聪明人。人类具备改变地球的能力是因为我们可以向彼此学习，还能不断汲取和运用祖先、族群积累下来的知识。黑猩猩很少这样做。[4] 人类的童年之所以如此漫长，意义就在这里，以便孩子们有时间去学习。

既然进化的法则变成了“学得多才能活得好”，那么孩子们就没有必要再快马加鞭地奔往青春期了。大家慢一点儿，胜算反而大。表面上看，孩童时期，大脑没有长大多少，其内部却经历着翻天覆地的变化：新的神经连接正在建立，旧的神经连接正在淘汰。随着孩子们日复一日地经历新体验，学习新技能，那些不常用的神经元和突触会逐渐消失，而常用的则会被巩固下来，越用越活。所以，漫长的童年其实是祖先留在我们基因里的一份礼物，让我们有充足的时间继承族群的智慧。这种学习推动着文明在代际间的传承，是一个人的必修课，是他走向成年的必经之路。

为了促进学习，进化不仅仅延长了童年期，还在我们的基因里植入了三种强烈的动机，这三种动机分别是：自由玩耍、学会与他人保持行为协同和情绪统一、社会学习。在玩耍式童年里，孩子们放学后通常会在没有成人监督的情况下自由玩耍。这种自由玩耍刚好能满足他们这些动机，但手机式童年颠覆了这一切。设计智能手机、网络游戏、社交媒体以及其他成瘾性产品的科技公司，把孩子们吸引到了虚拟世界中，而那个世界是无法让他们从这三种动机中获益的。

自由玩耍

童年的任务就是玩。[5] 古往今来，所有幼小的哺乳动物都要完成这个任务：通过恣意的玩耍来构建大脑的神经网络。对幼鼠、幼猴和人类儿童的大量研究表明，这些幼小的哺乳动物渴望玩耍，需要玩耍，当被剥夺玩耍的机会时，它（他）们在社交、认知和情感上都会受到损害。[6]

通过玩耍，幼小的哺乳动物学会重要的技能，顺利成长到成年。玩耍也是神经元最钟爱的学习方式：大量的重复练习，配以明确的正负反馈以及极低的风险。小猫会笨拙地扑向一根毛线，因为这根毛线触发了它们视觉皮质中专门的视觉回路，使它们对任何看起来像老鼠尾巴的东西非常感兴趣。小猫们玩过了一根又一根毛线后，终将具备卓越的抓、拽、挠技术，成为捕鼠能手。蹒跚学步的孩子笨拙地走来走去，四处乱爬，再高的地方、再隐秘的角落都不怕，直到他们能在复杂的自然环境中移动。掌握这些基本技能后，他们要在多人对战游戏中，掌握更加复杂而高级的技能。游戏多种多样，有捉人游戏、捉迷藏、鲨鱼抓小鱼等。孩子们再长大点，就开始学习更为艰深的课程了。他们要在语言类的游戏，在闲聊、调侃、开玩笑等互动中理解他人的语气、当下的氛围，捕捉别人的微表情，以及举手投足间传达出的信息。他们还要训练自己救场的能力，知道一时失言后如何赶紧把话圆回来。斗转星移间，孩子们修完了一门门社交必修课，为将来在社会上立足打下了坚实的基础。他们会知道该怎么进行自我管理，如何参与集体决策，或应对比赛中的失利，等等。波士顿学院发展心理学教授彼得·格雷（Peter Gray）[①] 是研究玩耍行为的知名专家，他表示："集体玩耍活动让参与者学会自制，能控制住自己内心的霸道和独断，并与他人建立起稳固的合作关系。"[7]

根据格雷给自由玩耍下的定义，真正的自由玩耍应该"由参与者自己来选择项目和主导进程，追求的是玩耍本身的乐趣，而不是被他人操控着，去实现其他的目标或效果"。[8] 理想的玩耍方式是一群混龄的孩子在户外恣意疯玩，这种玩法最健康自然，且最有效果。不要害怕磕碰或摔跤，伤痕和眼泪也是成长的教具，它们让孩子学会保护自己，照顾他人。[9] 一个有机会让人受伤的环境，才可能让人学会如何躲避伤害，不去受伤。当孩子与朋友们摔打在一起时；当他们假装自

① 彼得·格雷是美国顶级发展心理学家，常春藤高校教材作者，他的代表作《玩耍是最认真的学习》探讨了如何通过游戏促进孩子早期智慧、自信和独立性的发展。该书的中文简体字版已由湛庐引进，浙江教育出版社出版。——编者注

己是持剑角斗的骑士时；当他们想和朋友玩跷跷板，但又没能玩到一起，以至于其中一方跌落在地很没面子时——他们都在成长。这些场景完全不需要父母、老师和教练的介入，否则玩耍的自由度、趣味性和有效性就大打折扣。毕竟大人总是管不住自己，只要在场，就会迫不及待地发挥领导或保护的作用。

自由玩耍的优势之一是试错成本低。刚开始玩时，谁都笨手笨脚的，每时每刻都有人在出错。孩子们试了足够多的错，从小伙伴那里积累了足够多的反馈后，终将取得显著的进步。小学生逐渐为中学阶段做好准备，在为人处世上迎接更大的挑战。这些进步不是做家庭作业时取得的，也不是在课堂上听讲时收获的。成年人的教导可能提供了有价值的信息，但信息本身对于塑造一个正在发育的大脑作用有限，真正发挥作用的还是玩耍。这也是认知行为疗法的核心观点：一个人想提高自己的情绪控制能力，就必须亲自去体验和经历，而不能仅凭知识的积累。没有大人监管的玩耍才能让孩子学会忍耐小伤小痛，控制自己的情绪，理解他人的情绪，正确解决冲突，以及尊重规则。孩子们天生就愿意学习这些技能，因为他们希望被集体接纳，希望和小伙伴们玩下去。

本书中的一个重要概念叫作“玩耍式童年”，我特意选取这个概念作为核心概念，并将其与“手机式童年”做对比。一个孩子拥有了玩耍式童年，就意味着他将大部分自由时间用于现实世界中与朋友的玩耍。如本书前言介绍的那样，现实世界有几大特征：具身性、实时性、一对一或一对少数几个人，而且发生在具有较高的准入门槛和退出成本的社群中，所以每个参与者都愿意用心维护关系。早在狩猎采集时代，人类的童年就是这个模式了。根据格雷的一篇人类学研究报告，[10] 人类的童年是在长期的进化中衍变为这个模式的。我们的大脑“渴求”自由玩耍，玩得越多越好。无奈的是，在美国，曾经有很多孩子童年是要去做工的，时至今日依然如此。“打工式童年”泛滥于工业大革命时期。基于此惨状，数年后的 1959 年，联合国《儿童权利宣言》将玩耍纳入基本人权的范畴：“儿童应有游戏娱乐之充分机会，此种游戏与娱乐之目标应与教育之目标相同。”[11]

现在再看到青少年整日泡在互联网上的模样，你会不会担心？他们只要睁着眼，大概率就是在玩手机或类似的设备。他们不分昼夜地刷 YouTube 推送的视频，或者不停地滑动屏幕，在 Instagram、TikTok 等社交应用里流连忘返，没有尽头和节制。这些活动与自由玩耍正相反，它们具有虚拟世界的特征：非具身性、非实时性、一人对多人，而且要么是独自完成，要么是在准入和退出门槛极低的虚拟社群中进行。

尽管经过有效筛选，这些社交网站已经过滤掉明显有害的内容，但这些平台的设计叫人格外容易上瘾，会减少孩子们在现实世界里与朋友玩耍的时间。这种影响非常显著，我们甚至可以把智能手机、平板电脑等设备叫作“经验阻断器”。我不否认，智能手机为孩子们打开了体验新世界的大门，比如，网络游戏也算得上是一种玩耍，社交软件让大家和远方的朋友也能保持联系。然而，这些体验的获得是要付出代价的。他们牺牲的是人类成长所必需的关键体验，也是祖先们苦苦进化了无数代才得到的心血与成果。孩子们需要大量的真实玩耍体验，否则无法储备足够多的社交技能，让自己成长为一个健全的成年人。这就像给婴儿一台平板电脑，里面装满了与走路相关的电影，让他看着学。这些电影太好看了，以至于婴儿只会专心看电影，却不会真的迈开步子学习走路。

年轻人使用社交媒体的方式通常与自由玩耍大相径庭。实际上，在社交平台上发布内容或者与他人互动的行为，与格雷眼中的自由玩耍大不相同。经营一个社交账号，就是在经营一个个人品牌。孩子们发出每一张照片、每一段视频、每一条回复，甚至每一个表情时，都要先掂量一下它可能产生的后续影响。每个行为并非总是“出于其本身的乐趣”。相反，每一个公开行为都带有某种程度的策略性。用格雷的话说就是：“每个人都是有言外之意的，他们想要实现的效果不等于字面上的意思，两者可以说是相去甚远。”当然，也有孩子只是浏览而已，从不发布内容，但因为持续的社会比较、无法实现的美丽标准，以及只是浏览而耗费的大量时间，剥夺了他们做其他事情的机会，致使他们也受到社交媒体的负面影响。

调查显示，青少年能与朋友恣意玩耍的时间在 21 世纪第二个 10 年的初期直线下降，这正好就是老一代功能手机向智能手机过渡的时期。图 2-1 展示的是 1991—2017 年美国八年级、十年级、十二年级学生与朋友的相处情况，声称“几乎每天”都能与朋友一起在校外玩的学生比例在不断降低。[12]

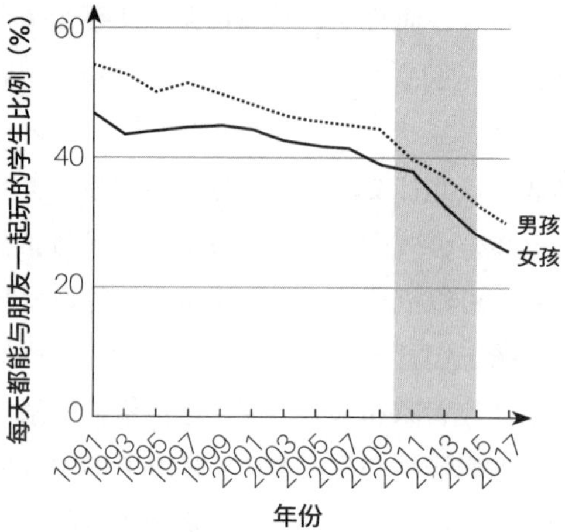

图 2-1 学生们每天与朋友的相处情况

资料来源：Monitoring the Future。[13]

由此图可知，在 20 世纪 90 年代和 21 世纪最初 10 年，无论男孩还是女孩，他们的社交活动频率呈现出了缓慢的下降趋势。我将在下一章详细讲述这一点。进入 21 世纪第二个 10 年后，下降趋势更加迅速。如此猛烈的变化不只是童年大重构的一条证据而已，它们本身就是童年大重构的结果。这两条向下的曲线标志着一代人对现实世界的疏远，人类的童年由此转向了虚拟世界。这一转变“得益”于智能手机、社交媒体、大型网络游戏以及高速无线互联网的融合与推动。

学会与他人保持行为协同和情绪统一

人类儿童天生就喜欢与他人建立联系，他们会通过调整和同步自己的动作与情感来与他人协调。甚至在还不会走路时，孩子们也会跟成年人互动，一起玩游戏，轮流做动作，向对方传达情绪。成年人天生就有照顾可爱生物的倾向，[14] 当他们努力逗乐小婴儿时，婴儿会回馈甜美的笑，笑到大人心坎儿里。这构成了一个相互增强的良性循环。婴儿出生仅几周后，就能控制几块关键的表情肌，模仿大人的表情。父母和婴儿经过无数次的对视和面部表情交流后，会产生深深的羁绊。[15]

然而，智能手机干扰了亲子间面对面的互动，打破了这种羁绊。据皮尤研究中心报告，17% 的美国父母认为，自己陪伴孩子时经常因手机而分心，另有 52% 的父母则表示有时会分心。[16] 技术的发展带来源源不断的新设备，这些新设备，尤其是智能手机，不断干扰亲子间的互动。手机的不停推送和消息提醒，把大人的魂都勾走了。一些父母在与孩子一起玩耍时，对手机的投入甚至超过了对孩子的关注。

小婴儿一旦开始学说话，就有了大量机会去学习如何与他人保持行为协同和情绪统一。他们会和大人产生更深的联结感，学习如何在互动中遵守秩序，等待自己做动作的正确时机，或在沟通时找到说话的正确时间点。很多简单的小游戏都是重要的课堂，在这些互动中孩子们要思考：还有多久轮到我来做搞怪的表情？这个轮流说押韵单词的游戏，还有多久该我说？参加游戏的每个人都要观察他人的表情，判断他人的反应，以捕捉到正确的发言和互动时机。发展心理学家把这种互动称为“你来我往”（serve-and-return），有点像对战式体育运动，如网球或乒乓球。大家轮流出招，有趣又好玩。过程有不可预测性，时机很重要。

与他人保持行为协同和情绪统一，是社交能力的关键，必须训练到位。其重要性不亚于体育练习中对肢体的掌控和训练。美国国家游戏研究中心（National Institute for Play）对此有以下论述：

> 孩子们学会与他人保持行为协同和情绪统一，能为他们后续的情绪管理打下良好的基础。如果孩子在儿童期没有过这种愉快、双向、互信的社交体验，那么后期他们就会出现情绪障碍或反常行为。在青少年时期，他们可能难以与他人建立良好的依恋关系，成年后可能处理不好挫折，管理不了自己的情绪，面对风险和危机做不出理智的判断，进入更为复杂的社交环境后更是不能快速融入，妥善地与他人相处。[17]

孩子们再长大几岁，就会喜欢同步行动类的游戏，会跟伙伴在同一时间做同样的事情。尤其是女孩，她们会齐声唱歌，一起跳绳，或者玩押韵和拍手游戏。比如玩“拍蛋糕”游戏时，她们会一边唱着毫无逻辑但节奏感分明的旋律，一边跟着节奏进行复杂的击掌动作。这些游戏没有什么目的，也无所谓输赢，乐趣就在于“同步行动”这件事本身。这是刻在人类基因里的本能，虽说大家都是独立的个体，却对高度同步的动作非常受用，能从中获得强大的默契与联结感。

人类学家早就发现，集体仪式是普遍存在于人类社会的一种文化现象。16世纪和17世纪的欧洲探险家发现，当时几乎每个大洲的每个部落都有集体仪式。参加这些活动时，部落成员要跟着伴奏做整齐的动作。伴奏可能是鼓点，也可能是人声吟唱，或者是节奏激昂的音乐。[18] 各个部落以此来强化成员间的信任感，修复受损的人际关系。伟大的社会学家埃米尔·涂尔干（Emile Durkheim）曾在著作中讨论过这些集体仪式产生的“社交电能”。[19] 他认为，部落成员要在彼此间建立联结感，获取集体归属感，集体仪式是必不可少的。

很多实验已经证实，同步行动确实能够产生这样的效果。在一个实验中，一群大学生被分成了几个小组，每人都拿了一个啤酒杯，还戴上了一副耳机。他们要跟着耳机里的音乐，轻摇手里的杯子。有一半的小组听到了同样的音乐，所以成员们也在同样的节奏下一起摇摆，动作整齐。另一半小组的动作则毫无协调性可言。这不怪学生们，因为另外一半同学听到的音乐就是各不相同。接下来，所有小组要参加一个以信任感为主题的游戏。游戏分为很多轮，在整个游戏中，只要小组成员齐心协力，都为集体的目标而行动，那么团队就能获得最高的收益。但在这个过程中，如果任何一个成员在任何一轮中背叛了集体的利益，那么他就能最大化自己的个人收益。结果，那些听到相同音乐的小组更为团结，成员间更加信任和协同。这些团结的小组自然也挣到了更多的钱，各自为政的小组挣得则更少。[20]

面对面的同步动作，纷繁的集体仪式，都蕴含着玄妙而古老的力量。它们是人类进化史上的一件件珍宝，却也是被低估的一颗颗遗珠。成年人从中收获乐趣和幸福，儿童则从中汲取成长的力量。然而，主流社交媒体平台却把孩子们往相反的方向推去，孩子们加入的都是非同步的互动，体验更接近于工作，而不是玩耍。很多孩子经营着好几个平台的社交账号，那些经常使用社交媒体的孩子每天至少要花两小时来浏览和维护内容。[21] 到 2014 年，几乎有 1/3 的少女沉迷其中，每周花费在这上面的时间超过 20 小时。想想看，一份全职工作每周的工时也就是 40 小时而已。孩子们简直是打了半份工，工作任务就是在社交平台上输出内容，同时消费其他人产出的内容。这些时间本来是可以用在现实世界里，与朋友们面对面地相处的。

维护自己的社交账号并不是什么好玩的差事，很多孩子也是苦苦支撑，逼自己坚持下去。否则他们就追不上“热梗”，甚至会被孤立。[22] 渐渐地，对许多人来说，这变成了一种无意识的习惯，他们每天都会不自觉地频繁登录平台。虚拟世界的人际联系是虚浮而脆弱的，它们并不同步，也不私密，跟现实世界面对面的交流或一对一的电话、视频聊天没法比。社交平台上的沟通不需要面对面，无须用户亲自奔赴现场。用户进行线上沟通时，只需动动手指滑动屏幕和打字，全身上下调动的肌肉很少。我们是活生生的人，有血有肉、四肢健全，会通过手势、表情、点头、摇头来交换信息，接收和解读对方的情绪，给予反馈。Z 世代就不同了，他们正在学习用表情包来替代这些行为。

社交媒体对童年的第二大坏处，就是让孩子们不再有机会去练习与他人的协调行动。这也是对现实世界社会联系的破坏。当下，孩子一有时间就泡在网上，参加的多是非同步的互动，鲜有机会跟朋友面对面地相处。难怪从 21 世纪第二个 10 年起，许多青少年感到孤独，渴望建立真正的联系。还有什么比这更令人深思的呢?

社会学习

人类进入文明时代后，进化的方向就变了，会学习的人才能活得更舒坦。这里说的学习不是通过教科书或老师的课堂讲解获取知识，而是指孩子们顺应成长的本能，在人群中找到正确的榜样，跟随并模仿榜样的言行。

你可能觉得找个榜样并不难。父母不就是吗？那还真不一定。不可能每个父母都是群体中最优秀的人，所以孩子要打开格局，在更大的范围内寻找榜样。还有，小孩子终将长成大孩子，迟早要在孩子圈里当哥哥姐姐，所以也会格外留意身边这些榜样。

罗伯特·博伊德（Robert Boyd）①和皮特·里彻森（Pete Richerson）是两位杰出的学者，他们关注的正是基因与文化的协同进化。[23]两人发现，经过无数代的进化后，人类在自己的基因里留下了一些高效的心理策略，能让后代们发展得更好。这些策略也可以说是人类文化的一部分，其中有两项与本书的主题极为相关，分别是“从众偏差”（conformist bias）和“声望偏误”（prestige bias）。

从众的好处不难理解。无论在什么环境，最安全的策略通常都是跟着大多数人行动，特别是到了一个新地方，你就更得入乡随俗了。当一个孩子转学到新学校时，他非常有可能模仿大多数孩子的行为，大家怎么做，他就怎么做。这种来自同伴的影响常被称为“同伴压力”，即使没有明显的外部压力，这种影响也可能非常强烈。我认为同伴压力应该被称为“从众的魅力”才对。美国孩子在大约11岁，即小升初时，常常会发现周围伙伴都开通了Instagram账号。这促使他们自己也想注册一个。一旦注册了Instagram，他们就会知道周围伙伴都是怎么玩的，自己自然也要模仿。

在现实生活中，一个人想搞清楚周围人群的社交生态，应该要花不少心思和时间，至少要好几周才行。你要在不同的场合，观察不同的人群有什么样的反应，又在做着什么样的决定。但在社交媒体平台上，孩子们只需要短短一小时，就能浏览上千条帖子，平均每条只要三秒。每条帖子都有数据指标作为直观反馈，点赞数和留言数会告诉你，这条帖子受欢迎还是不受欢迎。

因此，社交媒体平台堪称有史以来最有效的从众工具。青少年在上面待几小

① 罗伯特·博伊德是美国人类学家与进化生物学家，文化进化研究领域的先驱，其著作《人类的价值》讲述了如何通过合作让人类成为强大的群体。该书中文简体字版已由湛庐引进，浙江教育出版社出版。——编者注

时，就会改写他们对是非高下的判断标准，什么是“酷”，什么是“土”，都将被重新定义。而父母可能苦苦念叨了好几年，都无法让孩子养成正确的坐姿或改掉抱怨的习惯。父母没有利用从众偏差的能力，因此在与社交媒体的社会化影响力抗衡时往往处于劣势。[24]

除了从众，人类还有一种学习机制，就是识别并模仿那些有声望的人。乔·亨里奇（Joe Henrich）[25] 在声望偏误的研究方面做出了最主要的贡献。他是博伊德的学生。亨里奇发现，在灵长类动物的族群里，每个成员地位的高低与其战斗力的强弱成正比。最能打的那个就是首领，其他成员都得服从，不服从就得挨打。但人类的标准不同，我们的阶层地位由声望来决定。在远古时代，人类祖先把最有能力、最能创造价值的人推举为领袖。领袖可能是最会打猎的，也可能是最会讲故事的。

人们可以自己识别出卓越，但借助他人的评价往往更为高效。比如，身边许多人都说弗兰克是个神箭手，整个族群里就数他射得最准。如果你碰巧很看重射箭这项技能，那么你就会崇拜弗兰克，哪怕你从未亲眼见他射过一支箭。亨里奇指出，人们之所以对有声望的人物如此迷恋，就是为了靠近他们，以便通过向他们学习来提升自己的技能，并借助与他们的联系来提高自己的声望。有声望的人物也乐得被一众“粉丝”追随。这种众星捧月般的核心地位是他们的勋章，能让整个族群知道他们处在某条阶层链的高位。

硅谷的产品经理们深谙此道，在设计社交媒体平台的交互方式时，他们会特意量化并展示每条帖子和每个用户的数据，如点赞数、分享数、转发数、评论数、“粉丝”数等。Facebook 早期的创始人之一肖恩·帕克（Sean Parker）在 2017 年接受采访时曾被问到 Facebook 和 Instagram 的目标。他承认，这两个平台的目标就是“建立一个公众评价体系……这个点子就是利用了人的一个心理漏洞。既然是漏洞，那么像我这样的黑客自然就得抓住”。[26] 程序员们把一个人的声望和其点赞数挂钩，这是在误导用户的心智，可能给孩子们带来灾难性的社交影响。在社交媒体平台上，老规矩被彻底推翻。一个人的声望已不再取决于他具备的技能或创造的价值了。年轻的用户看到“网红”们的一言一行，深以为然，纷纷效仿。殊不知，这些言行举止在线下生活中可能会冒犯他人或贻笑大方，根本不适用于职场、家庭等现实场景。

20 世纪，大众传媒蓬勃发展，影响广泛。从那时起，一个人的技能水平和其享有的声望就不再一致了。20 世纪 60 年代，“因为出名而出名”这个说法渐渐流行起来，一个普通人可以资质平平，甚至毫无建树，但他只要在电视上露了脸，让数百万人看到自己，再掀起几轮舆论热潮，就能成为大众的焦点。[27]“因为出名而出名”这句话后来成了帕丽丝·希尔顿（Paris Hilton）的标签。经过传统主流媒体和各路小报的报道，她成为 21 世纪初大火的社交名人、模特。希尔顿有个衣橱整理助手，名叫金·卡戴珊（Kim Kardashian）。进入互联网时代后，卡戴珊重新定义了这个标签，让全世界都知道了什么才是真正的“因为出名而出名”。她的“走红”源于自己的一段隐私录像。这段视频被泄露到网上，流传甚广。有了名气后，她顺势推出了真人秀节目《与卡戴珊姐妹同行》（*Keeping Up with the Kardashians*）。整个卡戴珊家族都在其中出镜，一时风头无两。到了 2023 年，卡戴珊在 Instagram 上的“粉丝”数量已有 3.64 亿，她妹妹凯莉的“粉丝”数量甚至高达 4 亿。

“网红”文化以流量为王，对青少年的价值观造成了冲击。孩子们原本应该在现实生活中找到一系列榜样，在这些榜样的指导下，积累实用的知识和技能，以便他们将来在现实世界中立足。但自 21 世纪第二个 10 年以来，无数 Z 世代的女孩不约而同地把“网红”当成了偶像。几个“流量王”成为“粉丝”们的人生导师，其行为成为范本，若细数其成就，似乎只有影响力大这一条而已。男孩们也不例外，他们追随着“大火”的男性“网红”，亦步亦趋。不过这些“网红”表现出的“潮”“帅”与“硬核”的行为放到现实世界里，很可能是有失分寸的。

渴望成长的大脑与稍纵即逝的敏感期

孩子们既需要玩耍的体验，也想在行为上与他人保持协调一致，还希望学习社交技能。在缓慢成长的童年，在飞速成长的青春期，在不同的学习阶段和师生关系里，他们会通过各种形式来表达这些渴求。要让大脑健康发育，孩子需要在正确的时间，以合理的顺序，去体验有意义的事情。

发育过程中，哺乳动物和鸟类的特定脑区展现出极大的可塑性以适应预期出现的特定刺激。这种成长方式也被称为“经验预期型发展”（experience-expectant development）。[28] 最好理解的一个例子就是发育的“关键期”。在某个关键期到来时，小动物必须学习某些技能。一旦错过，将来学习将变得极为困难。鸭子、鹅以及其他许多水栖或陆栖的鸟类在早期阶段都有一种称为“印刻”的进化学习机制。这让幼鸟知道，自己应该跟在谁的身后行动。在破壳后的几小时内，幼鸟的视野中但凡出现了跟妈妈体型类似又会动的物体，它们就会毫不犹豫地跟上去，忠诚追随。图 2-2 被很多心理学教科书引用过。图中的人物是动物行为学家康拉德 · 洛伦茨（Konrad Lorenz）。他身后跟随着一群乖巧的小鹅，去哪儿都贴在他身后，寸步不离。原来，这些小鹅在关键期看到洛伦茨，对他产生了依恋。后续研究发现，关键期过去后，小鹅有可能建立新的依恋关系。[29] 但最初的对象是深入骨髓的，永远不会被磨灭。

图 2-2　对康拉德 · 洛伦茨产生依恋的小鹅 [30]

人类发展的关键期没有那么严格的时间节点，但也会在某些特定时间段经历若干个敏感期。在不同的敏感期，我们能更容易地学习和掌握不同的技能；敏感期结束后，则会吃力不少。[31] 最明显的例子就是语言的学习。儿童能轻松学会好几门语言，而一旦进入青春期，语言学习的能力就急速减弱。[32] 搬去海外居住的家庭，如果孩子年龄不超过 12 岁，他就能快速掌握当地语言，不带一点儿口音。孩子如果已满 14 岁，那么他的口音可能被人追问一辈子："你原先是哪里人？"

对于文化的学习也是同理，青春期之后，孩子就会形成自己的文化认同。日本人类学家箕浦康子（Yasuko Minoura）研究过有短期赴美生活经历的日本孩子。20 世纪 70 年代，他们的父母被公司派遣至美国加利福尼亚州工作了几年，孩子们随迁赴美，后又回到日本。[33] 箕浦康子关注的重点是，孩子在什么样的年龄赴美生活，更能融入美国文化，从而形成相应的自我意识、认知以及人际交往模式，且回到日本后也不再改变。她发现这个敏感期是 9 ～ 15 岁。在这个年龄段，如果孩子去美国生活几年，那么他就可能形成美国的思维方式。如果在 15 岁或更晚才回到日本，思维方式已经定型，很难再转变。15 岁以后才去美国的孩子没有这个烦恼。因为他们从未感觉自己是美国人，而 14 岁以前就回到日本的孩子还可以重新适应，因为他们的文化敏感期还没过，可以重新学习日本文化。箕浦发现："孩子处于敏感期时，会把生活的人际关系模式刻入自己的意识中，使它成为自我认同的一部分，并对所处的文化产生深深的情感依附。" [34]

当今时代，很多才十一二岁的孩子已拥有了人生的第一部智能手机。然后，他们在 Instagram、TikTok、电子游戏等应用中度过了剩余的青少年时期。曾几何时，在玩耍式童年里，孩子们会参与适龄的活动，收获每个年龄段该有的体验。他们以这些体验为基础，在同龄好友的陪伴下，度过各个敏感期。这就是过去人类童年的标准与常态。但在手机式童年里，孩子们被卷入了互联网内容的激流。那些内容、服务原本是面向成年人开发的，现在却一股脑儿地扑向了孩子们。各种体验没有了顺序和逻辑，只如旋涡般汹涌，将孩子们悉数吞没。与过往时代相比，当代孩子的身份认知、自我意识、情绪模式和人际关系都有了翻天覆地的变化，互联网的影响就是根源。孩子们每天在网上浏览帖子，读留言，看评论……被无数内容牵着鼻子走。这些内容在引导他们的是非观与价值观，定义他们与朋友的关系，甚至重塑他们的理想和追求。处在社交敏感期的孩子，一旦对社交媒体上了瘾，终将被那些网站的文化所塑造。这样我们就不难理解，为什么 Z 世代的心理健康远不及千禧一代。Z 世代太特殊了，他们是首批在智能手机的裹挟下度过青春期和文化学习敏感期的人。

以上分析并不是我个人的臆想。英国新近的一项调查就找到了直接的证据，证明社交媒体的确会对青少年造成伤害，因为青少年正处于学习社交的敏感期。在这项研究中，心理学家埃米·奥尔本（Amy Orben）领导团队分析了英国的两个数据库。他们发现，10 ～ 15 岁的少年越是使用社交媒体，对生活的满意度就越低，两者呈负相关；但在 16 ～ 21 岁年龄段，这种相关性就没那么强。[35] 该团队还进行了一项大规模的追踪调查，考察少年们如果在某一年增加了社交媒体的使用时间，下一年是否会报告自己的心理健康状况变糟糕了。结果证明，对于那些处在青春期中期的孩子们，答案是肯定的。女孩比男孩进入青春期中期的时间要早。相应地，女孩在 11 ～ 13 岁受社交媒体影响最深，男孩则是在 14 ～ 15 岁。[36]

大多数社交媒体平台规定，13 岁及以上的人才有权开设账号，实际上该规定并未执行到位。以上研究结果也清楚地表明，这个标准显然是太低了。13 岁孩子的大脑正处于高度可塑的状态，他们积极地寻找榜样来模仿，万不可让他们以“网红”和陌生人作为榜样。他们应该出去玩耍，与朋友同步互动，和朋友们在现实世界里相处，让信息通过眼睛和耳朵，真切地传递到大脑中，以便从父母、老师以及身边的榜样那里学习社会技能。

看了这么多数据和分析，我们现在应该能明白前一章那些图中所呈现的明显的“拐点”到底是怎么回事。Z 世代是第一代在智能手机和平板电脑的陪伴下度过青春期的群体，他们与朋友面对面交流、肩并肩冒险的机会减少了。人类的童年被重构了，而这种重构主要就发生在 2010—2015 年。青少年因此变得更加焦虑、抑郁和脆弱。手机式童年席卷而来，孩子们本应该自由玩耍，练习与他人保持协同，并向身边的榜样学习社交。这些体验现在都让位于互联网，孩子们的时间都花在了智能手机等设备上。他们参加活动时，不再与同伴进行同步互动，学习的榜样也由算法推送而来。某种意义上讲，孩子们失去了自己的童年。

本章小结 The Anxious Generation

- 人类的童年与其他动物的童年有着显著的差异。从大脑的体积上来看，人类小孩的大脑到 5 岁时就已经达到成人大脑的 90%，但接下来还需要很长的一段时间，去完成精细的调整。童年如此漫长，就是为了让孩子们充分地学习知识和技能。他们想传承文明，成为有用之才，就不能跳过这个阶段。

- 自由玩耍对于培养孩子的社交技能，比如纷争该怎么处理，和提升身体素质同样重要。现在，玩耍式童年已让位于手机式童年，因为儿童和青少年将他们社交活动和休闲娱乐的大本营转移到了连接互联网的设备上。

- 自由玩耍让孩子们学会如何与他人建立联系，如何同步行动，又如何轮流参与。孩子们需要与他人保持行为协同，需要广泛而频繁地经历这种体验，从而与伙伴、队友，以及整个群体产生共鸣。社交媒体里的行动则正相反，基本上都是不同步的，且大多带有“表演”性质。孩子们不需要，甚至不能够与他人保持同步协调的行动。他们越沉迷于社交媒体，就越是渴求真实的社交互动。

- 儿童天生具备两种内在的学习机制，帮助他们吸收和学习本地文化。从众偏差促使他们模仿周遭大多数人的行为；声望偏误则驱使他们努力效仿群体中最有成就、最有声望的人。然而，为了提高用户参与度而设计的社交媒体平台，却剥夺了这一社会学习过程，削弱了家庭和本地社区文化的影响力，同时将孩子们的注意力引向了那些价值存疑的影响者。

- 社会学习贯穿整个童年。但在此过程中，可能存在一个文化学习的敏感期，大约从 9 岁持续到 15 岁。在这些年学到的知识和形成的身份更容易内化在孩子们心中。这个关键时期就是青春期。可惜也就是在这段时期，发达国家的大多数青少年开始拥有自己的第一部手机，从而把社交生活转移到了线上。

第 3 章

成长的动力：
冒险式玩耍对儿童发展意义深远

在过去几十年里，美国等许多西方国家都为了保护儿童安全做出了两个错误的、自相矛盾的决策。一方面，人们认为现实世界危险重重，绝不允许孩子离开大人视线去自由探索。哪怕自 20 世纪 90 年代以来，儿童面临的违法犯罪、暴力伤害、酒后驾驶等风险已经大幅下降。[1] 与此同时，人们对网络世界却格外放心，在儿童网络保护机制的设计方面，显得漫不经心。于是孩子们可以自由徜徉于互联网世界，沉醉于虚拟版的“狂野西部”，任由各种风险吞没自己。

我们举个例子来看看父母们的局限。很多父母担心自己的孩子一不小心就落入色魔的魔爪。但在当今时代，大多数针对儿童的性犯罪者是活跃于线上的。互联网实在是太便捷了，能帮犯罪分子快速找到儿童，与儿童分享非法视频。2019 年，《纽约时报》的一篇文章写道：“科技公司报告称，互联网上关于儿童性侵的图片和视频数量在急速增长。仅过去一年，就有多达 4 500 万张非法图片被科技公司识别，并打上标记。现在，识别系统已不堪重负，无法再有效地追踪了。”[2] 我们把时间拉近一点儿看，就在 2023 年，《华尔街日报》（*The Wall Street Journal*）还发表了一篇深度报道，揭露了“Instagram 用算法给恋童癖者推送卖家，帮恋童癖者购买非法内容，高效地连接起了各个有‘小众癖好’的人”。[3]

还有一个真实的例子。伊莎贝尔是个 14 岁的女孩，家住美国罗得岛州。她在《自由报》（*The Free Press*）上发表了一篇文章，让我们知道，在保护孩子这件事情上，美国父母真是抓错了重点：

> 在我 10 岁时，我第一次观看了非法影片。当时本是机缘巧合，我不小心点进了一个网站，后来出于好奇，又多次访问。网站没有任何年龄审查机制，不要求用户提供身份证明，甚至都不会弹一个窗口，询问我是否满 18 岁。这个网站很好找，可以说你想躲都躲不开，跟我同龄的孩子常常浏览。那么我妈妈呢，她不管我吗？当然管，她可就在隔壁房间，用心地给我做饭，确保我每天能吃上 9 种不同颜色的蔬菜水果。我的妈妈是个尽职尽责的母亲，什么事情都要抓，十分严厉。但我还是接触到了网络非法内容，我的朋友们也一样，大家都在看。

伊莎贝尔的文章简单又直接地揭露了一个血淋淋的事实：在现实世界中，父母们对孩子管教严格，保护过度；在网络世界里，父母们疏于监督，对孩子保护不足。真正要保护孩子的安全，我们就不该让孩子过早地上网，而应该让他们去户外尽情玩耍。

户外的自由玩耍让孩子们有机会处理各种危机和麻烦，他们可以切实提高体能、心理素质和社交能力，从而建立强大的自信，相信自己有能力应对任何新环境。这种自信堪称对抗焦虑的一剂良药。接下来，本章将阐述大脑的两大模式。首先是“发现模式”（discover mode），健康的童年离不开充分的自主性和大量的自由玩耍，它们可以让大脑持续开启发现模式。在这种模式下，孩子们会形成良好的依恋系统①，以及处理日常基本问题的能力。反过来，当父母们陷入担

---

① 依恋系统（attachment system）是一个心理学术语，描述的是儿童和照顾者之间的情感联系和关系模式。依恋系统可分为安全型依恋、焦虑型依恋、回避型依恋等不同类型。——译者注

忧，纷纷选择过度保护的育儿方式时，孩子们的大脑就会开启一种“防御模式”（defend mode）。这种模式会导致孩子的依恋关系不够安全，削弱孩子识别和处理风险的能力。接下来我将解释这些术语具体的含义和运用，以及为什么说发现模式才是焦虑的一代需要的解药。

发现模式与防御模式

在之前人类进化的几百万年间，我们祖先的生活环境极为多变。日子一向是时好时坏，既有富足安逸的太平时代，也不乏物资匮乏、危机四起的坎坷岁月，更莫说那些时不时出现的干旱和饥荒。[4] 我们的祖先需要心理适应机制来应对顺境和逆境。环境的多样性促使古老的神经分化出了两大新系统。一个叫作“行为激活系统”（behavioral activation system），当一个人发现身边有好事发生时，该系统就会被激活。[5] 比如，某个人和他的部落成员饿得眼冒金星，却突然发现旁边竟然有棵硕果累累的樱桃树。大家沸腾了，每个人都心花怒放，恨不得立刻冲上去大吃一顿。这就是行为激活系统，但我给它取了个更加直观的名字——发现模式。[6]

与此形成鲜明对比的是“行为抑制系统”（behavioral inhibition system），当一个人察觉到危险时，这个系统就会被激活。假设大家正兴高采烈地摘着樱桃，突然听到附近豹子的咆哮声。这时，所有人会停下手中的活动，刚才还旺盛的食欲瞬间便被抑制。因为身体出现应激反应，所有的注意力都集中到了潜在的危险上，大家脑子里只想着怎么逃。我把行为抑制系统叫作“防御模式”。一个人如果长期处于焦虑状态，他的防御模式会持续不断地被激活。

两个系统共同构成了一个能够迅速适应环境变化的机制。这很像大楼里的智能恒温器，温度低了自动开暖气，反之则开冷气。每种动物都有自己的默认模式，具体是哪种，取决于这种动物在进化过程中经历了什么样的环境。有些动物很幸运，在进化过程中很少面临突然死亡的风险。它们可能是在食物链顶端的顶级捕食者，也可能是生活在某个没有天敌的小岛上的草食动物。这些动物往往情绪稳定，从容自在，很乐意靠近人类。它们平时的默认模式就是发现模式。不过，在受到攻击时，它们也会切换到防御模式。相比之下，一些动物就不那么幸运了，比如兔子、鹿等。自古以来，它们就处于水深火热中，动辄就要被吃掉，所以神经永远紧绷，一惊一乍是常态。无论何时何地，这些动物一发现不妙，就会飞奔而逃，所以防御模式是它们的默认模式。只在极少数情况下，它们觉得整个环境极为安全时，才会缓慢且试探性地开启一下发现模式。

对人类、狗等高度社会化的哺乳动物来说，默认模式对其性格有着决定性的影响。长期处于发现模式的人类和狗，除非面临直接威胁，往往比其他同类更快乐、更友好，对新环境和新体验也更加好奇。相对地，那些长期处于防御模式的人类和狗，会更加地戒备、焦虑，非常缺乏安全感。在他（它）们看来，新环境、新朋友、新创意意味着潜在的伤害和风险，而非机遇。对部分人类祖先而言，这种长期的警惕性还是有点意义的，毕竟那时的环境可能真的是危机重重。说回当今时代，那些在动荡和暴力环境中长大的孩子依然会出现这种状态。可到了如今，绝大多数发达国家既稳定又安全，孩子们若还长期处于防御模式，那么他们的学习和成长注定会受到阻碍。

无比戒备的 Z 世代大学生

发现模式促进学习和成长。我们想让年轻人在家中、学校里、职场上昂扬向上，最好的方法可能就是引导他们进入发现模式。发现模式和防御模式到底会表现出什么样的区别呢？我想用大学新生的例子来回答。图 3-1 展示了一个大学新生可能出现的两类行为。某个新生会更偏向于哪一类，取决于他的默认模式是发现模式还是防御模式。默认模式由他的童年经历和基因共同塑造。显而易见，一个新生如果习惯了开启发现模式，那么接下来他肯定能如鱼得水，在学业和社交上快速获益和成长。那些通常处于防御模式的孩子则可能举步维艰，既学得少，又成长得慢。

发现模式

- 主动寻找机会
- 像小孩进入糖果店般激动和好奇
- 独立思考
- 渴求自由地成长

防御模式

- 时刻关注危险
- 匮乏心态
- 习惯寻求团队的支持
- 渴求安全的环境

图 3-1 大学新生大脑的两种基本状态

这一对比有助于解释2014年左右众多大学校园中所发生的突变。图3-2揭示了当Z世代首批大学生入学而最后一批千禧一代也迎来毕业之时大学生存在问题的变化情况。唯一急剧上升的疾病类型是以焦虑和抑郁为主的心理障碍。

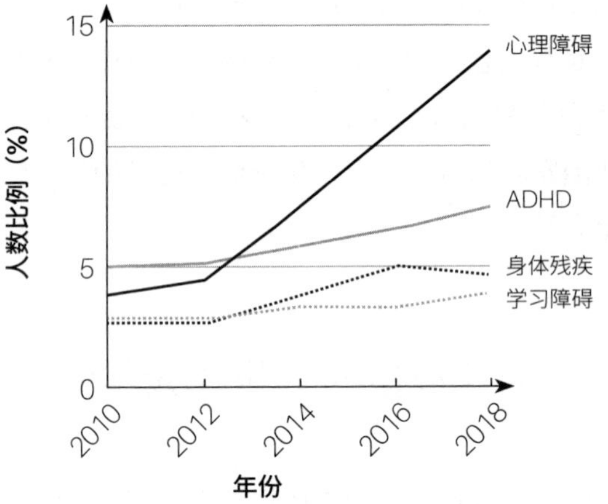

图 3-2 美国大学新生自我报告的多种问题

资料来源：Annual Freshman Survey，by UCLA's Higher Education Research Institute。[7]

Z世代甫一入大学，大学的心理咨询室就压力倍增。[8] 回想千禧一代求学时，他们朝气蓬勃，那一代人总是处在发现模式中，时刻精神抖擞。然而到了2014年，大学校园迎来了焦虑的一代——Z世代，从此发现模式便让位于防御模式。遥想2010年，那时的很多书籍、言论、演讲者和观点并没有引起多大争议，但到了2015年，它们突然就被认为具有攻击性、危险性和创伤性。美国的各所住宿大学虽谈不上完美，但对年轻人来说，已经是相当安全、友好又包容了。然而，在 2015 年左右，不仅美国，连英国[9]和加拿大[10]的大学校园文化也发生了同样的变化，学生的反应普遍而剧烈。这到底是怎么回事呢？

接下来我要阐释的是，玩耍式童年才能自然地促进大脑发育，激活儿童的发现模式。而手机式童年起到的是反作用，会把孩子拉入防御模式。

孩子具有反脆弱性

20 世纪 80 年代，研究人员在美国亚利桑那州的大沙漠里进行了一项宏大的实验，项目名为“生物圈 2 号”，这是史上最大的人造封闭生态圈项目。这个实验的目的是为将来在外太空创造一个自给自足的生态圈做准备。生物圈 2 号的设计目标是为 8 位居民提供长期生活的环境，他们在这个封闭系统中的氧气、水源和食物完全依靠内部的生态循环来供给。

可惜的是，这个目标从来没有达成。生物之间，包括人与人之间，存在着纷繁复杂的相互作用，连续的失败为我们积累了宝贵的经验。比如，他们为了构建一个雨林生态系统，种植了许多树木，许多树苗一开始都能茁壮成长，但不知为何，长着长着就会突然倒下，根本长不大。后来研究人员才搞明白，小树苗的成长离不开风的助力。刮风时，树苗被压弯，迎风面的树根会被微微拔起，而背风面的木质会被轻轻挤压。树苗很“聪明”，会长出更长更粗的根系，以便给迎风面的树根提供更大的抓地力，同时还会改变背风面的细胞形态，以增强抗压力。

那些会依据生长条件而改变性质的木头，被称为“应力木”。一棵树如果很早就接受大风的考验，它在长大后会更加壮硕。但如果把它种在一个安逸的温室里，那么不等长大，它可能就会倒下。

儿童的成长和应力木的原理是相通的。人类在童年时也要经历多种考验、锻炼，才能成长为一个刚强的成年人。生物圈 2 号里夭折的树苗印证了一个概念——反脆弱。这个概念是我在纽约大学的同事纳西姆·尼古拉斯·塔勒布（Nassim Nicholas Taleb）提出的，源自他 2012 年出版的《反脆弱》（*Antifragile*）一书。塔勒布发现，生活中有些东西非常脆弱，比如玻璃酒杯，人们要小心保护才好。它们一击即碎，哪怕只是被打翻在餐桌上，也会破碎。有些东西就很结实，比如塑料杯，哪怕从桌上掉落到地上都没关系。只是这些东西无论多结实，也不会因为经受摔打而变得更强韧，顶多是不会被摔坏而已。

然而，有些东西就是需要被摔打，因为它们经过历练后才能变得更强。塔勒布用反脆弱来形容这种越挫越勇的性质。其实，没有生命的东西极少具备反脆弱的属性。这种属性更多地体现在那些复杂的机体或系统上。它们天生需要在一个充满不确定性的环境中运作，别无选择。这“悲惨”的生活或许是进化所致，或许是人为设计。[11] 最典型的反脆弱系统是我们的免疫系统，它需要在人类童年时期接触灰尘、寄生虫和细菌，才能得到适当的发展。父母在过度清洁的环境中养育孩子，实际上是在妨碍孩子免疫系统的反脆弱性发展，反而伤害了他们。

心理免疫系统同样需要在现实生活中得到锻炼。[12] 孩子们需要学习如何解决、消化、战胜困难，以及如何疏解挫败感，处理小擦伤与小摔打，应对他人的取笑、排挤，以及不公正的环境和待遇等。孩子不能一触即溃，动辄“内耗”几小时甚至好几天。与人相处，纷争和委屈在所难免。修行者和佛教徒早就明白，追求幸福不能靠逃避或自我麻痹，让我们难受的人、事、物是躲不开也灭不掉的。幸福来自内心的清醒与笃定，人要学会不以身外之物来定悲喜，不让外界的噪声牵着自己的情绪走。我的孩子还没学会走路时，我和妻子读到了一本我们心中最好的育儿书。[13] 书中的观点认为，父母要时不时地给孩子“制造”点麻烦和挫折，让孩子明白人生充满了不确定性，有些事情是说发生就会发生的。所以我们会对孩子说：“想看《天线宝宝》的话，你得先收拾好你的玩具。你如果坚持不听，那我们要暂时禁止你看了。对，你姐姐有时候就是能破例，没办法，生活就是这样。”

很多父母出于怜子之心，总是尽力满足孩子的要求，不否定，不扫兴，有什么问题都帮孩子兜底。这样的做法可能是在伤害孩子。孩子失去了锻炼的机会，很难形成自我管控力，无法容忍挫折和不顺，情绪管理也一塌糊涂。多项研究都发现，娇惯或虎妈式育儿方式下长大的孩子容易有焦虑障碍，自我效能感差，即孩子不相信自己的能力，不相信自己可以实现目标，这样的孩子进入大学后也很难适应。[14]

孩子们天生具备反脆弱性，所以被保护过度的孩子很容易在青春期陷入防御模式。在这种模式下，他们难以去学习新知识和新技能，很难交到朋友，会更加焦虑，动辄便会被日常生活中的冲突击倒。

反脆弱性需要在冒险式玩耍中开启发现模式

反脆弱性是解开人类发展诸多谜题的关键。比如，为什么孩子们在玩耍中会刻意去冒险？为什么他们一旦掌握了某项技能，就要去挑战更高的难度？比如一旦他们掌握了在平缓的斜坡上滑滑板的技能，就会转移到更陡的斜坡上。那些一看就知道会受伤的活动，为什么孩子们非要参加，还一而再，再而三地尝试？研究游戏的专家早就发现了答案。2010 年，挪威学者埃伦·桑德塞特（Ellen Sandseter）和利夫·肯奈尔（Leif Kennair）指出，刺激的经历会让人学会战胜恐惧。[15]

临床心理学中有个长期令人费解的现象。桑德塞特和肯奈尔的研究正是基于这一发现：人类的恐惧症主要集中在一些几乎不会致死的事物上，比如蛇，有时候一条小蛇也能吓到人，再如封闭空间、黑暗、公开演讲和高处等。很少有人会对那些在现代生活中造成死亡的风险因素产生恐惧，比如汽车、阿片类药物、刀具、枪械和垃圾食品。还有一点也很奇怪，成人的恐惧症很少与童年的悲惨经历相关。[16] 那些从树上摔下来过的孩子，长大后反而最不怕爬树。

我们可以从进化的视角来审视这个谜题。常见的恐惧症是祖先们在数百万年的狩猎采集生活中进化来的，对某些东西（比如蛇）的恐惧，人类与其他灵长类动物是共通的。我们与生俱来会对某些东西保持警觉，只要我们经历过一次与它相关的危险或不快，或者看到身边的人怕它，以后就会格外关注它，很容易发现它的存在。但其实一个小孩只要多接触几次恐惧的源头，就会逐渐了解和战胜它，甚至操控它，恐惧感也就会消散。

随着孩子们的成长，他们开始对那些曾经令他们感到恐惧的事物产生浓厚的兴趣。他们可能会慢慢靠近恐惧源，向父母和哥哥姐姐们求教，学习如何辨别哪些情况是危险的，哪些则不那么危险，并最终战胜自己的恐惧。在这个过程中，恐惧会步步退散，最后化作内心深处澎湃的成就感与刺激感。下次跟孩子散步时，你可以掀开一块石头，让他触摸一下石头下的小虫子。一开始，他一定是惊恐中掺杂着好奇，但又克制不住伸出去的小手指。一旦触摸到了虫子，他的惊恐和好奇就变成了莫大的欢乐，以及一丝丝厌恶，还有几声得意的大笑。他勇敢地摸到了虫子！下次遇到虫子时，他就不会再战战兢兢了。

我在写这一章的内容时，正值 2022 年秋。我家迎来了一条小狗，名叫“威尔玛”。它娇小玲珑，体重才 3 千克。我们第一次带它去熙熙攘攘的纽约街道上散步时，它害怕极了。一条条大狗经过，把它吓得不知所措、全身紧绷，以至于连出来散步时要做的“大事”都做不了。

随着时间的推移，威尔玛逐渐适应了一些。清晨时分，我开始带它去公园里，解开狗绳让它和其他狗一起奔跑玩耍（见图 3-3）。一开始它依然害怕，但它的应对方法堪称桑德塞特和肯奈尔研究成果的范本。它会慢慢靠近大狗，但当对方抬脚准备靠过来时，威尔玛又会立刻逃离。有时候，它会跑到我身边来寻求保护。它的内心进行着一场反恐惧大战，所以跑是跑来了，但速度并不会减慢，只是围着我绕两圈，便又冲向了大狗，开启新一轮试探与追逐。它在寻找一个平衡点，让心中的快乐和恐惧能和平相处。它在发现模式和防御模式间反复横跳，慢慢地摸透了大狗们的心思。它还开发出自己的交友策略，加入了其他狗的社交圈。它会与同伴们一起玩耍、打闹，哪怕偶尔被踢翻也无所谓。

儿童和小狗一样，都是天生的冒险家。追求刺激是他们战胜童年时期的恐惧必须走的路，也是构建一个健康的大脑必不可少的经历。只有这样，才能让发现模式成为大脑的默认模式。孩子们需要去荡秋千，荡着荡着还跳下来；需要去树林里探险，去垃圾场寻宝；需要和朋友们一起坐过山车，一起被吓得惊声尖叫。在这些刺激的活动中，他们练就了一系列能力，包括独立识别危险、应对危险，以及不害怕出差错。就算是受点伤也不足为惧，无须向大人求助。

图 3-3　威尔玛在公园里和其他狗一起奔跑玩耍

注：7 个月大的威尔玛先是朝一条德国牧羊犬冲去，冲到一半突然来了个急转弯，变成了玩耍的姿势，然后又再次猛冲过去。

桑德塞特和肯奈尔给冒险式玩耍下了一个定义：存在身体受伤风险的激动人心且充满刺激的游戏活动。他们在 2023 年发表的论文中进一步阐明，冒险式玩耍还需要处理一些不确定性因素。[17] 两人指出，冒险式玩耍一般要去户外，孩子们可以自由玩耍，而不是参与大人组织的活动。小朋友们通常会选择一些危险度不那么高的活动，即使受伤，伤势多半也不会太过严重，通常就是擦伤或割破皮而已。

桑德塞特和肯奈尔研究了孩子们在大人放手时喜欢寻找的刺激，发现了6种深受他们喜欢的“危险”活动：攀爬高处，比如爬树或游乐场的攀爬架；体验速度，比如荡秋千或从滑梯上一溜烟滑下来；摆弄危险的工具，比如挥舞锤子或操作电钻；探索危险的元素，比如玩火；参与粗暴的肢体游戏，比如摔跤；以及隐藏，比如捉迷藏、探险，对迷路或与家人走散毫不畏惧。如果没有大人阻拦，孩子们会想方设法地“闯祸”，冒险——这跟20世纪90年代的我们一模一样。父母们要注意，这些体验是网络游戏给不了孩子的，就算是狂野、逼真到了极点的《堡垒之夜》也不行。[18] 我们是有血有肉的生物，孩子们得先学会在现实世界中掌控自己的身体，再去虚拟世界里遨游。顺序不可颠倒。

在20世纪80年代以前，孩子们成群结队地疯玩，天不怕地不怕。那时的游乐场照片可以帮我们回忆一下当时的场景。[19] 图3-4中的设施看着就令人汗毛直竖，如果有小孩从那么高的地方摔下来，绝对要受重伤，搞不好会有生命危险。

图3-4 位于美国得克萨斯州达拉斯的一处危险的游乐设施[20]

图 3-5 展示的是一个游乐场的大转盘，在我看来，这是有史以来发明的最棒的游乐设施。想让它转起来，孩子们就必须齐心协力，一起使劲。参与的人越多，它转得越快，尖叫声也越大，这些都极大地增强了游戏的刺激感。在疯狂旋转中，孩子们会体验到离心力带来的独特身体感受。他们在玩耍中长了见识，同时也获得了无与伦比的体验。要是躺在转盘的正中心，还能体会到意识的飞旋，其实就是被转晕了。在此基础上，还能开发出无尽的高级玩法，比如在旋转中站立，或者挂在扶手外侧，甚至在旋转时和转盘上的其他孩子扔球玩。

图 3-5　20 世纪 70 年代美国游乐场里的基本配置——大转盘[21]

玩大转盘时，一不小心就会磕着碰着，但不会有大碍。这些小伤小痛是自我保护的教科书，孩子可以从自己熟练和笨拙的动作中获得直接的反馈，学会如何驾驭自己的身体，如何保护自己和伙伴的安全。

研究儿童玩耍行为的学者们认为，轻微的擦伤本就是游乐体验的一部分，而非问题。英国已根据此观点，在游乐场增加了建筑材料、锤子和其他工具。[22] 当然，这些都得在大人的看护下才能使用。一位极开明的夏令营组织者告诉过我：“孩子身上青一块紫一块也没关系，只要不是永久性的创伤就好。”

遗憾的是，因为大转盘有风险，如今它已难得一见。美国人动辄便诉诸法律，这些设施很可能会招来官司，游乐场的负责人对此可谓提心吊胆。从20世纪90年代起，美国的游乐场就开始大刀阔斧地"砍掉"有风险的游乐设施。

图3-6展示了如今在纽约市的游乐场里最常见的设施。孩子们在这些设施上玩耍，确实没什么受伤的风险。但这同时也意味着，他们学不到真本领，没机会搞明白到底怎么做才能不受伤。

图3-6 一个过于安全的游乐设施[23]

这些超级安全的游乐设施，我孩子三四岁时还挺喜欢，6岁以后就兴致寥寥了。他们要追求更刺激的体验，于是在科尼岛找到了新的乐园（见图3-7）。全世界的游乐园都在绞尽脑汁地设计项目，试图让孩子们体验到高空和高速带来的快感——二者刚好在桑德塞特和肯奈尔提出的6种刺激范围内。这些游乐设施给孩子们提供了不同程度的惊恐和兴奋，同时受伤的风险几乎为零。每次我开车带孩子及其朋友们去科尼岛时，车上最热门的话题永远是："今天谁敢挑战那个最吓人的项目？"

图 3-7　美国纽约市科尼岛的乐园中刺激程度不同的游乐设施[24]

乍一看旧时游乐场的照片，你或许会暗自庆幸："谢天谢地，幸亏它们都没了！"哪位父母愿意让孩子冒这样的风险呢？但我们对有风险的户外游戏一刀切，其实也是得不偿失的。撰写本章时，我有幸见到了不列颠哥伦比亚大学的儿童玩耍行为研究专家玛丽安娜·布鲁索尼（Mariana Brussoni）。她向我介绍道，孩子们玩游戏时每小时受伤的风险，比进行成人指导的运动项目还要低，且游戏还能给成长带来更多的好处。[25] 因为孩子们全程需要自己拿主意，自己去制订和执行规则，彼此的矛盾也是自己去解决。布鲁索尼正在积极推广户外冒险式玩耍，因为她坚信从长远来看，这样才能培养出真正健康的孩子。[26] 她认为，在设计儿童游乐场地时，我们的目标应该是"给予孩子最必要的保护，而不是无死角的保护"。[27]

各位儿童玩耍行为研究专家，如布鲁索尼、桑德塞特、肯奈尔，还有格雷，都在强调一点：孩子们有反脆弱性，大人要允许他们冒险式地玩耍，否则能力无法被培养起来，孩子们也战胜不了童年期的焦虑。就像我的小狗威尔玛一样，孩子们到底能承受和应对多大的风险，只有他们自己能掂量清楚。他们的大脑正在经历着"期待式成长"，进行着一轮轮的调整和打磨。小树苗接受了微风的历练，长大后才抗得住大风。同理，孩子们从小就经常接触小的风险，长大后才能在大风大浪中举重若轻。温室里长大的孩子，可能还没到成年就被焦虑击垮了。

常有人问我为何对互联网如此戒备，总在提醒父母们多长几个心眼，但又对户外玩耍如此支持。我这些年不断劝父母们既要放心也要放手，一定把自由和独立的玩耍还给孩子，到底是为了什么呢？说到反脆弱，难道孩子们就不能在网上接受历练吗？反正网络世界里也不乏挫折、压力和挑战。

我鲜少看到什么证据可以证明手机式童年也能培养孩子的反脆弱特质。人类的进化塑造了现在的童年模式，孩子的大脑期待着现实世界的挑战与刺激。他们需要的互动是面对面的，双方能同步行动的，形式是一对一或者一对少数几人的，而且还要在人员相对稳定的群体内进行。身体的发育也需要孩子们跑起来，跳起来，并适度冒险。虚拟世界里的对战几乎不会调动肢体，对发育来说，好处微乎其微。在社交技能的培养上，他们需要学习如何建立和维护友谊，这需要具身的互动，比如一起玩耍、拥抱和肢体接触。这些互动的试错成本非常低，并且能立刻纠正。孩子们可通过肢体语言表达明确的改正态度，比如有分寸的一声道歉，伴随真诚而歉疚的表情。他们微微一笑、拍拍肩膀、握握小手，通过简单的动作彼此就能和好如初，继续玩耍了。双方都在这个过程中学到了不少技能，知道了怎样做才能修复关系。可是虚拟世界的社交就全然不同，互动不是具身的，双方行为也不同步，彼此的关系可能转瞬即逝。有时候可能只是个小错误也会付出沉重的代价，因为在互联网上，信息是可以永久存在的，谁都看得到。生活中没有半点交集的网友们会肆意地展开尖锐的批评，孩子即使道歉，也可能被“群嘲”。和好的信号也常常模糊不清，让人拿不准问题到底有没有解决。孩子们在网上学社交，学到的不是经验，而是无力感、无能感、空虚感，以及对未来社交生活的焦虑。

所以我的态度并不矛盾，在现实世界里父母确实该放手让孩子去玩；但在虚拟世界中要提高警惕，晚一点儿再让孩子自由地使用手机等设备。线下环境才是人类童年进化的舞台，孩子们之所以具备反脆弱性，也是为了适应这个环境。每个小差错、小伤痕都是他们成长和学习的助推器。如果把孩子送去火星，那么环境的属性就一定不能匹配成长的需求了。试想一下，一个孩子若是在火星跌倒，后果会有多惨烈？那可能会损坏航天服面罩，当场丧命。火星环境是苛刻的，要在那里生活，防御模式才是首选。网络世界固然没有火星那般险象环生，但有一点是共通的：小错会酿成大祸，后果不堪设想。孩子很难适应网络世界的病毒式传播、匿名性、多变性以及被网暴的风险……这些挑战对大人来说也是棘手的。

我们需要重新调整我们的监护策略：给孩子更多机会，让他们去体验现实世界，在那里学习和历练；推迟孩子进入互联网的时间，毕竟现在的网络生活益处不多，防护更是无从谈起。

玩耍式童年的式微

你是几岁起可以独自一人出门的？你什么时候第一次获得父母的允许，可以独自到几百米开外的朋友家玩，或者和朋友去公园、商店？我曾向许多听众提出过这些问题，我注意到这一点一直存在明显的代际差异。

我先让 1981 年之前出生的人举手。他们属于 X 世代（出生于 1965—1980 年）、婴儿潮一代（出生于 1946—1964 年），以及所谓的沉默的一代的最后一批人（出生于 1928—1945 年）。我让这些年纪稍长的听众们回忆一下，自己最早可以自由出门的年龄是多少岁。当我指向会场中他们所在的区域时，大家都高声作答。刹那间，回答“6 岁”“7 岁”“8 岁”的声音响彻全场。有时候，我的演讲会被这个环节拖住，无法进行下去。因为大家都在欢笑，向彼此讲述自己和邻居家孩子经历过的一场场奇幻冒险。接下来，我让 1996 年及以后出生的人（即 Z 世代）举手，让他们大声喊出自己获得自由的年龄。他们的答案就有显著的差异了。大多数人在 10～12 岁之间，只有少数几个是八九岁，也有几个十三四岁的。千禧一代的答案则介于两者之间，范围较广。

几项深入的研究证实了这个差异的存在。美国[28]、加拿大[29]和英国[30]的孩子们曾拥有很大的自由度。他们从一年级或二年级开始，就可以步行上学，在临近街道上闲逛，与伙伴们开发各种游戏，陷入冲突又解决冲突。20 世纪 90 年代，这三个国家的育儿方式都发生了变化，父母对孩子们的安全更加用心了，保护得更到位，也更恐慌了。

随着孩子可以独自出门的年龄越来越晚，另有一项研究发现，20 世纪 90 年代，美国人时间分配的方式也有了变化。70 年代，女性开始大量进入职场，在家的时间相应大幅减少。尽管如此，到了 90 年代中期，根据父母的报告，他们陪伴孩子的时间反而变长了。图 3-8 显示了 1965—2008 年母亲们报告的每周可以陪伴孩子的时长的变化。无论母亲是否有大学教育背景，多年来，这个时长的变化都不大，甚至还呈轻微下降趋势。到 1995 年，曲线却突然抬头，特别是代表受过大学教育的母亲的那条曲线，涨势更为明显。父亲方面的情况也是如此，只是绝对数值较低，1995 年之前平均每周约 4 小时，2000 年左右增加到每周约 8 小时。

另外一项研究考察了孩子们是如何分配时间的，数据也是来自父母的报告。结果显示，1981—1997 年，美国孩子的自由玩耍时间明显缩水。[31] 孩子们投入了更多时间去参加由学校或成人组织的活动，玩耍或看电视的时间则下降了。英国也出现了同样的趋势。[32] 这是为什么呢？孩子们独自玩耍的时间变少了，却得到了父母更多的陪伴，大人们不都忙得不可开交吗？

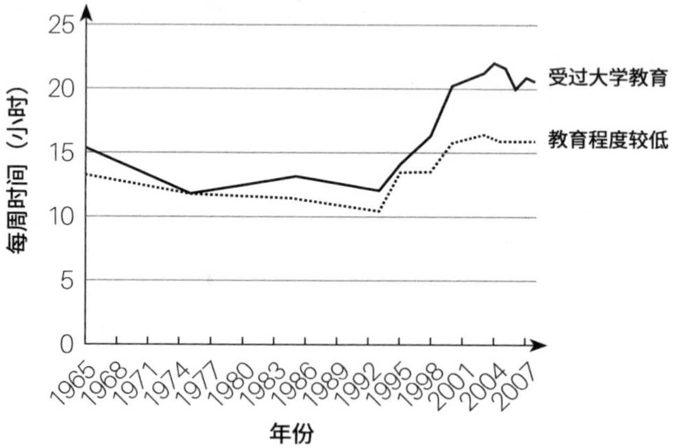

图 3-8 美国母亲陪伴孩子的时长变化（1965—2007）

注：在 20 世纪 90 年代中期，也就是 Z 世代的开始，美国母亲在养育子女方面的时间投入突然增加。

资料来源：Ramey & Ramey，2000。[33]

研究团队认为，大学录取难度的提升可能是一个原因。美国的父母们，尤其是高收入群体，在 20 世纪 90 年代心态大变，他们开始将孩子视作需要精心呵护的高级赛车，父母则充当赛车的养护团队。团队殚精竭虑地为赛车保驾护航，只为把孩子送入顶尖大学的赛道。[34]

这个说法与社会学家安妮特·拉鲁（Annette Lareau）的观点一致。她在 20 世纪 90 年代进行过一项定性研究，其著作《不平等的童年》（*Unequal Childhoods*）[35] 记录了美国父母的两种育儿理念。一种叫作“协作培养”（concerted cultivation），在富裕家庭中是主流。父母们认为，孩子的成长需要一个家庭付出大量的心血，给予到位的关照和培养。父母必须给孩子看《小小爱因斯坦》（*Baby Einstein*）节目，以提高孩子的智商。不过后来有研究表明，这类节目没什么效果，看或不看都没区别。[36] 父母们找来各种有益的活动，填满了孩子的日程表。孩子们在汉语班、数学班之间疲于奔命，能自主安排的时间越来越少，自由玩耍也变得越来越奢侈。

在工薪阶层和贫困家庭中，拉鲁发现了一种截然不同的育儿理念，她称为“成就自然成长”（natural growth parenting）。这个理念认为，孩子就是孩子，他们若能在一个干预较少的环境中成长，将自然而然地发展为有自理能力和责任感的成熟个体。不过最近一项关于家庭教育的研究发现，到了 21 世纪第二个 10 年，许多工薪阶层的父母已经转向协作培养。他们对风险的预防力度也上了个大台阶。[37]

20 世纪 90 年代，美国父母纷纷调整了自己的养育理念，起初这一转变只是在受过大学教育的父母中显现，随后逐渐扩展到更广泛的父母群体。自 80 年代起，父母们越来越担心针对孩子的绑架和性犯罪。尽管如此，那时的中小学生在放学后和周末时，还是可以自主决定怎么玩的。他们跟街区里不同年龄的孩子混在一起，大家一块儿寻找刺激，四处冒险，解决矛盾，强化自己内心的反脆弱性，集体享受着发现模式带来的快乐，直到路灯亮起，才各自回家。那些课后时光对孩子的社交能力培养以及心理健康意义重大，其重要性甚至超过了学校教育中的其他环节（课间休息除外）。

英语圈国家集体恐慌

后来我们才知道，孩子们失去独自行动的自由，并非升学压力所致。虽然这种焦虑可能促使美国中上阶层的家庭改变教育方式，但它不足以解释为何在加拿大和英国这些大学升学压力相对较小的国家，父母们也在同一时期做出了相同的改变。心理学界和社会学界对此做过许多解释。比如在城市规划与面貌方面，城镇化进程加速，随着汽车数量的激增，街道变得更危险了。还有，自 20 世纪末起，邻里之间的关系疏远起来，背后的原因很复杂。街坊邻居们不会再时不时地看看户外的情况，观察一下周遭是否有危险，需不需要搭把手照看一下玩耍的孩子们。[38] 20 世纪 80 年代最显著的变化可能是父母们日益增长的恐惧感，他们认为周围的每个人每件事都可能对他们的孩子构成威胁。[39]

2001 年，英国社会学家弗兰克·富里迪（Frank Furedi）出版了一本非常有影响力的书——《偏执的养育》(*Paranoid Parenting*)。[40] 书里讲了很多英国的实例，其情形与当今美国发生的事情惊人地相似。其中一个例子是，一位母亲实在是放心不下孩子参加学校的活动，竟然开车跟在校车后面，一跟就是几小时，直到孩子安全抵达目的地。

富里迪的这本书非常值得一读，因为它出自一位严谨的社会学家之手，而非什么自封的“育儿专家”。富里迪指出，父母们的养育理念之所以改变，是因为在 20 世纪 80 年代和 90 年代，社会、经济、技术领域产生了一系列变革。有线电视的兴起带来了 24 小时不间断的社会新闻，新闻报道着令父母们毛骨悚然的案件。女性步入职场后，托儿所和课后托管项目数量剧增。各路“育儿专家”大量涌现，发表一些迎合社会潮流和政治立场的建议，而非科学理论或常识。

在这些因素之外，富里迪还发现了一个最关键的原因：成年人之间的关系淡漠了。这是当时养育理念转变的主要原因。富里迪解释道：

> 纵观古今四海，成年人之间似乎有种默契：不管看到哪个孩子遇到

了麻烦，一定会伸出援手，哪怕自己只是个陌生人。在很多国家，成年人如果在公众场合看到哪个孩子行为不端，是一定要管管的。这仿佛是他们义不容辞的责任。

20 世纪 80 年代和 90 年代，英国和美国的新闻媒体不断报道成年人虐待儿童的案件。案发场所涉及托儿所、运动队、童子军、教会等。部分案件的确是真实发生的，性质极其恶劣。有些机构为了自身名望，避免公关危机，竟然主动包庇虐童犯，隐瞒真相数十年之久！而有些案件则纯属捏造，或是道德危机的产物。[41] 有些托儿所的工作人员极其无辜，被无端指控对儿童进行变态性骚扰和实施恐怖仪式等。这些指控来自非常年幼的孩子。后来人们才知道，原来孩子们做证时受到了成人的恶意诱导，所以才编造出这些荒诞的情节。[42]

这些丑闻虽然真假参半，但客观上也推动了未成年人保护政策的制定。在案件的侦查和报告上，我们有了更全面有效的机制。不过这也造成了一个悲哀的副作用。社会上人心惶惶，父母们觉得再也不能让孩子独自跟陌生人待在一起了，谁都不行。孩子们被耳提面命，一定要离陌生人远一点儿，特别是成年男性。谷歌的 Ngram 数据库记录了每年出版的书籍中，各个单词和术语出现的频率。该数据库显示，“陌生人危险”（stranger danger）这一说法 20 世纪 80 年代初首次出现在英文书籍中。之后并没引起大规模的关注，出现频率保持平稳。90 年代中期，其出现频率突然一路攀升。与此同时，成年人之间心照不宣地形成了一种新的默契，那就是尽量远离别人家的孩子，别跟他们说话，也别管他们的行为对不对，总之什么都别管。

所有人都独善其身，不再帮着别人照顾孩子，每个家庭都只能孤军奋战。养育孩子的难度陡增，恐慌牵扯着父母的情绪。父母们需要花更多时间陪伴孩子，特别是妈妈，正如我们在图 3-8 里看到的那样。

富里迪还指出，这个现象在英美父母中尤为常见。他说：“持续监督孩子被认为是负责任的育儿方式，这是非常典型的英美思维。”[43] 他指出，在整个欧洲地区，从意大利到斯堪的纳维亚半岛，以及世界上其他许多地方，孩子们都有极大的自由，可随意出门玩耍，尽情探索自然，但英国和美国的孩子就不行。书中介绍的另一项研究发现，德国和斯堪的纳维亚半岛的父母对孩子更放心些，他们允许孩子自己步行上学。但英国的父母不管孩子去多近的地方，大人都要亲力亲为，开车接送。[44]

正是20世纪90年代这种充满焦虑的育儿理念的流行，导致到了2000年，英语圈国家的孩子们能在户外自由玩耍的机会越来越少。不管以哪种标准来衡量，都不必怀疑公众场合的安全性，当下社会比过去很长一段时间都安全。违法犯罪、性骚扰，甚至酒后驾驶，都比之前几十年少了太多。[45]然而，现在还能自由外出玩耍的孩子屈指可数，以至于邻居看到后都要打电话报警，找来警察、儿童保护机构来跟父母沟通。在美国，父母甚至可能因此入狱，原因就是给了孩子“过多”自由。而在30年前，父母自己明明是享受过这种自由的。[46]

这就是Z世代的成长环境。无数成年人、学校和其他机构紧密合作，不停地告诉孩子们这个世界是多么危险，千万不要以身试险，不要陷入纠纷，不要试图找什么乐子。哪怕这些体验是“经验预期型大脑”在期待式成长过程中最需要的，是克服焦虑所必需的，是将他们的心理状态调整成发现模式不可或缺的。[47]

安全主义与概念蠕变

澳大利亚心理学家尼克·哈斯拉姆（Nick Haslam）首次提出了“概念蠕变”（concept creep）[48]这一术语，意指近几十年来，心理学术语在两个方向上不断扩展：一是向下扩展，将原本涵盖不到的轻度症状、轻微不适都包含了进来；二是向外扩展，将原本涵盖不到的新情况，或概念上没什么关系的现象也纳入自身的定义范围。很多术语“管得越来越宽”了，也就是其定义在蠕变，比如成瘾、创伤、虐待、安全等。在20世纪大部分时间里，安全就是指人身安全而已。直到20世纪80年代末，“情绪安全”一词才开始在线上浏览器中高频次出现。1985—2010年是童年大重构的萌发时期。在此期间，“情绪安全”一词的出现频率直线上升，增长了600%。[49]

人身安全的重要性毋庸置疑。任何人但凡心智健全，都不会拒绝使用汽车安全带和烟雾报警器。与此类似，还有个概念也很重要，叫作“心理安全”，意思是某个群体内的成员可以畅所欲言，无须担心因出言不当而被惩罚或羞辱。每个人都可以分享创意，并与他人讨论。[50] 能否保障员工的心理安全，是评判职场环境优劣的一条黄金标准。在这样的环境中，人们反而可以彼此批评，在相互尊重的基础上提出不同意见。大家畅所欲言，才能真正考察创意和观点的可行性。我们再看看校园里常说的“情绪安全”概念，就会发现它过于宽泛了。情绪安全的概念逐渐转变为：我不应该因为他人的言行而苦恼，其他人没有权利“刺激”我的情绪（见图 3-9）。

格雷格和我在《娇惯的心灵》一书中就已提到过，在 Z 世代，以及他们身边的老师、咨询师等中，“安全”这个概念正在向外蠕变，已经成为一种普遍且不容置疑的价值观。我们用“安全主义”这个术语来描述“一种文化或信仰体系，其中安全已经成为一种神圣的价值观，人们不愿意为了其他实际和道德考量所要求的权衡而做出妥协。‘安全’超越了一切，无论潜在的危险多么的微不足道”。[51] 那些从小没在游乐场受过伤、被灌输了安全主义的学生，有时希望安全主义也能贯穿到他们的教室、宿舍和各种校园活动中。

“我们为您的孩子打造了一个极度安全的环境，绝对不会评判他的任何行为。这样他将来就无法应对现实生活了。”

图 3-9　《纽约时报》刊登的一幅 W. 海菲力（W. Haefeli）的讽刺漫画 [52]

图 3-10 把安全主义对自由的抑制效果表现得淋漓尽致。加利福尼亚州伯克利的一个朋友给我发来的这张照片。这所小学竟然不允许孩子们自由地玩捉人游戏，想玩必须在成人的监管下玩，否则后果“不堪设想”——万一发生矛盾怎么办？万一有孩子被排挤怎么办？

图 3-10 伯克利的一所小学针对捉人游戏制定了详细的规则 [53]

注：图中布告里是捉人游戏的规则。游戏规则包括：所有人一起玩，不许遗漏任何人；有矛盾时，用“石头剪刀布”解决；体现良好的运动精神；用一根手指轻触小朋友即可；不得用球砸小朋友；如果有人不想玩，其他人必须尊重他的意愿；只能在室外院子里玩；不能离开指定区域，也不能与其他游戏同时进行；听到铃声响起，所有小朋友必须立刻站住，然后列队回去。

这所小学发布了一系列愚蠢的指导和禁令，来“协助”孩子们玩其他游戏。比如，孩子们想玩触身式橄榄球，就必须由成人来监督和裁判，校方似乎是铁了心要杜绝一切人际冲突。即使有些冲突不可避免，学校也要设法避免。孩子们本来可以通过这些冲突，学习掌控局面，解决纷争，为将来在民主社会的生活做好准备，但现在是无望了。

美国父母如惊弓之鸟，谁都信不过。既信不过邻居、路人的品行，也信不过自己孩子的能力。许多人现在近乎认同应该全面剥夺儿童的自由时间。皮尤研究中心 2015 年的一份报告显示，父母们普遍认为，孩子至少要满 10 岁才能独自在自家门口的院子里玩；[54] 至少应该 12 岁才能一个人在家里待 1 小时；至于自己出门去公共公园这种地方，那就得等到 14 岁了。受访者中不乏 X 世代和婴儿潮时期的人，他们一边给出这些数字，一边感叹，自己当年才 6 岁或者 8 岁就能自由出门了。

反脆弱性与依恋系统

在本章前面的部分，我将发现模式和防御模式描述为一个动态系统的组成部分，该系统能够快速适应变化的环境，类似于恒温器。这个系统是依恋系统的一部分。哺乳动物的定义是，由雌性产下幼崽，而不是由卵孵化而来，并由母亲分泌乳汁喂养长大的动物。出生后的幼崽，在很长的一段时间内都非常脆弱，极度依赖母亲的保护。在这期间它们必须实现两大目标：一是学习技能，提高生存能力，为成年后的生活做好准备；二是避免被天敌捕获。小家伙们不想被吃掉的话，就得时刻跟紧妈妈。但随着哺乳动物的成长，它们的大脑需要通过练习奔跑、打斗和交朋友等技能来建立连接，这就是为什么年幼的哺乳动物如此渴望离开妈妈去玩耍，冒点险也无所谓。

跟紧和离开妈妈，这是看似矛盾的两大需求。调节这些相互冲突的需求的心理机制就是依恋系统。英国精神分析学家约翰·鲍尔比（John Bowlby）最早提出了这个概念，他曾研究“二战”时亲子间的分离带给孩子的影响。图 3-11 展现了依恋系统的运作原理，由心理学家戴尔德丽·费伊（Deirdre Fay）制作。

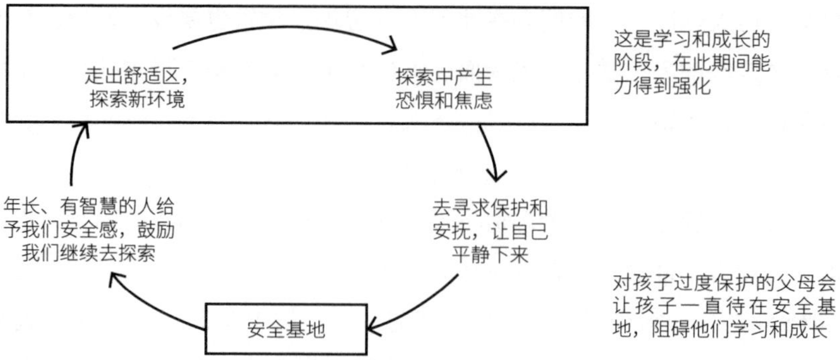

图 3-11 哺乳动物的依恋系统运作原理[55]

成年人可以充当孩子的“安全基地”，给孩子无微不至的关怀与保护。每个孩子都至少需要一个这样的安全基地，这个角色通常是妈妈，但也可以是爸爸、祖父母、保姆，或其他任何人。如果一个孩子在童年只需要注意安全，别的什么都不用管，那么他踏踏实实地待在安全基地就好，不需要一个复杂的调节系统。但事情从来不会这么简单，一旦孩子学会了爬行，他们就渴望去摸一摸没碰过的，嘬一嘬没尝过的，玩一玩没见过的。他们需要长时间处于发现模式，因为那是他们学习，也是神经系统发育升级的过程。但不可避免的是，总会出现问题。孩子可能摔倒，在头上撞出个大包；可能会惹毛一只猫；还可能会遇到陌生人靠近自己。每当危机来临，防御模式便被激活。孩子会匆忙地返回安全基地或号啕大哭。哭是孩子在向安全基地发出求救信号。

通常，一个建立了安全型依恋的儿童能在几秒或几分钟内恢复平静，切换回发现模式，继续他们的学习和发现之旅。这个过程每天可能会发生几十次，每个月可能就是几百次。几年之后，孩子必将变得更勇敢，更愿意自己独立地去探索。他或许会想独自走路去上学或去朋友家玩，全程无须父母陪伴。[56] 随着年龄增长，孩子渐渐能够将安全基地的角色内化，自己就能给自己安全感，无须大人在身旁守护。

步入青春期，青少年开始寻求亲密关系。在这一过程中，他们会借鉴与父母建立依恋关系时形成的心理架构和“内在工作模型”[①]。青少年会将这些模型应用于与恋爱对象的关系中，以及未来与配偶的关系中。但是，如果一个孩子从小就被限制在家里，无法进行那些对培养他的反脆弱性至关重要的外出活动，他就不会有足够多的时间让自己成长。他的大脑会长期处于防御模式，总是习惯性地依赖大人的守护，这反过来加剧了父母的过度保护。一个恶性循环由此产生。

在理论上，我已经描述了养育一个孩子的基本原理。但在实际操作中，抚养孩子充满了不确定性，难以管控和预判。有些孩子明明在一个民主的家庭中长大，父母从不吝啬给予孩子自主权、玩耍时间、尊重与呵护，但孩子还是产生了焦虑障碍。那些被过度保护着长大的孩子，到最后反而大多平安无事。养育孩子没有固定的成功模式。培养一个完美的孩子，也没有攻略可依。但我们应该记住，人类的童年是有一些基本特征的：孩子天生具有反脆弱性，冒险式玩耍有利于他们的成长，与此同时，孩子也需要一个安全基地，这在必要时提供援助，帮他们切换回发现模式。玩耍式童年比手机式童年更符合这些特征。

本章小结
The Anxious Generation

- 人类大脑有两种工作系统，可分别将我们带入两种模式：发现模式，用于把握机会；防御模式，用于抵御危险。1995 年之后出生的人，更容易陷入防御模式。与早期出生的人相比，这些人总在担心潜在的威胁与危险，对新的体验鲜有好奇心和探索欲。他们是焦虑的一代。
- 所有孩子与生俱来都具有反脆弱性。免疫系统要在细菌的考验下才能变强，树苗要在风的吹拂下才能成长。同理，孩子们也要去学习处理挫折、失败、冲击和摔打，否则无法造就顽强的生命力。父母的过度保护是在干扰这个过程，把孩子推向脆弱和恐惧，导致他最终成为一个弱不禁风、畏首畏尾的成年人。

① 内在工作模型（internal working model）是一个心理学概念，指孩子与父母进行互动的过程中，孩子心中逐渐发展出的一系列心理表征，反映着孩子自身与父母之间的关系。——译者注

- 孩子们的茁壮成长，离不开大量的自由玩耍时间。玩耍中经历一点儿小伤小痛，反而有利于他们克服恐惧。孩子们会主动寻求他们能够应对的风险和刺激，以此来克服恐惧，增强技能。但在线上进行的冒险，效果会大打折扣。

- 在 20 世纪 80 年代，尤其是 90 年代，英语圈国家的父母们开始被恐慌笼罩，其中一个原因就是媒体对负面新闻的报道增加和新闻周期的加速。大家越来越疑神疑鬼，谁都信不过。看护孩子的时间陡然增加，育儿的状态也更偏向于防御模式，整天杯弓蛇影，对周围环境中的潜在风险和威胁保持高度警觉。

- 将安全置于一切之上，这被称为安全主义。它反而是一种很危险的思想，因为它削弱了孩子们学习自我保护以及应对风险、冲突和挫折的能力。

- 依恋系统演化的目的是让幼小的哺乳动物在感受到威胁时能够寻求安全基地的庇护，同时在成长的道路上学习必要的生存技能。这种系统确保了孩子们在探索世界和发展能力时有一个安全的避风港。然而，现在父母出于恐慌，纷纷选择把孩子限制在家里，阻碍了孩子们从必要的经历中获得成长，而这些经历对于他们变得坚强和建立安全型依恋关系至关重要。

- 在现实世界中度过一个玩耍式童年，孩子们才会朝气蓬勃，茁壮成长。反之，如果孩子们被过度保护的育儿方式和沉迷于手机的生活方式束缚，他们的成长和发展就会受到限制。

第 4 章

成长的阻碍：缺失的成人礼对青少年心理影响重大

从《丑小鸭》到《好饿的毛毛虫》，人们通过关于动物蜕变的故事来表达我们目睹孩子成长和变化时的情感体验。尽管跟毛毛虫的破茧成蝶相比，人类小孩的身体变化并没有那么明显，但他们心智的变化令人惊叹。不过，与毛毛虫无须太多外界干预就能变成蝴蝶不同，人类从儿童到成人的转变部分取决于在对的时间经历对的体验，以成全大脑在青少年时期的急速重塑。

青春期、可塑性和脆弱性

第 2 章提到过，人类在 5 岁时大脑就已经发育到成人脑的 90% 大小。这一时期，大脑里神经元和突触的数量远超过成年后。大脑下一阶段的发育不再是整体增长，而是在已有基础上进行选择性的修剪，筛选出最常用的神经元和突触。神经学家认为，“一起放电的神经元会相互连接”。[1] 反复激活一组神经元的活动，会使这些神经元连接更加紧密。青春期的孩子参与的活动，无论是射箭、绘画，还是玩电子游戏、使用社交媒体，尤其是那些带来成就感的活动，都会使大脑的结构产生持久性的改变。所以，不同的社会文化会塑造出不同的思维方式。有些人的大脑会习惯性地开启发现模式，有些人则相反。

童年时期，大脑要经历的第二个重大变化是髓鞘化过程。神经元细胞上有个部位叫轴突，轴突内有电信号传输。髓鞘是包裹在轴突上的一段绝缘层，由脂类物质构成。它的作用是给长距离的信号传输加速，让一个神经元群内的信息交流畅通无阻。前文说的修剪和这里的髓鞘化都是十分缓慢的过程，与人类大脑发育的重要权衡有关：儿童的大脑虽拥有巨大的潜能，但与成人相比，他们的能力还是十分有限的。不过随着时间的流逝，通过修剪和髓鞘化，儿童的大脑逐渐变得更加高效，并最终达到成人的状态。对大脑的各个部位来说，这个过程有先有后，不是统一进行的。任何一个部位完成了修剪和髓鞘化，都可能意味着某个敏感期的结束。我们可以把这个过程想象成水泥的固化。如果你在稀糊状的水泥表面写你的名字，字迹很快就会消失；如果你在已经固化的水泥上写，也只能是徒劳；如果你把握住时机，在水泥半湿半干的时候写，那么你的名字就能永久保留了。[2]

进入青春期后，神经元的修剪和髓鞘化进程会提速。孩子们在这一时期的经历可能会带来深远且持久的影响。[3]发展心理学家劳伦斯·斯坦伯格（Laurence Steinberg）在其关于青春期的著作中指出，青春期不见得伴随着特别大的压力，只是这个时期的大脑对持续的压力感知更加敏锐，所以才容易让青少年产生健康问题，如广泛性焦虑症、抑郁、进食障碍等。斯坦伯格还写道：

> 在青春期，大脑对压力的敏感性增加，这实际上是大脑在这一时期变得更加具有可塑性的一个具体表现。这种可塑性是一把双刃剑，它会让青春期充满挑战，毕竟任何威胁和打击都可能对青少年造成巨大的伤害。同时也可能让青少年加速成长，收获良好的心理状态，因为任何有利于心理成长的因素都能发挥出更大的作用。[4]

所以，我们应该特别关注青少年在青春期经历的事情，要尽力照顾好孩子的身体，确保他们获得足够的营养、充足的睡眠和规律的运动。在孩子的整个儿童期和青春期，这些保障都非常重要。此外，由于存在一个文化学习的敏感期，并且这一时期与青春期初期大脑的加速重构同步，父母们在这几年更不能掉以轻心。

安全主义、智能手机：探索新世界的经验阻断器

不同于以食用其他动物的肉来满足几乎所有营养需求的食肉动物，人类是杂食动物，需要通过多种食物广泛地摄取维生素、矿物质和植物化学物质等。如果一个孩子天天吃的都是意大利面、土豆、鸡肉等所谓的“白色食品”，那他很可能会营养不良，且极有可能患上坏血病（这种病是由维生素 C 严重缺乏引起的）。

同样地，人类作为社交性和文化适应性极强的生物，也需要体验各种各样的社交关系与场景。唯有如此，我们才能练就高超的社交技能，成为一个合格的成年人。儿童天生具有反脆弱性，所以他们的体验里应该包含一定程度的考验，如经历恐惧、冲突和排挤。而安全主义却成为一种经验阻断器，它限制了儿童接触现实世界的机会，剥夺了他们面对挑战、积累经验的可能性。

孩子在成长过程中需要经历多少压力与挑战？斯坦伯格认为，压力体验（stressful experiences）就是那些“可能会造成伤害的体验”。我写信询问他是否也同意一个观点：孩子们具有反脆弱性，需要适度的短期压力，比如某天被小伙伴排挤了，这能提高他们的抗压性和情绪管理能力。斯坦伯格在回信中认同了孩子们的反脆弱性，并对他关于压力体验的描述增加了两个重要的限定条件。

首先，他认为“慢性压力”的危害远大于“急性压力”。慢性压力是那些会持续好几天、好几周，甚至好几年的压力。急性压力则来得快去得也快，比如操场上小伙伴之间的摩擦。他写道：“慢性压力很难纾解或平复，对能力的提高也

没有太大的促进作用。”其次，他认为“压力和幸福感之间的关系呈现倒 U 形曲线。无论急性还是慢性，少量的压力对幸福感都是有促进作用的，一旦过量就弊大于利了”。

从 20 世纪 80 年代起，美国人、英国人和加拿大人就开始不遗余力地为孩子们排除一切压力和风险。任何活动，只要对孩子的生理或心理方面有半点危险，就会被父母和学校明令禁止。安全主义几乎拒绝一切自由活动，尤其是户外的，以至于孩子们玩触身式橄榄球都必须由一个成年人当裁判才行，因为这样的活动可能导致身体受伤和情感受挫。

安全主义理念在 20 世纪 80 年代开始悄然影响到千禧一代，并在 20 世纪 90 年代迅速对其产生更深远的影响。[5] 但心理健康问题的显著恶化直到 21 世纪第二个 10 年才显现，受影响最严重的群体是 Z 世代，而非千禧一代。[6] 正是随着第二种经验阻断器智能手机的普及，心理健康问题的发生率才开始显著上升。

不可否认，使用智能手机也是一种体验。毕竟移动互联网连通的也是一个包罗万象的知识殿堂，本就有维基百科、YouTube 的助力，现在还多了 ChatGPT。不管年轻人喜欢什么，他们都能找到志同道合的网友。从烘焙到阅读，从政治极端主义思潮到厌食症相关信息，网络真是无所不有。一天下来，孩子可以轻松地和几十个人互动，并共同参与到对他人的赞誉或批评之中。

确实，智能手机和其他数字设备为儿童及青少年提供了极为丰富的体验，但这也引发了一个不容忽视的问题：它们削弱了孩子对线下世界体验的兴趣。智能手机堪称成长途中的杜鹃鸟，极其善于“鸠占鹊巢”。在自然界中，杜鹃的雏鸟总比其他小鸟先一步孵化出壳，然后它会不择手段地把其他鸟的卵推出巢外，独享养父母悉心的照料。与此类似，当一个智能设备进入孩子的生活时，就会把其他活动推出孩子的视野，力求独占孩子的注意力。孩子可能每天在屏幕前一坐就是好几小时，全神贯注地盯着屏幕，除了动动手指外，对外界几乎毫无反应。当然，父母可能也一样，全家人坐在一起，却各自低头玩着手机。

话说回来，跟现实生活中的喜怒哀乐比，手机里的体验真就那么不值一提吗？如果这个问题讨论的是儿童，考虑到他们的大脑正经历着各个敏感期，期待着各种不同的体验，那么答案就是肯定的。在手机上跟人交流，我们用的是文字和表情包，无法充分激发大脑在面对面交流中，通过观察面部表情、语调变化、直接的眼神交流和肢体动作来调整的部分。如果儿童和青少年从小只在网上进行沟通，那他们很难掌握现实世界中成年人的社交技能。[7]虽然同步视频聊天勉强接近现实世界的互动，但仍然缺乏具身经验。

要想孩子们健康地度过青春期，我们一定要让他们远离经验阻断器，让他们拥抱各种真实的体验。这些体验包括面对和处理压力，因为这是反脆弱的大脑所必需的。除此之外，我们还需要给孩子挑战和突破的机会、阶段性的小目标，以及越来越大的自由度和责任，以此给他们指出一个明确的方向，帮助他们逐步迈向成年。

过渡仪式

人类学有一个非常经典的概念，只要你研究人类行为的共通点，[8]或选择一门人类学的入门课程，阅读它的课程大纲，就一定会读到这个概念——过渡仪式。这是很多部落、社群都绕不开的一个概念，因为大家需要通过仪式来标志个人地位的转变。当成员要迎接与生老病死有关的关键事件时，一个集体有义务为其成员组织这些仪式，如庆贺新生，即欢迎一位新成员和新母亲；见证良缘，即公示一段夫妻关系的正式成立；送别逝者，即宣告一位成员的离去，让至亲表达哀痛……大多数部落、社群也会为青春期的到来举行纪念仪式。

各地文化千差万别，性别定位也各有特色，青春期的过渡仪式却有着高度的一致性。这个仪式在不同的文化中有着共同的意义：小女孩已经成长为女人，小男孩已经成长为男人，他们已经具备了充足的知识、技能、美德和社会地位，被集体认定为一名合格的成员，可以开始寻觅伴侣，繁衍后代了。1909 年，荷兰裔法国民族志学家阿诺尔德·范热内普（Arnold van Gennep）提出了人生过渡仪式的三阶段模式。世界各地的文化都会给儿童安排这三个阶段的仪式，以标识儿童的成长进度。首先是第一个阶段的“分隔”仪式，标志着刚进入青春期的孩子要开始告别父母的管控和照料，向童年的各种习惯说再见。其次是第二个阶段的“边缘”仪式，孩子将由父母之外的某个成年人引导，去攻克一些难关，甚至历经严峻的考验。最后是“聚合”仪式，这一步通常都比较欢快，是由集体，包括孩子的父母，来庆祝主角通过考验，正式成为一名成熟而合格的成员。其实在这场仪式之后，主角常常还要继续修炼和学习好几年。

过渡仪式往往反映了一个社会中成年人的阶层架构与价值观。时至今日，大多数社会依然存在性别差异，所以女孩和男孩要经历的过渡仪式常常大相径庭。

对女孩来说，过渡仪式通常在她们第一次月经来临后不久进行。仪式的主旨是宣告女孩的性成熟，为接下来的生儿育女做好准备。在北美洲的原住民文化中，亚利桑那州的阿帕奇女孩第一次来月经后，族人们会跳“日出之舞”来纪念。女孩家人会特意给女孩选择一位年长的女性做教母。在教母的引导下，女孩会去族群营地远处为自己搭建的一座临时性的小茅屋。这些准备活动其实就是分隔仪式，通常还包括沐浴、洗发、穿新衣等，有净化梳洗之意，也意味着与童年生活的彻底告别。[9]

接下来是给女孩安排的边缘仪式，要持续 4 天。在此期间，教母要跳一种舞蹈，动作非常规范，严格按编排进行。她还要吟唱歌谣、打鼓，鼓点节奏鲜明。这些夸张的仪式充满了神圣感。边缘仪式完成后，女孩就被正式认定为女人，会受到大家的热烈欢迎。她的家人将举办宴会庆贺礼成，并与族群里的其他人互换贺礼。女孩回归族群以及自己的家庭，但现在的她已有了新的身份、责任以及知识。

在传统社会中，男孩的过渡仪式通常与女孩有所不同。原因是男孩进入青春期时，并没有明确的生理指征，因此举行仪式的时机比较灵活。很多社会会把一群年龄相近的男孩集中起来，办一个集体仪式，让他们一起去接受一个共同的考验。在好战的文化中，相邻族群间可能武装冲突不断，所以男性成员会极其崇尚武力。相应地，男孩们的边缘仪式会包含生理上忍受痛苦的考验，比如某些身体部位的穿刺、包皮环切术等，以此验证他们的男子气概。在北美洲的许多原住民社会，如美国大平原地区的黑脚族，男孩的边缘仪式就包括一项“愿景寻觅”仪式。族群里的长者要为男孩选定一个圣地，男孩独自上路，去往此地。到达后要在此地连续禁食 4 天，饿着肚子祈祷，恳求上苍赐予答案，告诉他们自己此生的使命、愿景、目的是什么，以及自己能为族群做什么贡献。[10]

如果一个民族并不好战，那么该民族的男孩们就会体验到截然不同的过渡仪式。无论哪个犹太社群，男孩一到 13 岁，都要开始履行犹太男性的宗教义务，遵从《摩西五经》的教导。依据犹太传统，男性主要的职责之一就是学习《摩西五经》。因此，犹太成人礼 Bar Mitzvah（受诫礼）也意味着一段漫长的学习过程。指导老师是一位智者拉比或学者，而不是男孩的父亲。孩子学到一定境界后，就要选个安息日登上讲台，代替老师用希伯来语诵读相关律法和经文。[11] 在部分犹太社群，男孩读完后还要针对性地发表见解。自己明明还是个孩子，却要在公众面前发表高深的演讲，实属不易。

在犹太传统中，女孩到了 12 岁就要开始遵守戒律。女孩比男孩早，多半是因为一条古老的认知，即女孩比男孩早一两年进入青春期。在当代，除了个别极其守旧的团体外，大多数犹太社群都会为女孩们举办成人礼，形式与男孩的成人礼非常类似。男孩的成人礼叫作 Bar Mitsvah，这里 Bar 的意思是“儿子”。而女孩的成人礼叫作 Bat Mitzvah，意为“诫命之女”。成人礼曾经的确有性别区分，但如今已无区分的必要。

大多数社会过去都有这样的仪式，这不禁让我想到，我们所处的新兴的、世俗化的社会在摒弃那些极具集体意义的过渡仪式时，是不是也丢掉了一些宝贵的东西。一个孩子在成长过程中，不能仅仅通过生理上的成熟，就实现文化和精神层面的成年。他需要榜样，在前辈的指引下学习社群的文化；他需要挑战，通过战胜困难激发内在的反脆弱性；他需要赢得大众的认可，在通过每个关键节点时，获得崭新的社会身份；他还需要在父母之外找到一个新的引路人，带领自己练就各种本领，成为一个自信自强的成年人。很多文化里，孩子们会自发地组织过渡仪式，无须大人督促或安排。这说明孩子们天生需要这些仪式。有人类学家甚至认为，这些自发的仪式之所以会存在，就是因为社会“未能提供有意义的青少年过渡仪式”。[12]

男孩们尤其喜欢自发地组织过渡仪式。当他们需要团结一致，共同应对其他男孩群体的攻击或竞争时，更是如此。想想看，年轻人为了加入大学的兄弟会、秘密社团或街头帮派，[13]是不是都得通过组织自创的入会仪式？有意思的是，这些仪式虽完全由男孩们自己设计，却仿佛建立在人类学课程的知识基础之上，自然而然就有一套分隔、边缘、聚合（即被团队正式接纳）的流程。我们这些旁观者会认为这套流程是“恶作剧”。这些男孩毕竟缺乏引导，没有成年人的监督，所以设计出来的环节可能非常危险。有时男孩们为了完成仪式，甚至会骚扰或欺辱女性，以此证明所谓的男子气概，这对女性也构成了潜在的威胁。

女孩们也会自己组织过渡仪式，比如大学的女生联谊会吸纳新成员时所举行的仪式。与男孩们的仪式相比，这些活动通常不会带来太多身体上的痛苦，但女孩们的仪式常常涉及外貌评价、由性别而定的角色要求等，在心理上会给人带来痛苦。很多成员在加入时，难免因外貌而被评论、比较和羞辱。[14]

尽管这个过程伴随痛苦和尴尬，但许多年轻人还是甘之如饴。因为这是一张门票，能帮他们加入一个有凝聚力的团体，告别童年时期对父母的依赖，走进由同龄人主导的成年世界。这表明青少年是渴望归属感的，他们需要这些象征着融入和接纳的仪式。那么这会不会也是个机会呢？我们能否利用这一点给孩子们助力一下，帮助他们更平稳地过渡到成年期？

何苦拦着孩子长大成人

我曾将青春期比作蝴蝶生命中的蛹阶段，其实这个比喻不太准确。毛毛虫藏在蛹里，几周就能变成蝴蝶。儿童的青春期则大不相同，他们得在众目睽睽之下历经多年蜕变，才能抵达成功彼岸。曾几何时，成年人会悉心引导青少年，各种社会规范和仪式都曾是他们成长路上的助力。但自 20 世纪初以来，学者们便发现，现代工业社会中青少年的过渡仪式正在逐渐消失。现存的仪式多保留在宗教领域，如犹太教的男孩成人礼和女孩成人礼、拉丁美洲地区天主教徒给女孩举办的 15 岁庆典、基督教的坚信礼，等等。但宗教生活已经渐行渐远，这些仪式的影响也大不如前。[15]

现代世俗社会虽然没有多少正式的过渡仪式，但直到不久前，仍然保留着几个标志着成长的重要里程碑。我们这代人成长于 20 世纪美国所谓的“模拟信号时代”。我们的记忆里都有 3 个关键的年龄节点，它们是美国社会公认的门槛，每一个都会赋予孩子更大的自由，也要求更大的成熟度。这 3 个门槛分别是：

- **13 岁。**此时人们认为你已经足够成熟，去电影院无须父母的陪同，因为你想看的大多数电影，都被定级为“面向 13 岁及以上观众”的级别。
- **16 岁。**在美国大多数州，这个年龄标志着你可以开始学习驾驶。对美国青少年来说，开车是件很神圣的事情。16 岁的生日就将为你打开这扇大门，送你进入风驰电掣的世界。不过你要遵守各州法律，接受父母的监督，小心驾驶，否则这项权利是可能被收回的。
- **18 岁。**你终于成年了。你可以放心大胆地进入酒吧，或者在商店里买酒。[16] 在美国大多数州，你可以购买香烟，但部分州可能略有调整。你可以在选举中投票了，如果你是男性，还可能需要服兵役。这一年通常也是高中毕业的年纪，对于许多人而言，这是正规教育的结束。高中毕业后，要么踏入职场，要么走进大学校园继续深造。无论你做出的是什么选择，都意味着与童年的诀别，意味着你正式迈向了成年人的世界。

在现实世界中，年龄往往很重要，但随着我们把生活重心转移到线上，年龄就变得无足轻重了。焦虑式育儿理念的兴起，以及玩耍式童年的终结，催生了这种转移。20 世纪 90 年代，过度保护主义、安全主义愈演愈烈，传统意义上受青少年喜爱，且对成长大有裨益的各项户外活动渐渐退出舞台。这些活动通常需要他们拥有汽车，并且需要得到允许才能在没有成人监督的情况下外出。

图 4-1 显示了近几十年来，美国高中毕业生获得驾驶执照、饮酒、从事有偿工作和发生性行为的比例。我们可以看到，参与这些活动的孩子越来越少。但数据的下降并不是自 21 世纪第二个 10 年开始的，而是始于 20 世纪 90 年代以及 21 世纪初期。

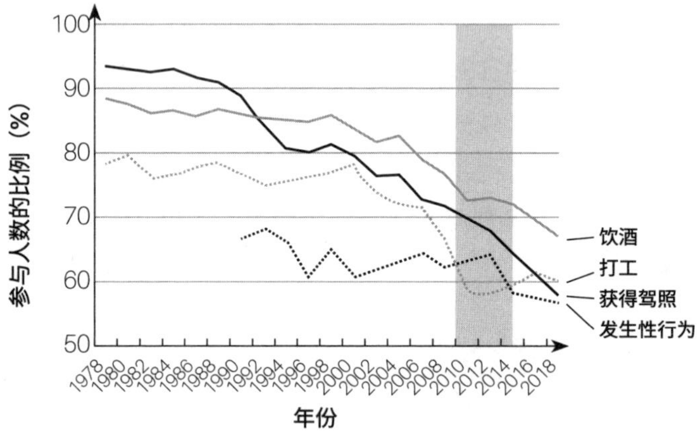

图 4-1 美国高中毕业生参与 4 项成人活动的调查数据

注：曲线显示，自 20 世纪 90 年代或 21 世纪初以来，即 2010—2015 年的童年大重构之前，参与以上 4 项成人活动的美国高中生比例持续下降。

资料来源：Monitoring the Future and CDC Youth Risk Behavior Survey。[17]

孩子们接触现实世界的机会越来越少，与此同时，虚拟世界却越来越容易进入且充满诱惑。早在 20 世纪 90 年代，美国千禧一代的青少年用电脑上网的时间就越来越长。随后笔记本电脑开始普及，电脑越来越便携。宽带的普及更让网速得到了提升。在虚拟世界的新天地里，用户几乎做一切事情都不用再考虑自己的年龄。但凡孩子能够使用网页浏览器，就能在互联网的信息宝库里畅通无阻。在 21 世纪第二个 10 年初期，功能手机升级成智能手机，从此更是几乎全天候沉浸在网络世界中。电影院有观影年龄限制，影片有分级门槛，如 13 岁及以上、R 级、X 级等，网络世界则没有这样的“束缚”。Instagram、Snapchat、TikTok 等社交媒体平台虽有“13 岁及以上才能注册”的年龄限制，但执行并不严格。[18] 18 岁以下的孩子在网络世界可以为所欲为，想玩游戏就玩游戏，想和陌生的成年人交换图文消息就交换。非法网站把年龄限制视作摆设，只要孩子勾选一下“我已满 18 岁”，就能轻松进入。那些光怪陆离的成人内容一下子闯入孩子们的视野，此刻的他们甚至连初吻都还没经历过。

孩子踏入网络世界后，就再无年龄门槛。网友们拥有同样的自由和权利，可以说大家都是同龄人，无须在乎长幼。所以以手机为主导的青春期，与青少年的成长需求是尖锐对立的。

总之，Z 世代的父母用心良苦，对他们采取了各种措施，结果却是阻隔了孩子对大千世界的真实体验。这些体验本是一代代人都要经历的，是能帮助孩子获得社会认可的，也是能引导孩子脱离童年的稚嫩，走向成年的独立的。这种阻隔从 20 世纪八九十年代就开始了。自那时起，孩子们渐渐告别了冒险式玩耍，父母的监管日益加强。但我们对互联网却不设防，全然没了线下世界的谨慎。互联网消除了所谓的年龄门槛，面向成年人的访问路径也一股脑儿地向孩子开放。又过了几年，家里小点的孩子还在上中学，大人已经放心地把智能手机交到他们手中了。孩子们还没进入青春期，眼睛里看的、耳朵里听的就全是网上的信息。他们到了青春期自然也无暇接受现实世界中的老师、教练以及哥哥姐姐们的指导了。网络的信息洪流冲击着孩子们的感官，哄着他们不停地浏览内容、观看广告，长时间待在自己房间里。新冠疫情时期，因为要“保持社交距离”，远程处理一切，情况进一步恶化了。

局面本不该荒唐至此。

为童年架起一座通往成年的桥

一个国家如果幅员辽阔，高度世俗化，又在种族、宗教、政治方面非常多元化，那么它可能很难自然地发展出一个被广泛接受的过渡仪式体系，为国民提供精神向导，就像阿帕奇人的“日出之舞”那样。但无论我们的背景如何，有一点其实是共通的。我们都希望自己的孩子长大后有优秀的社交能力、健全的心智，能独当一面，成家立业。既然如此，那么我们是不是也能联合起来，就孩子成长路上的关键节点创造共同的规范、习俗呢？注意，我建议打造的不是法律体系，而是民间习俗。父母有权参加，也完全可以忽略。习俗越是被广泛接受，重视这条规则的人越多，效果大概率会比每个家庭单打独斗更好。

我有个抛砖引玉的建议：我们可以在孩子 6 ～ 18 岁期间，每逢双数岁生日就花心思庆贺一下，允许每个生日“解锁”一个特权。这些特权可能是某种自由，也可能是某种责任，甚至是大幅增加零用钱。希望孩子能有一种过关升级的感觉，通过一个个特权看到自己成长的进度。这样的仪式肯定胜过每年仅仅是游戏、蛋糕和礼物环节的生日聚会。以下建议可供大家参考。

行动建议 The Anxious Generation

6 岁：承担家务。孩子可以开始为家里干活了，他正式成为家庭中重要的贡献者，而不只是被照顾的对象。可以先从简单的事情做起，每周根据这些任务的完成情况，象征性地给他结一份工资，多劳多得。[19]

8 岁：独自外出。孩子可以离开父母的视线，独自出门和朋友玩了。他们要学会体谅和照顾他人。如果附近有步行或骑车可达的商店，孩子还要积极帮家里干点跑腿的活儿。父母不需要给孩子买一部大人用的手机，但可以配一部功能简单的手机或一块儿童手表。孩子只要能和父母、兄弟姐妹等几个人打电话或发短信就可以了。

10 岁：探索更广阔的天地。青春期前的孩子可以走得再远些。可参考他们父母八九岁时所享有的自由，探索更广阔的空间。他们要展现出良好的判断力，并为家里帮更多的忙。现在，他们的活动范围和责任更大了，作为生日礼物，可以送给他们一部功能简单的手机或类似的移动设备。设备里的应用程序不能太多，也不要联网。每天下午课后，不要让孩子在各个补习班、特长班之间奔波。他们应该和朋友们在现实世界尽情玩耍。

12 岁：学本领。在许多文化中，这是个关键的年龄，是开始过渡仪式的起点。青少年要在父母之外找到导师和榜样。父母可以鼓励他们有偿地帮邻居或亲戚干家务，赚取自己的零用钱。这些家务可以是清扫树叶，也可以是帮邻居照看孩子，还可以鼓励他们多跟父母之外的亲戚相处。只要是信得过的亲戚，父母就可以放心走开，让孩子独自面对。

14 岁：进入高中。14 岁生日通常意味着高中生活的开始。此后，随着学业压力、时间压力和社交压力的增加，孩子的独立性也增强。他们可以通过打工、参加运动队等活动悟到“一分耕耘一分收获”的道理。我们应该在全国范围内，在父母之间达成一种默契（而不是法律），即 14 岁是孩子获得智能手机的年龄门槛。[20]

16 岁：获得网络世界的准入证。这是非凡的一年，是独立性获得本质提升的一年。但有个前提，即孩子在上一阶段的表现必须可圈可点，他的责任心和能力得有显著的进步。美国国会有义务纠正其 1998 年犯下的错误。正是在那一年，国会规定 13 岁及以上的未成年人无须父母同意或知情，就可与互联网公司签订协议，开设个人账号，让渡个人信息。我认为这个年龄门槛应该强制性地提高到 16 岁。这将成为孩子人生中一个关键的里程碑，我们可以在此时告诉他：“你终于能学车了；你可以独自与互联网公司签订协议，而无须征求我们的同意了；你可以开设属于你自己的社交账号了。”很多人对 16 岁这个门槛还是不满意，认为应该提高到 18 岁。不过在我看来，作为法定的最低年龄，16 岁也算合理了。

18 岁：成为法定成年人。这个生日的到来意味着一个美国孩子可以享受全部法定权利，如选举投票、服兵役、签订合同，可以为自己做出重要的人生选择。对美国孩子来说，这个生日和高中毕业的时间相近。在范热内普的概念体系里，18 岁既是对童年的分隔，也是一个边缘阶段，在向人生的下一个阶段迈进。

21 岁：完全成年。在美国及其他许多国家，针对未成年人的法律法规都不会再对 21 岁的人有任何限制了。这个年龄在美国可以自由地购买烟酒、参与线上的体育博彩活动，等等。从法律角度来看，这时他们就是完完全全成熟又自主的成年人了。

面对身处当代世俗社会的孩子，我真诚地提出以上建议，愿他们能顺利迈入成年世界。你我的生活环境固然有所不同，每个孩子都有自己的路要走，成长速度快慢不一。然而，我们不应因个体差异而摒弃所有共同的成长里程碑，任由孩子们在没有共同标准或按年龄增长而逐步增加的自由与责任的指引下自行摸索。仅凭一己之力，孩子不能成长为合格的成年人。我们不妨为孩子指明方向，设好里程碑，引导他们稳步前行。

本章小结
The Anxious Generation

- 青春期早期是大脑快速重构的时期，其速度仅次于刚出生的几年。各种新奇的体验推动着神经元的修剪和髓鞘化过程。我们应该重视这些体验，其类型和形式绝不可由陌生人或算法来定。
- 安全主义是一种经验阻断器。当我们将儿童的安全奉为至高无上的准则，不允许他们承担任何风险时，我们就是在阻碍他们去战胜焦虑、学习风险管理和自我管理，相当于在阻止他们成为一个健康又优秀的成年人。
- 智能手机是另一种经验阻断器。一旦它们进入孩子的生活，就会取代或挤占孩子参与手机以外活动的机会，而这些活动是他们的经验预期型大脑最需要的。
- 过渡仪式是人类社会精心策划的一系列经验，为的是帮助青少年顺利过渡到成年。范热内普指出过渡仪式通常包括三个阶段：分隔、边缘、聚合。

- 西方国家的许多过渡仪式早已不复存在。而在 20 世纪 90 年代，互联网的兴起，几乎把青少年成长路上的里程碑悉数埋葬，令他们走向成年的道路荆棘丛生。孩子们一旦沉浸在网络世界中，所接触到的信息和刺激就变得混杂无序，他们被没有年龄分级的内容裹挟着向前走，这些内容影响并塑造着他们尚未成熟的大脑。
- 在美国、英国等多元化且世俗化的国家，依然有可能缔造出清晰分明的成长里程碑，将自由与责任逐步交到孩子们的手中。

至此，本书第二部分的内容告一段落。该部分介绍了童年大重构的前夜，即 2010—2015 年都发生了什么；解释了为何人类的童年具有其独有的特征，而玩耍式童年又为何与这些特征如此匹配；证明了早在智能手机出现之前，玩耍式童年就已开始消亡。接下来我们将进入第三部分，在这一部分，我将讲述青少年从功能手机向智能手机过渡的情况，这一过程始于 21 世纪前 10 年的后期，并在 21 世纪第二个 10 年的初期加速。我将用证据来证明，那些年出现的手机式童年，对儿童和青少年是极为不利的，其伤害不仅限于心理疾病的增加。

The Anxious Generation

第三部分

手机式童年的兴起

孩子的大脑正在经历高速重构。科技公司设计出的成瘾性产品在孩子大脑里刻下了多条深深的路径。

第 5 章

孩子面临的 4 大伤害：社会剥夺、睡眠剥夺、注意力碎片化和成瘾

2016 年的一天，我们全家正开车前往佛蒙特州度假。我 6 岁的女儿在车里用 iPad 玩游戏。她突然对我说："爸爸，帮我把 iPad 拿走好吗？我不想再玩了，但我就是停不下来。"此时，女儿的思维已被一种"可变比率强化程序"（variable-ratio reinforcement schedule）控制，这是游戏设计师刻意设置的机制。这种机制是控制动物行为有力的方式，仅次于直接在大脑里植入电极。

在 19 世纪末，20 世纪初，在心理学界一项重要的基础实验中，心理学家爱德华·桑代克（Edward Thorndike）把饥饿的小猫放入了一个"迷箱"里。小猫想逃脱并吃到东西，就得学会操作一个特定的机关，比如拉一个圆环，圆环带动后方的链条，门闩就被打开了。小猫绞尽脑汁百般挣扎，试图逃出去。它们试了许多办法，后来无意间触发了正确的机关。请思考一下，下一次把同一只猫放进同样的箱子里，它会怎么做呢？它会直接去拉圆环吗？答案是否定的。桑代克发现，小猫还是会没头没脑地乱撞，只是每次都能比上一次更快地触发机关。终

于，小猫学会了操作机关，一进箱子就可以直接逃脱了。所有的实验对象都有这么一段学习时间。没有哪只猫能突然开悟，一下子大幅缩短逃脱时间。

桑代克对猫的学习情况总结道："在许多次的盲目尝试中，总有一次能带来愉悦的反应。这个动作会被大脑强化，深深地印入神经系统中。"他认为，动物学习一个技能或知识时，其实是"刺激与反应之间联结的形成与巩固，而非建立理性思维"。[1] 请记住这个概念，下次你再看到谁，其中包括你自己，又在触摸屏上重复着某些动作，仿佛在出神时，他是在"形成和巩固刺激与反应之间的联结"。

第三部分的目的是通过不同领域的大量证据，证明童年大重构给孩子带来了深刻的伤害。翻盖手机等只具备基础功能的手机快速被智能手机取代后，智能手机配备的高速互联网和社交媒体应用创造了手机式新型童年，这在 Z 世代的大脑中铺设了许多新的神经通路。本章着重讲述其中的 4 大伤害。孩子们不分性别和年龄，都没能幸免。这些伤害分别是：社会剥夺、睡眠剥夺、注意力碎片化和成瘾。第 6 章要讲为什么社交媒体对女孩的伤害大于男孩，其原因包括长期的社会比较和关系攻击行为。第 7 章将关注男孩面临的问题。他们的心理健康状况没有像女孩的那样急剧下降，但几十年来，他们也逐渐从现实世界中退出，将大量的时间浪费在了虚拟世界里。第 8 章我将证明童年大重构带来的新习惯，与世界宗教和哲学在漫长的历史中积累起来的传统智慧背道而驰，我将阐述前辈们留下的古老精神财富，对今天的我们有何借鉴意义，我们从中能学到哪些生活智慧，对抗当下的困扰与困惑、疲惫和紧张。我们还是先看一看，手机式童年的本质与开端是怎样的。

手机式童年的开端

2007 年 6 月，史蒂夫 · 乔布斯发售初代 iPhone 时，把这部作品定义为"支持触控操作的宽屏 iPod，一款革命性的移动电话，以及一款突破性的互联网通信设备"。[2] 回过头再去看，那时的 iPhone 相当简单。我怎么也想不到，它会对心理健康构成威胁。2008 年，我也买了一部。它堪称一把电子版的瑞士军刀，功能五花八门、面面俱到，可满足我的不时之需。这款手机的设计初衷并非让我沉迷其中或者霸占我的注意力。

随着软件开发工具包的问世，情况很快发生了变化，第三方应用程序可以直接下载并安装到手机上。这一革命性举措标志着新时代的开始。2008 年 7 月，苹果公司发布了 App Store，最初仅提供 500 个应用程序。谷歌不甘落后，于 2008 年 10 月推出了安卓应用市场，后于 2012 年扩展功能，升级为 Google Play。App Store 发布后仅两个月，应用程序就突破了 3 000 个，2013 年更是超过了 100 万个。[3] Google Play 的发展同样不容小觑，其应用程序的数量在 2013 年也达到了 100 万个。[4]

随着智能手机向第三方应用程序的开放，大大小小的公司之间展开了激烈的竞争，誓要开发出最具吸引力的应用程序。赢家通常是那些免费提供应用程序，通过广告盈利的公司。从用户角度看，明明有免费的版本可以用，何必还要花钱下载呢？这种以广告为驱动的应用程序的大量涌现改变了移动互联网用户的手机使用习惯。到 21 世纪第二个 10 年初期，智能手机已不再单纯仅备不时之需了，它成了各大科技公司争夺用户注意力的平台。[5]

最缺乏自制力、最容易被操控的群体，当然是儿童和青少年，毕竟他们的前额叶皮质尚未发育成熟。从电视机问世以来，孩子们就被屏幕上的内容深深吸引。但电视机太笨重，不能拎去学校，也不能带着出门找小伙伴们玩。在智能手机普及前，孩子们接触电子屏幕的时间还是有限的，所以他们还有时间出去玩，跟他人进行面对面的沟通。然而，像 Instagram 这种应用程序的迅猛增长的时期，恰逢少年和学龄前儿童将功能手机换成智能手机，这标志着童年的本质发生了根本性的改变。截至 2015 年，超过 70% 的美国青少年会随身携带一个触摸屏设备。[6] 这些设备更能吸引他们的注意力，孩子们欲罢不能，哪怕跟朋友在一起时也放不下。所以我才把 21 世纪第二个 10 年早期定义为手机式童年的开端。

我在前言中说过，手机式童年中的“手机”一词其实是个广义的概念，包括了所有能上网的智能设备。从 21 世纪最初 10 年的末期到第二个 10 年初期，很多设备开始接入互联网，特别是家庭游戏机，如 PS3、Xbox 360，这些原本封闭的内容平台都有了广告，以及新的商业激励措施。此外，能高速上网和登录社交媒体的笔记本电脑、网络游戏，以及由用户生成内容的流媒体平台，如 YouTube，也都是手机式童年的一部分。手机式童年中的“童年”也是广义的概念，既包括了儿童期，也包括了青少年期。

社交媒体的迭代

社交媒体经历了数轮进化。[7] 不过无论怎么迭代，它们大多具备以下 4 个功能：一是创建个人档案，展示个人信息、爱好等；二是制作内容，即创作并分享文字、图片、视频、链接等，触及广大网友；三是维护人脉，通过关注、加好友、进好友群或聊天组等方式与其他人建立并维持联系；四是与他人互动，基于彼此分享的内容进行交流，如点赞、评论、分享或私信等。典型的社交媒体，如 Facebook、Instagram、Twitter、Snapchat、TikTok、Reddit、LinkedIn 等，都具备这些特征。YouTube 也类似，只是在用户心中，它更像一个全球视频资源库，而非社交平台。现在流行的视频游戏流媒体平台 Twitch 也具备上述特征。当代的成人内容网站甚至都不例外。然而，WhatsApp 和 Facebook Messenger 等即时通信应用程序并不完全具备这些特征。尽管它们具有社交属性，但通常不被视为社交媒体。

2010 年左右，社交媒体的性质发生了根本性的变化，这种变化对年轻人产生了更多的负面影响。Facebook、Myspace 和 Friendster 都成立于 2002—2004 年。早期，这些服务还被叫作社交网络。因为它们主要是连接单个的人，如找回多年未见的高中朋友，或让某个音乐家的“粉丝”能够相互联系。但在 2010 年左右，随着一系列创新功能的出现，这些服务有了质的改变。

2009 年，Facebook 先推出了划时代的“点赞”功能，Twitter 则推出了“转发”功能，其他平台纷纷效仿。一时间，各种内容实现了病毒式的传播。这不仅量化了帖子的受欢迎程度，还促使用户为了追求更大范围的传播而精心设计每一条动态。有时大家不得不爆点“猛料”，用极端言论吸引眼球，或者刻意传播愤怒和厌恶。[8]同时，Facebook 开始用算法来推送内容，其他平台也竞相模仿，以期通过精准的内容推送吸引用户。2009 年，推送通知功能上线了，各种动态可以被实时推送到用户手里。应用商店则带来了新的以广告为驱动的平台。2010 年，手机又有了前置摄像头，从此自拍变得易如反掌。宽带网络也走进了千家万户，截至 2010 年 1 月，已覆盖 61% 的美国家庭，[9]用户可以畅快地使用所有互联网服务了。

到 21 世纪第二个 10 年的初期，原本以人与人之间的连接为主要功能的社交“网络”系统，转变成了以追求公众认可为主要目的的社交“媒体”平台，这些平台鼓励用户进行一对多的公开表演，以获取来自朋友乃至陌生人的认同和肯定，即使是那些不经常发布内容的用户，也不可避免地受到了这些应用程序设计的激励机制的影响。[10]

通过这些变化，我们就知道，为什么童年大重构会始于 2010 年前后，且大体完成于 2015 年了。父母过度保护孩子，于是孩子被困在了家里，他们变得孤独无聊，越来越容易转向唾手可得的智能设备，里面的内容和服务更是层出不穷，异彩纷呈，孩子们便越陷越深。玩耍式童年由此谢幕，手机式童年一统天下。

手机式童年的机会成本

想象一下，有个销售员在推销一款儿童产品，声称它非常适合你 11 岁的女儿。他强调这款产品特别有意思，比电视还好玩，而且没有任何副作用。但它也只是好玩而已，别无其他益处。你觉得这款产品如何，值得购买吗？

这个问题不好回答，因为你还不清楚，买它需要付出多少机会成本。机会成本是个经济学概念，描述的是为了做某一件事情，你必须在其他方面放弃多少收益。比如，你想开一家公司，打算先花 2 000 美元去附近的一所大学报课，学习一下平面设计。学完之后，公司的视觉系统肯定能更加专业和美观。但该不该报这门课，不仅取决于更吸引人的宣传单、网站等能不能挣回学费。你还需好好思考这 2 000 美元是否还能干点更有价值的事，并且更重要的是，考虑你上课花掉的宝贵时间，是否还能用在更有价值的事情上？

因此，在刚才那个销售员告诉你，这款产品完全免费时，你要关心一下机会成本，问他孩子平均每周可能要玩多久。他回答说，与你女儿同龄的孩子基本上每周要玩 40 小时，13 ～ 18 岁的孩子玩得更久，每周能达到 50 小时。听了这话，你多半扭头就走。

6 ～ 8 小时，这就是青少年每天耗在电子屏幕上的时间。[11] 没错，早在智能手机和互联网入侵我们的生活之前，孩子们就已经花很多时间在电视和游戏上了。一项长期调查显示，在 20 世纪 90 年代初期，青少年每天看电视的时间就已接近 3 小时。[12] 在那 10 年间，绝大多数家庭开通了拨号上网，21 世纪初宽带又开始普及，于是人们上网的时间持续增加，看电视的时间则不断减少。未成年人电子游戏玩得多了，书和杂志看得少了。种种因素加在一起，孩子们便进入了大重构时期。更不用说手机式童年开始后，他们在原来的基础上，每天又增加了两三个小时的屏幕时间。这些数据根据社会阶层（低收入群体增加的屏幕使用时间更多）、种族（非洲裔、拉丁裔多于白人和亚裔 [13]）和性别认知（性少数群体多于传统群体 [14]）等略有差异。

跟实际情况相比，这些数据可能还太保守了。皮尤研究中心换了个问法，就发现有 1/3 的青少年几乎总是保持登录一个主流的社交媒体。[15] 45% 的青少年报告称自己“几乎不间断”地上着网。表面上看，青少年每天“仅”花了 7 小时在网上娱乐。但如果把那些一心二用的时间，即一边做着其他事一边又挂念着社交媒体的时间都算上，我们就不难理解，为什么能有将近一半的青少年说自己“几乎不间断”上网。算算看，那相当于每天 16 小时，每周 112 小时，孩子们心不在焉，注意力根本不在手头的事情或周边的情况上。按理说，这种不间断的玩法要求孩子有两三台设备才行，如电脑、游戏机。要不是智能手机等便携设备，这种状态根本无法实现。而它一旦实现，便给孩子的认知带来了巨大的影响，让他们高度成瘾，还对大脑路径的形成产生深远的影响，这种影响在青春期尤甚。

梭罗在其文学作品《瓦尔登湖》里聊到俭朴的生活，他写道：“消费一个东西时，你真正付出的成本是……生命的长度，无论你是立即付清，还是慢慢支付。”[16] 孩子们每天在电子产品上花费 6 小时或 8 小时，甚至 16 小时，为此付出的机会成本是什么呢？那些对成长来说至关重要的活动，他们是不是已经错过了？

伤害之一：社会剥夺

孩子需要和伙伴们一起面对面地玩耍，以提高社交能力。[17] 但如第 2 章所讲，“几乎每天”都能和朋友一起玩的学生的比例，自 2009 年起呈显著下降趋势。

更详细的数据请见图 5-1。本图显示的是在 2003—2019 年不同年龄段的美国人，每天与朋友们共度的时间分别减少了多少。[18] 资料来源于一项调查，这项调查主要研究不同年龄段美国人消磨时间的方式。不足为奇的是，最年轻的群体（15 ～ 24 岁）与朋友相处的时间比年长群体要多。毕竟那些年龄更大的人需要兼顾事业和家庭。21 世纪最初几年，这种差异非常明显，但随后便开始缩小，2013 年之后更是急速趋向一致。研究人员采集 2020 年的数据时，正值新冠疫情肆虐，所以两个年长群体的曲线在 2019 年后有个明显向下的转折点。奇怪的是，最年轻的群体竟然没出现这样的转折。原因很简单，早在新冠疫情暴发前，年轻人的数据就已经在急速下降，疫情带来的限制措施并未造成太大的额外影响。2020 年，大家需要尽量隔离，减少人与人之间的接触。但 Z 世代早在拥有第一部智能手机时，就已经开始主动隔离自己，在保持社交距离方面表现“优异”。

当然，那个时候的青少年是不会察觉到自己在远离朋友的。他们觉得自己只是把友谊的舞台从现实世界搬到了 Instagram、Snapchat 和网络游戏而已。那不是挺好的吗？其实那并不好。正如心理学家琼·特文吉所展示的，青少年在社交媒体上花的时间越多，越容易出现抑郁、焦虑或其他障碍；而参加同龄人的集体活动越多，比如团体性的体育运动或宗教活动等，孩子的心理就越健康。[19]

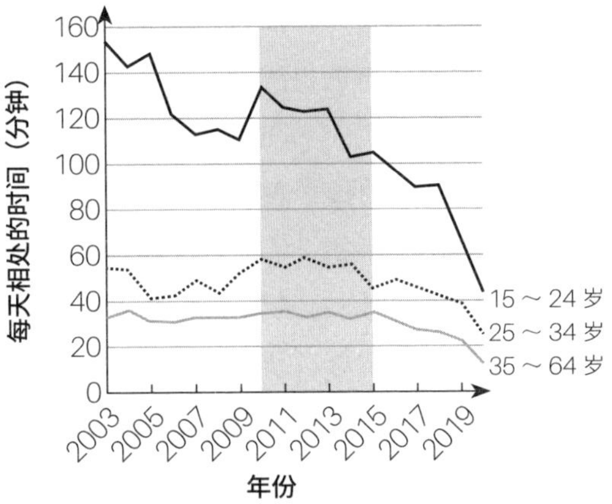

图 5-1　美国各年龄段群体平均每天与朋友共处的时间

资料来源：American Time Use Study。[20]

这是有道理的。孩子们需要参加面对面的、实时的、具身性的玩耍活动。最好的玩耍场所在户外，偶尔包含一些冒险和刺激的元素。跟朋友视频聊天也不错，这其实就像是传统的电话通话，只是多了可视化的功能。但如果孩子只是孤零零地待在房间里，刷着流媒体推送的动态；或者无休止地玩电子游戏，游戏里的队友和对手还一会儿就换一拨；抑或是自己发表一些内容，然后眼巴巴地等着其他孩子（甚至是陌生人）点赞或评论，那就不好了，这对他们的成长和健康着实无益。这些活动吞噬了孩子大量的时间，侵占着本可以和朋友共度的时光。

童年大重构带来的社会剥夺效应极大，不只剥夺了孩子和朋友一起玩耍的时间而已。就算孩子们见到了朋友，彼此相距咫尺，受手机式童年的影响，他们共度时光的质量也大大下降。兜里的手机振动几下，他们就会立刻停止聊天，把视线从朋友身上转移到手机屏幕上，生怕错过了什么重要的信息。此时他们倒不会让朋友住口，只是会默默低下头，轻叩手指，认真阅读手机里的内容。正在说话的朋友自然就会失落，觉得自己不如这条信息重要。两个人在对话时，只要其中一个人掏出了手机，[21] 或者他身旁放着一部手机，[22] 可能都不是他自己的，那么这场沟通的效果、两人间的亲密度就会大打折扣。随着显示技术从口袋走向手腕，甚至进入头戴设备和护目镜，人们全神贯注地跟面前的人沟通的能力越来越弱。

无论什么年龄，被他人忽视都是一种痛苦。而青少年正在形成自我认知，寻找归属感，但身边的每个人都在间接地提醒他，他无足轻重，跟手机里的人比不了。再看看年幼孩子的情况。2014 年，《高光》（*Highlights*）杂志进行了一项调查，发现 6 ～ 12 岁的儿童中，有 62% 的孩子表示，每当自己想跟父母交谈时，父母总是心不在焉，最大的原因就是看手机。[23] 父母也知道自己对不起孩子。2020 年皮尤研究中心的一项调查显示，68% 的父母承认，他们在陪伴孩子时，偶尔或常常会因为手机而分心。在年轻的父母以及受过高等教育的父母群体中，这一比例更高。[24]

童年大重构摧毁了 Z 世代的社交生活，因为智能手机可以把 Z 世代的孩子与全世界的人都连接起来，却唯独隔绝了身边的人。一位加拿大的大学生在给我的来信中写道：

> Z 世代是孤独的一代。我们的友谊很虚浮，我们的爱情很脆弱。这些关系深受社交媒体的引导和牵制……你不难发现，大学校园里早没了社群的概念。当我走进上课的教室时，常常看到 30 多个学生一言不发地待着。教室里静悄悄的，每个人都刷着手机。没人敢发出声音，好像生怕被别人听到。环境越安静，我们就越疏离，自我认知和自信心的建立更是无从谈起。我对这种体验再熟悉不过，因为我是其中的亲历者。[25]

伤害之二：睡眠剥夺

上学的日子里，为了让孩子按时睡觉，父母们总是绞尽脑汁，而智能手机的到来，让这场“恶战”更难打了。人的生物钟会变，进入青春期后睡得更晚些。[26] 但第二天的起床时间是由学校上课的时间决定的，孩子无法睡懒觉。从大脑和身体的需求来说，大多数孩子没睡够时间。这实在是可惜。因为不管在校内还是在校外，学生想表现优异，充足的睡眠都是必要条件，尤其是在青春期，大脑正在快速发育，神经重构的速度远快于之前。跟睡眠充足的孩子比，缺乏睡眠的孩子总是无法集中注意力，记东西也慢半拍。[27] 他们的学习成绩因此受到影响。[28] 他们的反应速度、决策力和运动技能也会下降，这增加了他们发生意外的风险。[29] 他们整天烦闷，动辄生气或焦虑，人际关系也因此受到影响。长期睡眠剥夺还会损害更多生理机能，导致体重增加、免疫抑制等健康问题。[30]

未成年人需要的睡眠时间比成年人多。进入青春期前，每天至少要睡够 9 小时；进入青春期后，至少要 8 小时。[31] 早在 2001 年，一位知名的睡眠专家就指出："所有孩子一进入青春期就成了夜猫子，他们的睡眠时间太少了。"[32] 图 5-2 所示为美国八年级、十年级、十二年级的学生中，难以保证每天 7 小时睡眠的占比情况。从这幅图可知，他说这句话时，睡眠剥夺现象就已经持续有 10 年了。2010 年起，情况稍微稳定了一些，但 2013 年后，形势又进一步恶化了。

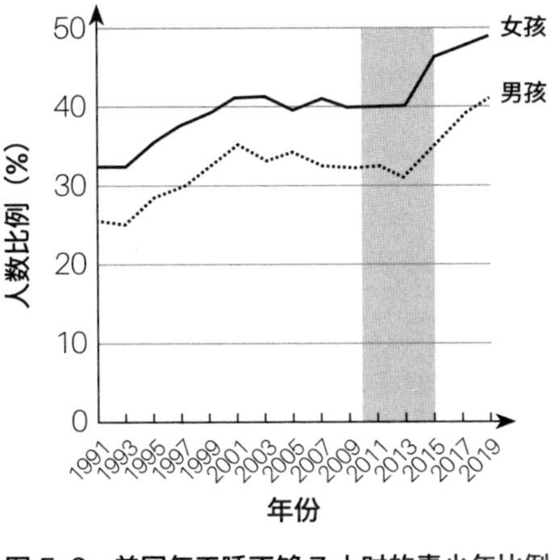

图 5-2　美国每天睡不够 7 小时的青少年比例

资料来源：Monitoring the Future。[33]

从发生的时间上看，睡眠时间的再次减少和手机式童年的开端刚好重合。这只是个巧合吗？还是说两者本就有关联呢？不少证据证明，关联的可能性极大。一篇针对 36 项相关性研究的综述报告发现，对社交媒体的重度使用与睡眠时间的减少是强相关的；而且，前者与心理健康问题的出现也强相关。[34] 该综述还指出，如果人在一段时间内重度使用社交媒体，那么接下来一段时间就极有可能出现睡眠问题以及心理问题。一项实验发现，上学期间，青少年连续两周晚上 9 点以后不用或少用手机的话，睡眠时间会显著增加，入睡时间会提前，且在需要集中注意力或快速反应的事情上能表现得更好。[35] 另有几项研究采用了不同的设备或活动做实验，包括电子书、电子游戏和电脑等，也得出了同样的结论：夜里用智能设备用到太晚，会干扰睡眠。[36] 所以，重度使用电子设备和睡眠剥夺不仅是相关而已，两者在某种程度上就是因果关系。

这种因果关系很符合大家的直观感受。特文吉和同事们研究了英国的一个大型数据集后，也得出结论："重度使用网络媒体与睡眠时间的缩短、入睡困难、频繁夜醒现象有关。"[37] 那些躺在床上刷社交媒体或上网闲逛的行为对睡眠干扰最严重。[38]

干扰 Z 世代睡眠的不止社交媒体这一个因素。手机里还有很多好看、好玩、好入手的事情，它们都是睡眠剥夺的"要犯"，如手机游戏、流媒体视频等。[39] 奈飞的首席执行官曾在投资者会议上针对竞争局面说道："大家都懂的，观众只要看了一点儿我们的节目就会上瘾，就想熬夜看下去。一定程度上讲，我们的竞争对手是睡眠。"[40]

青少年的大脑正在飞速发育，此时若遭遇睡眠剥夺，将产生怎样的后果呢？有一项名为"青少年大脑的认知发展研究"的调查可以给我们提供答案。调查团队于2016年扫描了超过11 000名9～10岁儿童的大脑，并对他们进行跟踪调查，持续观察他们在青春期、青少年期的表现。基于这项庞大的研究工程，专家们发表了数百篇论文，其中就不乏针对睡眠剥夺的研究。比如，2020年的一项研究发现，睡眠干扰的加重和睡眠时间的缩短，与严重的内化行为（包括抑郁）和外化行为（包括暴力攻击，以及由冲动造成的其他反社会行为）呈正相关关系。[41] 这项研究还发现，研究初期的睡眠干扰程度能够"显著预测"一年后抑郁情绪及内化和外化问题的严重性。简言之，一个睡不够或睡不好的人更可能抑郁，或者出现行为方面的问题。这种影响对女孩更加明显。

所以，儿童和青少年必须获得充足的睡眠，以促进大脑的健康发育，让第二天有良好的注意力和身心状态。一旦睡前可以玩电子设备，尤其是手机这种可以趴被窝里玩的小屏幕设备，孩子们就会忘记时间，玩到深夜。再看看这场席卷全球的心理大危机，电子设备造成的睡眠剥夺很可能就是背后的元凶之一。

伤害之三：注意力碎片化

1961 年，库尔特·冯内古特（Kurt Vonnegut）的短篇小说《哈里森·伯格朗》（*Harrison Bergeron*）出版了。故事背景设定在一个极端平等的未来时代。那时的美国已通过宪法修正案，规定任何人都不得比其他人更聪明、更有魅力或更强壮。“助残会会长”是一名政府官员，负责强制执行全民平等政策，确保所有人的能力、权利都相等。智商过高的人必须时刻佩戴一个干扰耳机。耳机大约每 20 秒就会发出噪声，打断人的思考，使其思维能力降至大众的平均水平。

几年前我开始和学生们讨论，手机对他们的学习和工作效率有何影响。当时我就想起了这个故事。自 20 世纪 90 年代末以来，发短信逐渐成了年轻人主流的沟通方式。他们习惯将手机调到振动模式，导致手机一整天振个不停，尤其是参与群聊时。但实际情况远比我想的还要糟糕。大多数学生会接收到几十个应用程序的通知，包括消息应用程序（如 WhatsApp）、社交媒体（如 Instagram、Twitter），以及各种新闻网站。这些网站会用“突发新闻”字样来提醒学生们关注政治、体育新闻，以及名人的私生活动态。我的 MBA 学生大多是快到 30 岁的人，他们还有像 Slack 这样的办公应用程序。大多数学生还设置了邮件提醒，每封电子邮件送达时手机也会振动。

一项调查称，一个年轻人的手机每天能从用得最多的社交和信息应用程序中收到约 192 次通知。[42] 青少年平均每晚的睡眠时间只有 7 小时了。如此算来，在他们醒着的时间里，平均每小时会收到约 11 次通知，相当于每 5 分钟就有一次。这还没算其他应用程序。其他应用程序如果没关闭推送功能，还得再加上好几十个振动的源头，用户注意力被扰乱的次数大幅增加。这还只是普通青少年的情况。如果我们聚焦于重度用户，如频繁使用短信和社交媒体的青春期女孩，其使用手机的频率高达每分钟一次。科技公司在商战中用尽手段，把青少年本就不多的注意力剥夺殆尽，将冯内古特笔下怪诞的环境设定，带到了 Z 世代的现实生活里。

1890 年，美国杰出的心理学家威廉·詹姆斯（William James）把注意力描述为“在几个并行的潜在目标或思想碎片之中，意识突然提取了其中一种，使其呈现出清晰鲜明的形象……它意味着为了有效处理一些事情，我们要放弃另一些”。[43] 有了注意力，我们才能在诱惑的包围圈中坚守住最初的选择，专注于一项任务、一条线索或一种思维。反之，若思路任由其他事情打断，我们就无法专注，陷入“困惑、迷茫、心不在焉”的状态。

互联网也侵入了阅读的世界，我们已经把大半阅读转移到了线上，保持专注变得难上加难。超链接埋伏在文章各处，招摇地引诱我们走上岔路，放弃对正文的阅读。尼古拉斯·卡尔（Nicholas Carr）在 2010 年出版了著作《浅薄》（*The Shallows*），书名真是一针见血。他在书中哀叹，自己已无法专心致志地做事了。互联网颠覆了他的大脑检索信息的方式，他甚至无法离线阅读，还是会分心。他不能再如往昔般集中注意力和反思问题，因为他已对持续的刺激上了瘾：“以前，我戴着潜水呼吸器在文字的海洋中缓缓前进。现在，我就像一个摩托快艇手，贴着水面呼啸而过。”[44]

卡尔写作这本书时，描述的还是 20 世纪 90 年代到 21 世纪最初 10 年的事，那时用的上网设备是电脑。他偶尔会提起的黑莓手机和 iPhone，都是在书籍出版的前几年才流行起来的。要说破坏力，它们跟后来那些振个不停的智能手机完全没法比。电脑页面的超链接毕竟被动，需要人动手点击才行，诱惑力还是有限。推送和流媒体极具破坏性。每个应用程序都像是一个岔路口；每条通知都如拉斯维加斯的霓虹招牌般魔幻，引诱着你停下脚步：“点击这里！我马上告诉你别人刚刚对你说了什么。”

无论成年人在这场注意力大战中多么力不从心，都没有青少年那样举步维艰。因为他们的前额叶皮质还未发育成熟，拒绝诱惑的能力非常弱。詹姆斯描述道：“孩子们对即时的感官刺激异常敏感，没有抵抗力……孩子似乎更容易被周围的事物所吸引，而非由自己的意志所控制。”让学生们把分散的思绪收回来，是“老师们必须解决的首要问题”。所以在上学的日子里，学校有必要用手机储物柜或上锁的袋子，彻底锁住学生们的手机。[45] 应用程序的开发者的目的本就是用“即时的感官刺激”来吸引孩子的注意力，他们在这方面非常擅长。

电子产品无休止的干扰，让思考不停地中断或转向，持续地使注意力碎片化。这一定会阻碍孩子思维能力的发展。他们的大脑正在快速重构，这种注意力模式可能会在神经系统中留下终生的印记。许多研究发现，那些在课堂上可以使用手机的学生，对老师的话就不那么专心了。[46] 人类的大脑并不支持真正的多线程工作，表面上的多任务协同，其实只是在各个任务间快速切换注意力而已，而每次切换都在无形中浪费了大量注意力。[47]

就算学生没有拿起手机，只是知道手机在附近，注意力也会受到影响。在一项研究中，研究人员将一群大学生带进实验室，随机安排他们将手机放在不同的位置。有些学生是把包和手机放在实验室外的入口处，有些是把手机放在口袋里或随身的包里，还有些将手机放在眼前的桌子上。然后，研究人员让学生完成测试，考察他们的流体智力和工作记忆能力。比如，记住一串字母，并解答数学问题。结果显示，手机被放在门外的学生表现最佳，手机摆在眼前的学生表现最差，手机放在口袋里的表现介于两者之间。这种对比在重度使用者中更加明显。这个研究的报告标题是《脑力流失：智能手机的存在会削弱可调动的认知能力》。[48]

在青春期这个成长的关键时期，随心所欲地玩手机，会干扰他们专注力的发展与强化。研究表明，很多患有 ADHD 的青少年是智能手机和电子游戏的重度用户。我们通常认为，ADHD 让患者更渴求电子屏幕的刺激，他们在电子游戏中才能获得良好的专注力，自己也享受这份专注力。不过，这种相关关系反过来是不是也成立呢？手机式童年有没有可能也在加剧 ADHD 的症状呢？

看起来是这样的。[49] 荷兰的一项纵向研究发现，在一定时间内，年轻人增加对成瘾性社交媒体的使用，那么在下一次测量时，就会出现更严重的 ADHD 症状。[50] 另一个荷兰团队也采用了类似的方法进行研究，同样发现重度的、多任务的媒体使用，后续会导致注意力下降。但这种效应只在年龄较小的青少年组（11 ～ 13 岁）里存在，且对女孩的影响尤为强烈。[51]

整个儿童时期，大脑都在发育，到青春期会显著提速。孩子们在中学阶段的一个主要任务，就是培养“执行能力”。这要求他们能根据目标制订计划，然后切实落地。执行能力不易提高，因为它非常依赖前额叶皮质，而前额叶皮质在青春期经历重要的发展变化，是整个大脑重构工程的“收官之作”。执行能力的发展需要极强的自我控制力、专注力和抗干扰能力。手机式童年起到的很可能是反作用。[52] 如果孩子只是偶尔用一下手机，我还不能断言一定有害。但对于重度用户来说，我们确实一致观察到了更糟糕的结果，部分原因在于这些用户往往在某种程度上对手机上瘾了。

伤害之四：成瘾

当我的女儿发现自己无法将视线从我的 iPad 上移开时，她的大脑里究竟发生了什么呢？桑代克在他的时代还不了解神经递质，但他的推测是正确的。大脑的确会对重复出现的小奖励、小刺激印象深刻，能记住这些反应路径。现在我们已经知道，如果一个动作能给我们带来积极的结果，比如令我们吃到东西、减轻疼痛或者达成目标，那么与学习相关的神经回路就会分泌多巴胺。这是一种与快乐和愉悦感相关的神经递质，我们非常受用，于是大脑就记住了这个动作及其结果。但这不是一种让我们感到满足并减少渴望的被动奖励，相反，多巴胺会让我们产生“欲望”，让大脑觉得“那种感觉真棒，我还要”。当你吃薯片时，每吃一片就能获得一小剂多巴胺，所以你才会特别想吃下一片，欲望比吃上一片时更强烈。

赌场里的老虎机是一样的原理：赢钱带来的感觉很棒，但这并不会让赌徒就此满足地收手回家，反而会激发他们继续赌博的欲望。与此类似的还有电子游戏、社交媒体、线上购物等服务。人们流连忘返，常常不自觉地投入比预期更多的时间和金钱。这种行为成瘾的神经学原理与化学物质（如可卡因或鸦片类物质）的成瘾还是有区别的，[53] 不过它们都与多巴胺、欲望、冲动，以及我女儿描述的那种无力感和失控感有关。这种情况是被人刻意设计出来的，应用程序的开发者穷尽了心理学的成果，就像老虎机吸引赌徒那样，让用户深深着迷于这些应用。[54]

需要明确的是，绝大多数使用 Instagram 或玩《堡垒之夜》的青少年并没到成瘾的程度。但他们的欲望同样被牢牢地捆绑住了，行为受到了极大的操控。没错，广告商们一直在努力做到这一点，但总是差点火候。现在有了触控屏和互联网，各种行为诱导技术得到了极大的扩展。这些技术最适合用来实现快速的“行为加奖励”机制，用户在一轮轮的循环里沉沦。斯坦福大学教授 B. J. 福格（B. J. Fogg）[①] 对这一现象进行了考察，于 2002 年出版了著作《福格说服技术》（*Persuasive Technology*）。福格开设了一门“说服技术”的课程，教授针对动物的行为诱导技术，以及这些技术在人身上的应用。后来他有许多学生进入了社交媒体公司工作，有学生甚至还创立了社交媒体公司，其中就包括 Instagram 的联合创始人迈克·克里格（Mike Krieger）。

容易上瘾的产品是如何吸引青少年的呢？我们假设一下，此刻正有个 12 岁的女孩坐在自己的书桌前，努力地理解光合作用，因为第二天有科学课的考试。Instagram 要怎么做才能诱导她放下书本，持续沉迷一小时呢？应用程序的开发者通常会采用一个 4 步流程来创建一个能自发反复循环的行为模式，即“上瘾模型”，如图 5-3 所示。

当开发者想把一个习惯深深地植入用户大脑时，只需要按照上瘾模型的指导，按部就班地把 4 步循环过程设计出来即可。

这个循环从外部触发开始，比如发一条通知，告诉用户刚刚有人评论了她发的帖子。这是第一步，这个通知就像一条岔路，引诱她离开正路。通知一出现在手机屏幕上，用户便立刻被激励起来，想采取行动，执行一个动作。这就是第二步，即轻触通知，进入 Instagram。用户记得，这个动作曾经让自己得到过奖励。接下来是第三步，即一件愉快的事情要发生了。注意，这一步不是每次都会有的，它的发生概率不稳定，是一个随机的奖励，她可能会收到赞美或友好的评论，也可能不是。

---

① B. J. 福格是行为设计学鼻祖，斯坦福大学行为设计实验室创始人，他在代表作《福格行为模型》中提供了一系列推动行为改变的有效方法，帮助人们毫不费力地养成好习惯，成功对抗坏习惯，轻松改变工作与生活。该书中文简体字版已由湛庐引进，天津科学技术出版社出版。——编者注

图 5-3 上瘾模型

注：该模型来自尼尔·埃亚尔（Nir Eyal）2014 年的著作《上瘾》（*Hooked*）。书中有一章叫“上瘾模型与道德操控”，作者在该部分警告使用该模型的人，滥用此模型有伦理风险。[55]

这是行为心理学的一个关键性理论：最好不要每次动物做出你期望的行为时，你都给予奖励。如果你以一个不固定的频率奖励动物，比如平均每 10 次奖励 1 次，但有时不到 10 次，有时又要超过 10 次才给予奖励，这样，你会在它身上培养出最强大和持久的习惯来。当你把一只老鼠放进一个笼子里，它已经学会按压杠杆来取食。它会在期待中获得多巴胺的刺激，跑到杠杆处按压一番。即使最初几次按压没有得到食物，老鼠也热情依旧。老鼠继续按压，多巴胺水平不降反升，在它心里，奖励随时会降临！食物终于出来后，老鼠心花怒放，高水平的多巴胺会促使老鼠继续按压，巴巴地期待着下一次奖励……在未知次数的反复按压之后，奖励一定会到来，因此，它会继续按压。应用程序中的无限信息流没有尽头，用户一旦开始滑动屏幕，就没有停下来的信号。

以上三步就是经典的行为主义思路，运用了 B. F. 斯金纳（B. F. Skinner）在 20 世纪 40 年代教授过的操作性条件反射理论。上瘾模型额外为人类增加了第四步——投入。这一步在老鼠身上并不适用。投入就是人类在应用程序上花的心思和费的工夫，可以增强产品和用户间的情感。前文提到的那个 12 岁的女孩在 Instagram 上创建了个人档案，上传了自己的许多照片，并与所有朋友以及数以百计的陌生用户建立了联系。与此同时，她的哥哥也在隔壁房间备考，已经花了数百小时玩《堡垒之夜》和《使命召唤》（*Call of Duty*）等电子游戏，并乐此不疲地攒勋章，买“皮肤”或者进行其他投入。

投入行为完成后，下一轮循环又要开始了。但这次已无须由外界提供刺激，她不再需要由一条推送通知来提醒自己打开 Instagram 了。当她反复学习一个很难的章节时，有个念头突然出现在她的脑海中：“我 20 分钟前发了张照片，不知道有没有人点赞？”于是，一个极具诱惑力的岔路出现了，第一步完成。她试图抵制诱惑，继续专注于学习，但是光想想可能的奖励，就触发了多巴胺的分泌。她忍不住了，立刻就想打开 Instagram，渴望将她的大脑淹没。她果然打开了 Instagram，第二步完成。结果她发现，这张照片并没有得到任何人的点赞或评论。她有点失落，但她那被多巴胺刺激着的大脑仍然渴望奖励，所以她开始翻看起自己其他的帖子、私信或任何能证明别人关心自己的内容，以及任何能快速提供娱乐价值的事情。她还真找到了，于是第三步完成。她滑动屏幕，时不时给朋友留个言。不一会儿，果然就有朋友回应了，给她的上一条帖子点了赞。一小时后，她终于回到了关于光合作用的复习中，但已精疲力竭，难以再集中注意力了。

一旦用户自己的情绪足以触发一种行为，这种行为又能得到一个不确定的奖励，那么用户就“上钩”了。现在我们知道了，Facebook 在刻意使用行为诱导技术，吸引青少年频繁访问。我们要感谢弗朗西丝·豪根（Frances Haugen），她在 2021 年披露了一套 Facebook 的文件。那是一批内部文件和演示文稿的截图，其中有一个部分令人不寒而栗。三位 Facebook 员工做了一场演讲，题为《身份的力量：青少年和年轻人为什么选择 Instagram》。演讲的目的是“协助 Facebook 公司为一系列产品制定策略，大力吸引年轻用户”。其中一个名为“青少年相关知识”的部分深入探讨了神经科学的发现，展示了大脑在青春期逐渐成熟的过程和原理，指出前额叶皮质要到 20 岁以后才能成熟。演讲者后来还展示了一张大脑的 MRI（磁共振成像）图像，并配有图片说明：

> 青少年时期，大脑能完成约 80% 的发育，剩下的 20% 是前额叶皮质……在此阶段，青少年高度依赖他们的颞叶，这里掌管着情绪、记忆、学习以及奖励系统。

随后的一张幻灯片（见图 5-4）展示了 Facebook 努力在用户头脑中创建的体验循环机制，并指出了用户心智的脆弱性。

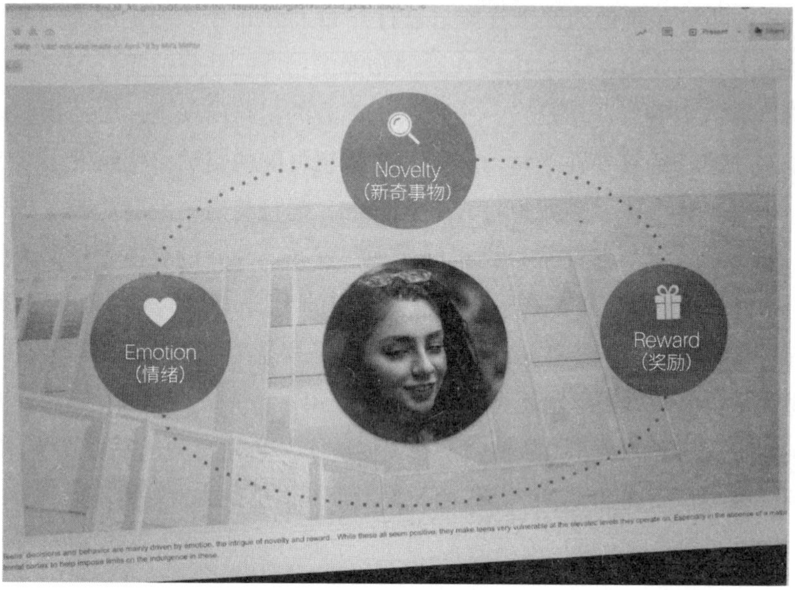

图 5-4 由弗朗西丝·豪根披露的 Facebook 内部演示文稿截图

注：青少年的决策和行为主要由情绪、对新奇事物的好奇和奖励驱动。这些因素看起来都很积极，但一旦情绪高涨，它们就会使青少年变得非常脆弱。由于他们的前额叶皮质欠成熟，青少年对诱惑是无力抵抗的。

资料来源：The Facebook Files, section 42/15, p. 53。[56]

看了这些幻灯片你就能明白，演讲者不是要保护处在困境中的年轻女性，并非想帮助她们免受过度使用和成瘾的危害。恰恰相反，他们是为了向 Facebook 的其他员工提供建议，引导大家通过提供奖励、新奇体验和情绪价值，让女性用户更加沉迷。他们提供的建议包括简化青少年开设多个账号的流程，实施更精准的算法，给用户推送更感兴趣的内容。

斯坦福大学成瘾研究专家安娜·伦布克（Anna Lembke）在其著作《成瘾》（*Dopamine Nation*）一书中，介绍了病人的成瘾经历和原理。这些病人对多种药物或行为成瘾，包括赌博、购物、性行为等。进入 21 世纪第二个 10 年后，患者中出现了对网络成瘾的青少年。对数字生活成瘾的人如果不泡在网上，“那么无论干什么都没劲”。这是因为大脑为了适应长时间的高水平多巴胺，会通过多种方式进行自我调节，以维持体内平衡，其中最重要的改变就是减少多巴胺的传递。为了重新获得快感，用户需要增加药物的剂量。

一旦成瘾者的大脑做出了调整，药物带来的愉悦作用就会被抵消或压制。此时用户已没有回头路，只能不断地加大剂量，否则大脑就会进入一种“缺失”状态。如果多巴胺的分泌带来的是快乐，那么它的缺失就意味着莫大的痛苦。离开药物后，平凡的生活会变得乏味，甚至成了一种折磨。除了药物，其他一切都无济于事。成瘾者产生了戒断反应，需要坚持足够长的时间不使用药物，让大脑恢复到其原始状态，这种戒断反应才会逐渐消退，这通常需要几周的时间。

伦布克指出：“无论成瘾的源头是什么，戒断反应的基本症状都是焦虑、易怒、失眠和心境恶劣。”[57] 心境恶劣是欣快的反义词，指一种整体性的烦闷与不满。重度使用社交媒体或对电子游戏上瘾的青少年一旦离开了自己的设备，就会有这样的感受，这也是父母和临床医生观察到的。有网络游戏障碍的人进入戒断状态后，就会出现悲伤、焦虑和易怒等症状，这些都是医生做出诊断的关键指征。[58]

伦布克列出的戒断基本症状还解释了成瘾为何会加剧其他三种伤害。最显而易见的是，那些沉迷于屏幕活动的人更难以入睡，这不仅是因为这些活动挤占了睡眠时间，还因为近在咫尺的屏幕发出的强烈的蓝光在误导大脑：“现在是早晨，别再分泌褪黑素了！”[59] 此外，普通人夜间虽然也可能多次醒来，但能迅速再次入睡，而成瘾的人往往会抓起手机，点开屏幕开始滑动。

伦布克写道：“智能手机是现代社会的皮下注射针，全天 24 小时不间断地给人们注射数字多巴胺。”[60] 这个生动的比喻能帮我们理解，为什么手机式童年取代玩要式童年会带来如此毁灭性的影响，以及为什么在21世纪第二个10年初期，这场危机会汹涌而来。20 世纪 90 年代和 21 世纪初，千禧一代的青少年通过家里的电脑，也能接触到各种成瘾的活动，一些人确实上瘾了。但他们不能带着电脑到处走。大重构之后，这个限制被解除了，下一代青少年实现了随时随地上网的自由。

要了解智能手机雄霸天下后的威力，不妨先想象一下，一个睡眠不足、焦虑、易怒的学生在学校会怎么跟同学相处。情况大概率是不妙的，尤其是如果学校允许学生带手机来上课。午餐时间和课间休息，她可能都会争分夺秒地“刷”社交媒体，而不是跟同学进行实时的、面对面的互动，这样的活动才能促进她的社交能力的发展，否则她与同学会越来越疏离，她也会更加孤独。

接下来再想象一下，这个睡眠不足、焦虑、易怒，还社交孤立的孩子做功课的时候又是什么样子。她试图专心，但手机就在眼前，屏幕朝上，不断吸引着她的注意力。她的执行能力已严重受损，铆足了劲也只能专注一两分钟。她的注意力是碎片化的，整个意识都陷入了詹姆斯形容的“困惑、迷茫、心不在焉的状态”。

21 世纪第二个 10 年的初期，我们把智能手机交到了儿童和青少年手里。科技公司乘虚而入，从早到晚地利用可变比率强化的手段训练孩子的心智，如同训练老鼠一样。而此刻，孩子们正处在人生最敏感的时期，他们的大脑正在经历高速重构。科技公司“不遗余力”，设计出成瘾的产品，以此在孩子们的大脑里刻下了许多条深深的路径。[61]

社交媒体也有三分功劳？

2023 年，美国公共卫生局局长维韦克·默西（Vivek Murthy）发布了一份建议报告，讨论了社交媒体对青少年心理健康的影响。[62]报告警告说，社交媒体“对儿童和青少年的心理健康构成了严重威胁”。报告长达 25 页，分析了用户使用社交媒体潜在的成本和好处。提到好处，他说：

> 对部分年轻人来说，社交媒体能够带来好处。因为他们能在这里找到积极的社群，与拥有相同身份、能力、兴趣的人建立联系。社交媒体还能够提供获取重要信息的途径，以及自我表达的空间。让年轻人在线上交到朋友，维护友情，开拓人脉圈子，是社交媒体能创造的一种价值。与线下比，线上的朋友既有更加多元化的背景，还能为青少年提供一些必要的社会支持。线上社群能接纳具有边缘化身份的青少年，特别是在种族、民族、性取向和性别认知上属于小众的群体，他们能在这里缓解很多压力。

这些话乍一听有点道理，默西还提供了证据。的确有调查显示，很多青少年认为自己从社交媒体中获益了。据 2023 年的皮尤报告，58% 的青少年表示，社交媒体让自己获得了更多归属感；71% 的人认为，社交媒体是自己展示创意和表达情绪的窗口；80% 的人觉得社交媒体拉近了自己和朋友的关系。[63] 2023 年，非营利组织常识媒体的一份报告发现，73% 的女孩表示自己每天在 TikTok 上玩得很开心；34% 的人表示自己离不开这个平台，一旦登录不了就会非常难过；63% 的女孩每天都享受着 Instagram 带来的乐趣；21% 的人表示自己无法割舍，否则日子会很难过。[64]

我不否认，这些社交平台确实提供了一些有意思的内容，一如当年的电视给前几代人带来的快乐。对特殊群体的孩子来说，平台还有不一般的关怀作用，尤其是小众群体和孤独症患者。他们可以在一些虚拟社群里大胆做自己，纾解现实社会中的孤独与伤痛。[65]

不过，我们也要看到，无数的相关性、纵向或实验研究提供了大量的证据，证明社交媒体对孩子们有着巨大的伤害。与此同时，我们却找不到多少数据，能证明长期或重度使用社交媒体对青少年的心理健康有什么具体的好处。[66] 2013 年，年轻人纷纷投入 Instagram 的怀抱，但那时他们的心理健康并没有显著改善，幸福感也没有暴涨。青少年们认为社交媒体能帮助他们和朋友保持联系，这当然是对的。但正如我们从青少年们提交的报告中看到的，他们的孤独感和隔离感在与日俱增，这种联系似乎并不如它所取代的传统社交方式好。

我之所以对社交媒体的好处持怀疑态度，还有第二个原因，即很多人把社交媒体和整个互联网系统混淆了。新冠疫情期间，我经常听到人们说："幸亏有社交媒体！要是没了它，年轻人该怎么保持联系呢？"我一般会这么回应："是啊！那就不妨想想看，如果在这个世界上，孩子们只能通过电话、短信、Skype、Zoom、FaceTime 和电子邮件来联系，或者是直接到朋友家里去，再或者是一块儿去户外玩耍，会怎样？我们再想想看，如果在这个世界上，孩子们搜索信息只能靠谷歌、必应、维基百科、YouTube，[67] 以及其他网络服务，比如博客、新闻网站，还有无数非营利组织精心维护的各种专业网站，[68] 又会怎样呢？"

我持怀疑态度的第三个原因是，大众眼中从这些平台获益最多的人，往往也是受伤害最深的一群人。2023 年常识媒体的报告显示，青少年中的小众群体比其他同龄人更赞同一点：如果不使用这些社交媒体平台，他们的生活会更好。[69] 该报告还指出，小众群体中的女孩更有可能遇到有害的内容，如与自杀和进食障碍相关的内容，其概率是其他女孩的两倍多。我们再看看种族的问题。2022 年，一项皮尤报告显示，黑人青少年认为自己因种族或民族而被"网暴"的概率大约是西班牙裔或白人青少年的两倍。[70] 另外，来自低收入家庭（家庭年收入不高于 3 万美元）的青少年在网上受到暴力威胁的概率为 16%，是高收入家庭（家庭年收入高于 7.5 万美元）青少年所面临风险的两倍。

我持怀疑态度的第四个原因是，人们讨论社交媒体对孩子的好处时，很少区分孩子们的年龄，仿佛所有年龄段的孩子都能得到这些好处，实际上对年龄较大的青少年来说，才利大于弊。我们真的认为一群 12 岁的孩子需要通过 Instagram 或 TikTok 来跟陌生人互动，以维护他们的"人脉"吗？这些孩子在现实世界里，跟熟悉的朋友面对面地玩不是更好吗？现在开设社交账号的年龄门槛是 13 岁，我们没有理由再让步，至少也得落实这个规定。

虚拟世界的服务纷繁复杂，我们需要分门别类地依次考察，识别各个平台或产品的性质与目标群体，不要混淆。社交媒体不能代表整个互联网，智能手机也不等同于电脑，《吃豆人》游戏和《魔兽世界》根本不是一个概念，2006 年的 Facebook 和 2024 年的 TikTok 也必须区别看待。总体而言，这些网络服务对青春期前的孩子伤害更大，对大龄青少年的影响则相对较小。我不是说要全面禁止 11 岁的孩子上网。我只是想说，在童年大重构时期，手机式童年取代了玩耍式童年，这是当下这场全球青少年心理大危机的罪魁祸首。我们需要根据孩子的年龄特点，分别开放权限，量体裁衣、循序渐进地让他们使用设备和服务。如果没有年龄限制地给孩子绝对的自由，让他们随心所欲地使用所有服务，那么即使它带来了一些好处，也一定是弊远大于利的。

本章小结

The Anxious Generation

本章的主要内容是手机式童年带来的 4 大伤害。这些伤害改变了童年的体验，是 21 世纪第二个 10 年初期科技腾飞的副作用。每一种伤害都至关重要，因为它会波及成长的多个层面，包括社交、情绪和认知能力等。

- 青少年使用电子设备的时间之多，简直令人震惊。早在 iPhone 诞生之前，这一数字就不低，但现在更为严重。研究发现，青少年平均每天至少要花 7 小时在电子屏幕前娱乐，这还不包括他们在课堂上和做家庭作业时使用电子设备的时间。

- 手机式童年是有机会成本的。一旦孩子有了随时随地能上网的手机，那么他原本可以做的所有事情，都会受到干扰和影响。

- 手机式童年的第一种伤害是社会剥夺。美国青少年把社交生活转移到线上后，他们跟朋友面对面沟通玩耍的时间急剧减少。2012 年，他们平均每天可以和朋友玩 122 分钟。到了 2019 年，这一数字骤降到了 67 分钟。新冠疫情暴发，所有人线下世界的社交活动都受到了冲击。但 Z 世代居然“躲”过了这一冲击，原因是他们早就开始自我隔离了，比新冠隔离措施的出台还要早。

- 第二种伤害是睡眠剥夺。在发达国家，当青少年把功能手机换成智能手机后，他们的睡眠时长和睡眠质量就开始双双下降。纵向研究的数据显示，使用智能手机和睡眠剥夺呈相关关系。学界一直在深入研究睡眠剥夺。睡眠剥夺的危害之深远，已无须多言。它会造成抑郁、焦虑、易怒、认知缺陷、学习能力低下、成绩不佳等问题，还容易引发事故，甚至是致命的事故。

- 第三种伤害是注意力碎片化。注意力是在众多干扰因素的诱惑下仍能专注于一项任务的能力。一个人能够坚守前进的方向，坚持完成初始任务，是成熟的标志，也是执行力强的体现。但智能手机仿佛是注意力的克星，很多青少年每天要接收几百条推送通知，这导致他们几乎无法连续 5 ～ 10 分钟进行专注的思考。有证据表明，在青春期早期，孩子对社交媒体和电子游戏的沉迷会造成他的注意力碎片化，进而阻碍执行能力的发展。

- 第四种伤害是成瘾。行为学家发现，动物学习时其实就是在“建立刺激—反应的联结”。最成功的那几家社交媒体公司，在产品的开发和设计上都采用了行为学研究成果。目的就是要“钩住”孩子们的欲望，让他们对自家公司的产品重度成瘾。多巴胺的分泌让人感到快乐，却并不会带来满足感，而是让你想重复更多的行为来刺激它的分泌，一遍又一遍地体验之前的愉悦感。伦布克指出，戒断反应的基本症状包括“焦虑、易怒、失眠和心境恶劣”。她和其他研究人员发现，很多青少年对网络上瘾后，他们的表现与对老虎机上瘾的赌徒很像。这会严重影响孩子的身心状态、社交能力以及家庭关系。

- 把这 4 种伤害放到一起看，我们就会明白，为什么童年一转向以手机为中心，心理大危机就立刻爆发了。

The Anxious Generation

第 6 章

焦虑的女孩

2002 年，有个名叫亚历克西丝 · 斯彭斯的女孩，出生在美国纽约长岛。2012 年的圣诞节，10 岁的亚历克西丝收到了她人生的第一台 iPad。一开始，她只在上面玩 Webkinz 游戏，就是跟虚拟世界中的毛绒动物互动。然而到了 2013 年，亚历克西丝读五年级时，有些同学笑话她玩的游戏太小儿科，力劝她注册一个 Instagram 账户。

亚历克西丝的父母对于孩子接触科技产品非常谨慎。他们严格禁止在卧室内使用电子屏幕，亚历克西丝和弟弟想用电脑的话，必须共用客厅里那台。他们还会定期检查亚历克西丝的 iPad，看看里面都装了哪些应用程序，并明确禁止她使用 Instagram。

不过，跟其他同龄用户一样，亚历克西丝也找到了破解办法。尽管她才 11 岁，但她在网站上谎称自己已满 13 岁，成功开设了 Instagram 账号。每次使用时，她都会重新下载应用程序，用完就卸载，不留一丝痕迹。后来她还向其他未成年用户学习了将 Instagram 的图标隐藏在主屏幕的计算器图标下，这样就无须不断卸载了。她的父母最终发现了这个秘密，开始严加管控，并立下规矩。于是她又想出了新招，创建了一系列小号，绕过父母的监管悄悄发帖。

起初，亚历克西丝对 Instagram 非常着迷。2013 年 11 月，她在日记中写道：“哇！我在 Instagram 上有 127 个粉丝了。其实 10 个就够让人兴奋了，我现在真是欣喜若狂！”但仅过了几个月，她的心理状况就急转直下，开始显露出抑郁的苗头。开通 Instagram 账号 5 个月后，她画了一幅画，如图 6-1 所示。

图 6-1 亚力克西丝・斯彭斯 12 岁时的画作

注：图中左下方的笔记本上显示的是垃圾、丑八怪、傻子等负面词汇，图中正在充电的手机上显示的是笨蛋、丑人、胖子等负面词汇，图中右上方的小女孩脑海中的文字是谣言、废物、没人爱你、肥猪、怪物、笨猪、神经病等负面词汇。

资料来源：亚力克西丝父母起诉 Meta 公司的法庭文件。[1]

注册账号后的 6 个月里，Instagram 算法为她推荐的内容从一开始她喜欢的健身信息，慢慢地变成了模特的照片，后来又变成了节食的建议，最终竟然把传播厌食倾向的内容推送到她眼前。八年级时，她因厌食和抑郁住院。余下的整个青少年时期，她都在与这两种疾病做斗争。

现在，亚力克西丝已经 21 岁了，她重新掌控了自己的生活，并成了一名急救医疗技术员，尽管她仍在与进食障碍做斗争。她的父母对 Instagram 的母公司 Meta 提起了诉讼，控诉这家公司未经父母允许，擅自向他们的女儿提供有害的产品。得知此诉讼案后，我与亚历克西丝和她的母亲取得了联系。

通过这次采访，我对亚历克西丝病重时那段暗无天日的岁月有了更多的了解。孩子反复进出医院，父母则拼尽全力地保护她，帮她远离社交媒体的折磨。在某段戒断期，亚历克西丝因为愤怒，在墙上捶出了一个洞。但在经过一段长时间没有社交媒体的住院治疗后，亚历克西丝恢复了往日的体贴与温和，她的母亲表示："她像变了一个人，温柔又有礼貌。记得那时正是母亲节，她为我精心制作了一张贺卡，那真是世界上最漂亮的一张母亲节卡片。我知道，我们的女儿康复了。"

社交媒体为什么会对女孩有如此难以抗拒的吸引力呢？它到底是通过什么方式使她们深陷其中，并对她们造成各种伤害，让她们感到抑郁，出现焦虑障碍、进食障碍，甚至产生自杀的念头？[2]

如前文所述，21 世纪第二个 10 年初期，智能手机取代了功能手机。这催生了无数的互联网新概念与新玩法，用户黏度和使用强度陡增。随之而来的便是 4 大伤害的加剧：社会剥夺、睡眠剥夺、注意力碎片化和成瘾。到了 2013 年，在美国及其他英语圈国家的精神科病房里，女孩患者人数激增，比例压倒性地超过了男孩。[3] 在本章中，我将深挖社交媒体对女孩的伤害更为严重的原因。下一章则把视线转向男孩，讨论他们使用新科技时的行为都有哪些特点。男孩的幸福感也在下降，不过主要不是体现在心理疾病上（虽说发病率也在上升），而是体现在他们糟糕的学业，以及对现实世界的逃离和疏离上。在这两章中，我将集中分析美国和英国的数据，因为这部分数据比较丰富。[4]

为什么说社交媒体在伤害女孩

正如我在之前的章节中所定义的，社交媒体平台的功能，是让用户一对多地分享自己创作的内容，且创作者的分享与其他用户的阅读并不同步。在典型的社交媒体平台上，如 Instagram，用户会先发布与自己的生活有关的内容，然后等待其他人来评判和评论。这种先发布再期待反馈的过程，以及彼此间的比较，对女孩和年轻女性有非常大的影响，远超过对男孩和年轻男性的影响。这一结论在大量的相关性研究中得到了一致证实。这些研究通常会先调查青少年的互联网使用情况，并考察他们的心理健康状况，以此来判断频繁地使用某种服务是否会损害心理健康。

需要指出的是，有一些研究没有发现社交媒体对心理健康有害的证据。一项知名的研究称，数字媒体给用户造成的心理伤害接近零，跟吃土豆的副作用不相上下。[5] 琼・特文吉和我重新分析了这项研究的数据集，我们专门聚焦于线上社交媒体与女孩心理健康的关系，而非泛泛地考察包括电视、电脑在内的数字技术设备的使用情况。我们发现，社交媒体与女孩的心理健康有显著的相关性。[6] 恰当的类比不是吃土豆，而是酗酒或吸食大麻。对女孩来说，重度使用社交媒体与心理疾病之间，[7] 存在着明确、一致且显著的相关性。[8] 不分用户性别，泛泛地考察所有的数字活动时，研究人员很容易漏掉这种相关性。[9] 那些声称伤害证据不足的记者通常指的是这类研究。[10]

图 6-2 展示了来自英国千禧年队列研究（Millennium Cohort Study，MCS）① 的数据，该研究追踪了约 19 000 名于 2000 年左右出生的英国孩子，记录了他们从出生到青春期的成长过程。该图显示了英国青少年的抑郁比例，数据基于受访者对 13 个问题的回答。这个比例与孩子们平日花在社交媒体上的时间数据呈正相关。先看男孩，除部分重度用户外，抑郁发病率和社交媒体的使用时间关系不大。只有当他们每天在社交媒体上花费的时间超过两小时后，抑郁的比例才开始上升。

---

① 千禧年队列研究以出生于 2000 年的英国人为主要研究对象，历时多年，在家庭、学校等影响发育和成长的各个方面，追踪收集研究对象的各项数据。——译者注

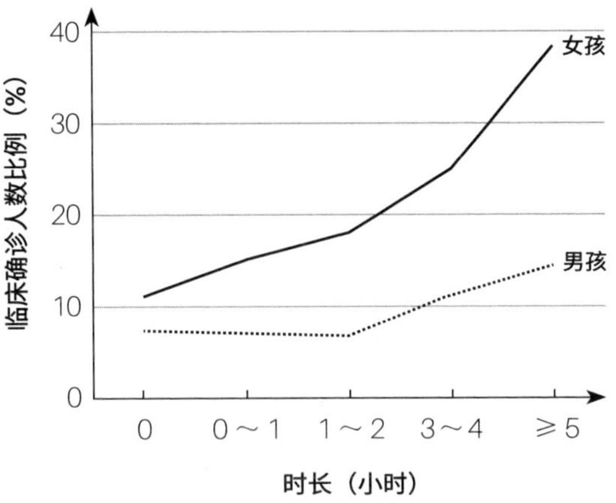

图 6-2　英国青少年社交媒体使用时长与抑郁症发病率之间的关系

注：图中数据体现了英国青少年的抑郁症发病率与其上学期间每天使用社交媒体的时长之间的关系。重度使用者的发病率明显高于轻度使用者和不使用的人，此相关性在女孩群体中尤为显著。

资料来源：Millennium Cohort Study。[11]

女孩的社交媒体使用时间和发病率的相关性，以及两者变化的同步性都要强得多。她们花在社交媒体上的时间越长，抑郁的可能性就越大。在上学的日子里，每天至少花 5 小时在社交媒体上的女孩，其发病率是不使用社交媒体的女孩的三倍。

只是相关，还是真有因果关系

在相关性研究中，即使两个因素是相关的，两者间的关系也有多种可能。比如“反向相关”关系，即抑郁促使女孩依赖社交媒体，而非反之。[12] 还有一种可能是，这两个因素都受到了第三个因素的影响，如基因、父母的过度纵容、孤独感等。要验证一件事是不是另一件事的原因，研究人员通常会做分组实验，先把实验对象随机分成两组，一组进行真正的实验，另一组则是对照组。在医学领域，对照组通常会得到安慰剂；在社会科学领域，对照组通常不会被安排任何任务，照常活动即可。这种实验形式也叫作“随机对照实验”。在一些与社交媒体相关的实验里，研究人员会让一组年轻人减少对社交媒体的使用，或干脆暂时戒掉，实验会持续几天到几周不等。有些实验还会邀请一组年轻人（通常是大学生）来到实验室，让他们处于社交媒体的某些模拟情境中，比如滑动屏幕浏览一系列图片，然后研究团队会观察学生的某些心理变量的变动情况。

例如，有一项研究随机让一组大学生大幅减少社交媒体的使用时间，对照组则保持原样。3 周后，团队分别测试了两组人员的抑郁程度，跟对照组相比，实验组的孤独感和抑郁症状明显减轻。[13] 还有一项实验随机安排了一组青少年女孩浏览 Instagram 上的自拍照，有些是未经修图的原片，有些则是无比漂亮的精修片。结果显示，浏览精修片会打击女孩对自己外貌的信心。[14] 琼・特文吉、扎克・劳施和我收集了数十项实验的数据，[15] 整合后的结果有力地支持了相关性实验得出的结论：使用社交媒体会引起焦虑、抑郁等问题，两者就是因果关系，而非简单相关。

群体效应会不会放大伤害

这些实验都存在一个主要的局限性：它们只孤立地考察社交媒体对个体的影响，跟营养学家研究糖分摄入对人的健康的影响时的思路一样。随机选出 100 名青少年，让他们用 3 个月的时间控糖，然后跟对照组进行比较，考察实验组的健康状况有无改善。但社交媒体跟糖不一样，它影响的可不只是直接的使用者。21 世纪第二个 10 年初期，学生将智能手机带进了学校，一并把手机里的社交媒体，整个校园的风气随之大变。随着网络通信技术的飞速发展，其各项功能和体验都急速增强。[16] 课间或午餐休息时，学生之间的相互交谈减少了。大家只顾低头玩手机，常常从早到晚不停地聊网络上的新鲜事。[17] 孩子们不再有那么多时间抬起头来看向彼此，不再一起欢笑、一起练习面对面的聊天技巧。在这样的环境里，哪怕是那些不使用社交媒体的学生，他们的社交生活也受到了影响。

社交媒体在群体层面的影响更为强大和显眼，甚至掩盖了单个成员受到的真实伤害。[18] 如果我们让一些青少年一个月不使用社交媒体，但他们的朋友都照常使用，那么被选中的这些青少年可能会有一种更强烈的社交孤立感。不过，有多项研究证明，远离社交媒体，这些孩子的心理健康还是会有所改善。我们来设想一个庞大的实验：随机选出 20 所中学，接下来的一年，让其所有的学生都戒掉社交媒体；另外选出 20 所中学当对照组，他们的学生可以自由使用社交媒体。最后的效果会如何呢？我们也可以现实一点儿，不要求实验组的学生们彻底戒掉社交媒体，但每天早上要把手机锁起来，不带入教室。这种实验就可以解答我们的疑惑，告诉我们群体效应究竟有多大。

有一类研究虽然规模不大，但意义重大，能帮我们测定社交媒体的群体效应。这类研究关注的是，当社交媒体突然在某个社区变得更加普及时，整个社区会发生怎样的变化。[19] Facebook 在初创期，只针对有限的几所大学进行推广。有一项研究就巧妙地利用了这一情况，考察目标大学被 Facebook 选中后，其学生在接下来的一两年里与对照组，即还用不了 Facebook 的学校的学生相比，心理状况有何变化。正如我们所料，学生们的心理健康状况恶化了，女生尤为显著。这项研究发现：

> Facebook 在大学里推出后，加重了学生的心理疾病症状，尤其是抑郁症。同时，心理健康服务的需求量也增加了。据学生们的报告，心理健康状况的下降导致他们的学习成绩下降。另有证据证明，之所以会产生这样的影响，是因为 Facebook 在同学间助长了不好的比较风气。[20]

我找到了 5 项研究，它们考察了世界各地高速互联网的推广情况，而这 5 项研究无一例外都可以证明高速互联网的普及是有损用户心理健康的。网速的提升是手机式童年登场的必要条件。例如，随着光纤电缆的铺设，高速互联网在不同时期进入不同地区，西班牙发生了什么？2022 年有一项研究分析了高速互联网的使用对有行为和心理健康问题的青少年的出院诊断的影响，得到结论如下：

> 高速互联网的普及对女孩有显著的负面影响，对男孩则不明显。我们探究其负面影响的作用机制时发现，高速互联网的普及增加了孩子对互联网成瘾的风险，大幅减少了他们的睡眠时间、做作业的时间，以及

与家人朋友相处的时间。这些效应主要表现在女孩身上。[21]

这些研究及其他诸多研究[22]共同指出：青少年的社交生活快速转移到社交媒体平台，正是他们心理健康问题激增的罪魁祸首，两者不仅仅是表面相关。孩子们的心理疾病包括了抑郁、焦虑、自杀意念等，这些疾病都集中暴发于21世纪第二个10年初期。[23]有部分学者认为相关性还不够显著，或负面影响并不严重。他们可能没有看到问题的全貌，而只看到了社交媒体在个体层面的影响。殊不知这场突发的、集体性的社交模式大改变，才是一切的关键，即我说的童年大重构。

但为什么社交媒体对女孩的伤害更严重呢？它是怎么影响女孩的大脑发育与自我认知的呢？

女孩比男孩更爱用社交媒体

21世纪第二个10年初期，由于智能手机的普及，孩子们上网的时间日益增加。不过男孩和女孩的上网方式有所不同：男孩们常去YouTube看视频，登陆文字信息类的平台，如Reddit，还特别喜欢玩多人在线网游。女孩们则喜欢图片类的平台，她们使用这类平台的强度比男孩大得多。她们最常用的是Instagram，其次是Snapchat、Pinterest和Tumblr。[24]

2017年，英国进行了一项研究，让青少年评价主流社交媒体平台对他们身心状态的影响，包括焦虑、孤独感、身体形象和睡眠等方面。结果发现Instagram的影响最为恶劣，Snapchat紧随其后，只有YouTube总体上获得了正面评价。[25]

图片类平台纷纷套用了Facebook开创的运营模式：尽可能地留住用户，延长其使用时间，以此将数据收集的效果最大化，提高用户对广告商的价值。图6-3展示了美国高中生每周在社交媒体上花费超过40小时的用户百分比。每周40小时，这相当于同学们在学习之外，还做着一份全职的工作。到了2015年，每 7 个美国女孩中就有 1 个会为社交媒体疯狂至此。这个问题最初是在 2013 年被提出的，考虑到 2010 年还没有几个学生在用智能手机，当年的人数应该接近零。在智能手机普及之前，青少年不可能随时随地上网，每周想在社交媒体上花费 40 小时都是件难事。[26]

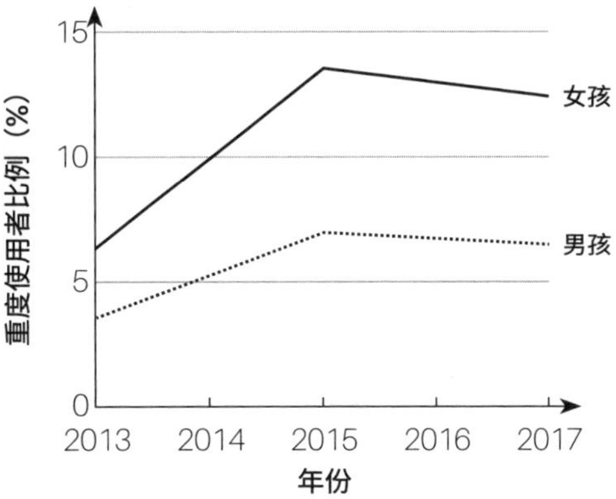

图 6-3　美国八年级、十年级、十二年级的学生使用社交媒体的时间

资料来源：Monitoring the Future。[27]

女孩们在社交媒体平台上花费的时间更多，[28] 而这些平台又恰恰是对心理健康伤害性最大的。所以，就算女孩和男孩在心理方面没有区别，女孩的焦虑、抑郁也会比男孩更严重。

更何况，女孩的心理本就与男孩不同。在发育的过程中，她们的核心需求更容易被社交媒体利用和破坏，而男孩则更容易被电子游戏公司利用。

能动与共生

女孩和男孩的心理在大多数方面是相似的。翻开任意一本心理学的入门教材，你只会看到寥寥几页提及性别差异。不过也有一些区别是客观存在的，且与文化背景和生活区域无关。其中一点就是在“能动与共生”（agency and communion）上的性别差异，这能帮助我们深入理解社交媒体带给女孩和男孩的不同影响。能动与共生是一对心理学概念，描述的是人的两大类动机和目标，几乎每个人都有。近年的一篇文章将其解释为：

> 能动让一个独立的个体去展现并强化自己的能力，如工作和学习的效率、技能、自信等。共生则让一个人去关心他人，通过表达善意、协同合作、同情他人等方式，积极主动地融入集体。[29]

人的一生中，能动与共生是交织变换的，对青少年自我认同的形成意义重大。他们要定义自我，需要成功融入集体，而想让自己在集体中显得优秀且有吸引力，则需要有独特的个人能力。[30]

研究人员早就发现，男性更注重能动性的追求，女性则倾向共生性。[31] 这种差异会随着时间的推移而逐渐缩小，说明文化的影响是差异产生的原因之一。但这种差异也能通过儿童的玩耍行为显现，[32] 甚至在其他灵长类动物的玩耍行为中也有所体现，[33] 所以背后可能也有生物学的作用。就本书的目的而言，重要的不是深究差异的准确来源，而是科技公司对这种差异心知肚明，却利用这些原理来吸引其核心用户群体。表面上看，社交媒体提供了全新而便捷的社交方式，让人们能维护“人脉”，似乎是在满足人们共生的需求，实际上其带来的却是挫败和失落。

为何女孩受伤害更深

社交媒体公司在运营产品时，至少利用了女孩的 4 个需求。这些需求体现了女孩们对共生性的极度渴求。当女孩们拥有了智能手机，并纷纷把社交生活转移到 Instagram、Snapchat、Tumblr 等所谓的图文“分享”平台后，社交媒体公司就是在这 4 个独特的需求上做文章，才让女孩们无力抵御。这些手段就是导致女孩们的心理健康状况迅速恶化的原因。

原因 1：女孩更在乎与他人的比较，且更追求完美主义

2021 年，歌手奥利维娅·罗德里戈（Olivia Rodrigo）的歌曲《嫉妒，嫉妒》（*Jealousy, Jealousy*）生动地描述了女孩们“刷”社交媒体时的心态。歌词开头是：

> 我想把手机扔到房间另一边
> 因为手机里的女孩太美
> 那种美我永远无法实现

接下来的歌词表达的是，总有陌生女孩身姿曼妙，牙齿白到发光。“我”必须跟她们比较，不停地比较，这种比较正慢慢消耗着“我”的生命。这首歌振聋发聩，我建议读者朋友也去听一下。[34]

心理学界很早就在研究社会比较及其对大众的影响。社会心理学家苏姗·菲斯克（Susan Fiske）把人类比喻为“比较机器”，[35] 另一位社会心理学家马克·利里（Mark Leary）对此有进一步的描述：人类的大脑里仿佛有个“社交计量器”，刻度从 0 到 100，这台仪器时刻显示着我们在当地声望排名中的位置，指针一旦向下走，就会触发一种警报——焦虑感，这种焦虑感迫使我们调整自己的行为，以把指针调回去。[36]

青少年的安全感极其脆弱，因为在告别童年的过程中，他们的身体和社交状态都在经历剧变。他们苦苦挣扎，想在男孩或女孩的队列里找到属于自己的新定位。每个青少年都非常重视自己的外表，特别是情窦初开后。大家都懂，在稚嫩的爱情世界里，外表的得分与爱情的成败直接挂钩。但这一点带给青春期少女的影响尤其深刻，因为女孩的社会地位更依赖于她们的美貌和性吸引力。相较于男孩，女孩在使用社交媒体时，更容易受到关于外貌和身材的严苛评价，同时她们也被不可企及的美丽标准所困扰。

我成长于 20 世纪七八十年代，那时女孩们受到的压力就不小了，她们面对的都是精心打扮的模特用 Photoshop 软件处理过的照片。但那些模特是陌生的

成年人，与女孩们不存在竞争关系。然而，当学校里的大多数女孩都开始使用 Instagram 和 Snapchat，发布她们精心编辑过的精彩生活片段，并使用滤镜和编辑应用程序来提升自己的线上形象时，会发生什么呢？许多女孩大脑中那台社交计量器的示数一落千丈，因为大多数人都低于她们认为的平均值。差不多就是在此刻，发达国家的女孩们拉响了心里的警报，焦虑情绪汹涌而来。

图 6-4 展示了滤镜和修图软件的神奇。约瑟芬·利文（Josephine Livin）是 Instagram 上的网络红人，她在这组照片里展示了通过点击按钮将自己变成 Instagram 上美得近乎失真的美女有多么容易。

图 6-4 美颜滤镜可以让你像想象中那样完美

注：美颜滤镜能让你变得完美，这会在无形之中增加其他女孩的压力，迫使她们想提升自己的容貌。

资料来源：Josephine Livin, @josephinelivin, on Instagram。[37]

修图软件让女孩们可以展示自己完美的水光肌、嘟嘟唇、大眼睛、蜜蜂腰……想要什么就有什么，她们还会精心挑选生活中最美好的瞬间，分享到社交媒体上。[38] 2015 年，Snapchat 推出自己的滤镜，就包括了类似的功能。许多滤镜只需轻轻一点，就可以让用户的嘴唇看起来更丰满，鼻子更小巧，眼睛更有神采。

图 6–5 是美国高三学生中“对自己较为满意”或“完全满意”的比例。学生们需要回答一个问题：“你对自己现在的状态有多满意？”由答案数据可知，孩子们社交计量器的指针在直线下降，男孩也未能幸免。下一章就将探讨男孩们的生活发生了怎样的变化。

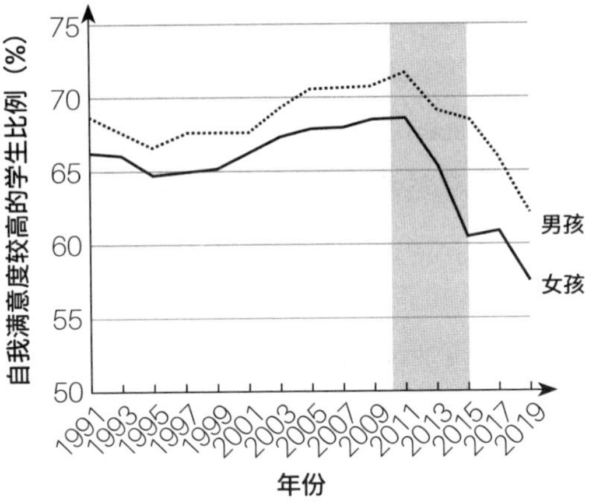

图 6–5　美国的八年级、十年级、十二年级学生的自我满意度

注：2012 年起，孩子们的社交计量器数据陡降。

资料来源：Monitoring the Future。

在无休止的社会比较中，女孩尤其容易受到伤害。原因是她们受“社会指定型完美主义”（socially prescribed perfectionism）困扰的概率更高。这种心态会迫使一个人按照某个集体或整个社会定下的标准而活，但该标准又往往高到常人无法企及。[39]“自我指向型完美主义”（self-oriented perfectionism）与此略有不同，它是指一个人给自己定下了极高的要求，一旦达不到就狠狠地惩罚自己。自我指向型完美主义没有性别差异，男女的表现是一致的。社会指定型完美主义与焦虑有密切的相关性，患有焦虑症的人更容易受到它的影响。做完美主义者又会使一个人的焦虑状态恶化，让人做什么都怕做不好，因为这样的人很怕失败后在他人面前丢脸。读到这里，相信你一定预料到了——没错，社会指定型完美主义就是在 21 世纪第二个 10 年初期开始，在英语圈国家里蔓延开来的。

杰茜卡·托里斯（Jessica Torres）是大码女孩时尚赛道的博主，她曾写过一篇博客文章，名为《在社交媒体上当网红，给我的心理健康带来了什么冲击？》。文中写道：

> 为了在 Instagram 上发布一张照片而花费几百美元和大量时间，我感觉是一种浪费，因为最后哪张照片都达不到我心目中完美的标准，不值得分享。尽管我一直宣扬人要自爱，但我自己却是说得到做不到。我总是忍不住将自己的 Instagram 页面与其他照片更好看的博主相比较，我对自己的要求也变了，人生的意义、工作的价值全在于有多少网友给我的照片点了赞。[40]

自广告行业诞生以来，就想方设法地引导着年轻女性，要她们成为“更好”的自己。而社交媒体每天都会向女孩展示成百上千张这样的图片，许多图片中的女孩都好得不真实，拥有完美的身材，过着完美的生活。接触如此多的图片肯定会让“比较机器”受到负面影响。

法国的研究人员曾做过一个分组实验：给其中一组女孩看“瘦女孩”的照片，照片里全是体形非常纤细的女性；另一组女孩则看了一组普通女性的照片，照片中女性的体形很正常。[41] 前一组受试女孩看完照片后，对自己的身材、外表更加焦虑了。这个结果很神奇，因为每张照片在女孩们眼前只是一闪而过，停留时间不过 20 毫秒。翻页速度如此之快，大脑根本反应不过来。因此，研究人员得出结论：社交场景里的比较行为，其实是在潜意识中进行的，但它依然能显著影响人的自我评价。女孩们经常彼此提醒，社交媒体不可全信，那上面展示的不是真实的生活。但这种提醒的作用非常有限，因为大脑负责进行比较的区域，并不是大脑用来进行理性思考和认知的区域。而只有后者才能意识到，眼睛正在看的不过是些精修片罢了。

一个 13 岁的女孩在 Reddit 上发帖，描述了社交媒体上其他女孩的照片给自己带来的影响。她的观点和亚历克西丝·斯彭斯、奥利维娅·罗德里戈的观点很相似：

我无法停止和别人比，因为不想看起来这个样子，我甚至不想活了，不管我怎么努力，我还是觉得自己很丑，为此我哭了无数次了。这种情况可能是从我 10 岁那年开始的，现在我 13 岁了。那时我在 TikTok 上看到一个女孩，一下子就被她吸引了。她简直太完美了！我对她的羡慕之情难以形容！青春期前的那几年，我开始“迷恋”这样的漂亮女孩。[42]

一个女孩激励自己并不是件坏事，但前提是她激励自己学习有利于将来成长和生活的新技能。但社交媒体的算法会发掘并强化她们求美的欲望，给她们植入一个大众化的审美标准，比如追求极致的瘦。在 Instagram、TikTok 上，一个女孩只要对减肥、美容，甚至是健康饮食表现出一丁点儿兴趣，就会收到一大堆图片或视频，里面全是非常瘦的女孩。[43]

Facebook 曾自行组织过一项调查，想弄明白 Instagram 对英美两国青少年有什么样的影响。Facebook 官方从未公布过这项调查的结论，但前文提到的弗朗西斯·豪根设法对一份 Facebook 内部的报告进行了截屏，并把图片发给了《华尔街日报》的记者。原来公司内部的调查早就发现，Instagram 对女孩的影响尤其恶劣。报告称：“青少年纷纷埋怨 Instagram，觉得它加剧了这个群体的焦虑和抑郁症状……这种反馈是发自他们内心的，未经任何引导，而且非常广泛，在不同的青少年群体中都存在。”[44] 报告还指出，与其他社交平台相比，Instagram 上的比较现象格外严重。Snapchat 的滤镜更多地聚焦于面部，Instagram 的滤镜却把重心放在了身材和生活方式上，程度极其严重。

原因 2：女孩的攻击性多针对人际关系

在大众认知里，男孩通常比女孩更具攻击性。如果我们只看暴力冲突和肢体攻击，确实如此。[45] 男孩读故事看电影时，都更喜欢以体育、打斗、战争和暴力等为主题的作品，这些都在表达他们能动性方面的需求与欲望。一般来说，男孩通过谁能在打斗中占上风，或者谁能在不担心暴力报复的情况下侮辱对方来决定社会地位的高低。女孩不一样，她们看重的是共生性，所以真正伤害一个女孩的方式是破坏她的人际关系。你可以散布谣言，挑拨她与朋友的关系，让她在朋友心中的地位一落千丈。研究人员发现，女孩有能力摧毁他人的人际关系或形象，对别人施以间接性的打击，手段和力度远胜过男孩。不过，只有年龄大一点儿的儿童或青少年时期的女孩才有这个"特长"。[46] 如果一个女孩觉得自己在朋友心中的形象或价值在日益下降，那么她心中的焦虑可能会与日俱增。她的社交计量器的指针一路下坠，坠得太厉害时，她可能就会抑郁，甚至产生自杀的念头。对罹患抑郁症或陷入孤立境地的孩子来说，身体的死亡能终结一切痛苦，而社会性死亡则如同生活在地狱里。

研究表明，青少年改用网络社交后，霸凌的方式也有了质变。一项系统性的研究综述考察了 1998—2017 年的相关研究成果，发现男孩们在线下经历霸凌的情况有所减少，女孩们则有所增加，尤其是刚进入青春期的女孩。[47] 另外一个研究项目于 2006 年启动，在启动后的 6 年间调查了约 16 000 名马萨诸塞州的高中生。这个项目没有发现女孩群体在线下遭遇霸凌的情况有所增加，却发现男孩群体遭遇这种情况有所下降。不过，女孩们线上遭遇霸凌的现象在明显增加。[48] 美国的一项大型调查发现，2011—2019 年，网络霸凌现象持续存在，只是程度没有恶化。在此期间，每 10 名高中男孩或每 5 名高中女孩中，就有 1 名惨遭网络霸凌，每年如此。[49] 换言之，线上社交的兴盛让霸凌和欺辱降临到了更多女孩头上，成为她们日常生活中难逃的一场场噩梦。

单看网络霸凌的受害者比例，21 世纪第二个 10 年的数据还算稳定，没有明显上涨。但随着青少年转战不同的社交平台，流言的传播途径、攻击的角度与方式都有了质的变化。在人际关系方面，加害者可以发起的以及受害者需要承受的霸凌也不同往昔了。任何人，无论年龄大小，都可以轻松注册好几个匿名社交媒体账号，这些账号可能被用于进行网络暴力和破坏他人名誉。这些行为在虚拟世界里悄然进行，父母和老师极少知情，甚至很难理解其原理和后果。更糟糕的是，智能手机太便利了，能被孩子带到学校、厕所和被窝里，于是霸凌行为也就如影随形。

2018 年，《大西洋月刊》刊登了泰勒·洛伦茨（Taylor Lorenz）撰写的一篇报道，讲述了 Instagram 上的一个霸凌事件。[50]受害者名叫玛丽，是个 13 岁的女孩。她成功入选了学校的啦啦队，而她当时的朋友不幸落选了。这个所谓的朋友居然利用 Instagram 的几个功能，无所不用其极地给玛丽泼脏水，破坏玛丽在其他同学心中的形象。玛丽说道："她们真的建了一个群，群名就叫'全班同学，除了玛丽'，那是专门用来说我坏话的群。"这件事情导致玛丽生平第一次惊恐发作。

社交媒体会放大关系霸凌的范围和程度。女孩们时刻提心吊胆，谨言慎行，生怕说错一句话、做错一件事，就引来大祸，陷入病毒式传播的信息涡流中，久久不得解脱。青春期的孩子本就怕被孤立，社交媒体更是加剧了他们的不安全感。于是这一代女孩被深深影响，纷纷关闭了大脑的发现模式，集体被防御模式裹挟。

弗蕾娅·英迪娅（Freya India）是一位英国作者，也是 Z 世代的一员。她关注女孩们的生活和心理健康，写过一篇文章，题为《社交媒体不只让女孩变得焦虑，还让我们变得尖酸刻薄》。她在文中说道：

> Instagram 上有成千上万的匿名帖子在引导情绪，挑起仇恨。从这些极具煽动性的帖子，到那些套路成熟的抵制或封杀运动，女孩们可以用各种创造性的办法彼此伤害。此外，我们还有很多不动声色的"消极攻击"法。比如，你可以拉黑一个人，然后再赶紧把她从黑名单里拉出来，这样就能将自己从她的关注名单里删除，这种操作方法叫作"软拉黑"。你还可以对一个人的消息"已读不回"，或者故意在一张把她拍得很难看的照片上圈出她。[51]

本小节让我们再次看到，手机式童年是如何颠覆女孩们的人际关系及正常生活的。青春期本来就是一个变化波动较大的时期，青少年更需要拥有几个亲密好友。社交媒体的出现让这个时期的转变变得更加艰难，因为它让关系攻击变得更加容易，让地位竞争变得更加普遍和公开。很多少女的自杀案例都与社交媒体上的霸凌和羞辱直接相关，这些媒体也包括了 Ask.fm 和 NGL（Not Gonna Lie），它们的设计初衷就是鼓励用户匿名发表对他人的看法。[52]

原因 3：女孩更容易分享彼此的情绪，传染心理障碍

我们都知道亲密朋友会影响我们的情绪，但你或许不知道，朋友的朋友也可以影响你的心情。社会学家尼古拉斯·克里斯塔基斯（Nicholas Christakis）① 和政治学家詹姆斯·福勒（James Fowler）深入研究了一组针对马萨诸塞州弗雷明汉居民的长期调研数据，项目名为“弗雷明汉心脏研究”（Framingham Heart Study）[53]，主要关注居民的生理健康问题，但克里斯塔基斯和福勒另辟蹊径，选出可用的数据，研究了情绪在社区中的传播现象。他们发现，快乐往往会成簇出现。这不仅是因为快乐的人会彼此吸引，还因为快乐情绪能如涟漪般在朋友之间荡漾开来，一个人影响另一个人，大家接二连三地快乐起来。快乐是会传染的，它通过社交网络进行传播。

在后续研究中，两人与精神病学家詹姆斯·罗森奎斯特（James Rosenquist）联手，还是基于这个项目的数据，研究了负面情绪（如抑郁等）在社交网络中的传播现象。[54] 这次的研究有两个值得关注的新发现。首先，负面情绪的传播力比正面情绪要强。负面情绪更有影响力，在心理学中几乎总是如此，[55] 毕竟抑郁向来就比快乐等好心情更能感染人。其次，抑郁似乎只由女性传播。当一位女性陷入抑郁后，她的挚友们，无论男女，患抑郁症的风险都会显著增加，增幅高达 142%，而男性的抑郁对朋友的影响就微乎其微了。几位研究者推测，这可能是因为女性在情感的表达上更为主动和坦诚，也更擅长接收朋友的情绪信号，并受到影响。相比之下，当男性聚在一起时，更倾向于一起做点什么事情，而不是讨论他们的心情。

---

① 尼古拉斯·克里斯塔基斯是耶鲁大学人性实验室掌门人，耶鲁大学社会与自然科学斯特林讲席教授，社会学家，社会网络研究领域权威专家，2009 年《时代》周刊“全球 100 位最有影响力的人”之一，著有《大连接》(*Connected*)，《蓝图》(*Blueprint*)，这两本书的简体中文版已由湛庐引进，分别由北京联合出版社、四川人民出版社出版。——编者注

弗雷明汉心脏研究在 2001 年就结束了，随后社交媒体才兴起。想想看，这项研究关注的是成年人的社群，而 2010 年以后青少年的社交网络可要紧密得多。那么，根据前文的发现，青少年会受到怎样的影响呢？还有，抑郁和焦虑的传播力远超过正面情绪，且女孩比男孩更乐于分享自己的感受。我们不难推测出，女孩们在 2012 年左右如潮水般涌入 Instagram 等所谓图文“分享”平台后，其抑郁和焦虑情绪极有可能会急剧上升。

没错，正如第 1 章所述，这一切就是真真切切地发生了。2010 年后，抑郁症向全美国的女孩袭来，发病率陡增，同时还伴随着激增的自我伤害率以及精神病住院率。然而，抑郁症还只是社交媒体带来的负面影响之一，问题不止这一个。

1997 年，时任美国疾病控制与预防中心研究员的莱斯利·博斯（Leslie Boss）发表了一篇文献综述，研究“社会源”流行病现象。[56] 这里的“社会源”是指疾病的病因源于社交影响或社会事件，而非生理原因。历史上，社会源流行病存在着两大亚型：一种是焦虑型流行病，主要症状包括腹痛、头痛、眩晕、昏厥、恶心反胃、呼吸急促等；另一种是动作型流行病，主要症状有“歇斯底里地跳舞、抽搐、大笑和假性癫痫”。中世纪曾有许多村庄感染了历史学家们描述的“舞蹈瘟疫”。村民感染后，会一直跳舞，直至虚脱而亡。[57] 近几十年来，医学界一直没弄清楚这两种病的病因，大家既没发现可以致病的毒物，也没在环境里找到什么污染源。但有一点是被多次印证过的，即青少年女孩比其他群体更容易感染。而且，每当社区里发生重大事件，人们感到极度紧张或恐慌时，这些流行病也更容易泛滥。[58]

博斯指出，这些流行病一直通过面对面的社交行为传播。近代以来，它们有了新的传播途径：大众传媒，如电视。1997 年，博斯看到互联网诞生后的光景，她预言道：“大众传媒发展出了新的沟通渠道，比如最近的互联网。那些通过沟通而感染的流行病有了更大的暴发风险。”

她一语中的。青少年纷纷涌向图文分享型社交平台，尤其是那些视频平台，如 YouTube 以及后来的 TikTok，这就等于主动涌入了心理疾病的快车道。焦虑和抑郁的发病率开始飙升，其中，青少年女孩群体的情况尤为恶劣。青少年感染的心理疾病中，很多都是上文所说的焦虑型流行病，发作的模式又进一步分为两种。第一种是单纯的情绪感染，如福勒和克里斯塔基斯所描述的，人们总是受他人情绪的影响，不由自主地跟对方同步。这种感染在女孩中尤其常见。第二种是声望偏误效应，我们在第 2 章已经了解过这种社会学习规则：不要只是盲从他人，要先找出最有声望的人，然后去模仿和追随。但在社交媒体上，想要获得关注和点赞，最好的策略就是走极端，凡事做到过火就对了。于是那些表现出更极端症状的人反而成了网络红人，“粉丝”们争相效仿。这种现象也被称作“观众捕获”（audience capture）效应，即发帖子的人为了满足观众的期待，变得越来越没有原则和底线，在自己的赛道上越走越极端。[59] 而一个人如果看到周围人都在采取某种行动，或者做出某种决断，那么另一种社会学习过程——从众偏差也会启动。

2020 年，新冠疫情肆虐。感染和隔离激发了社会源流行病的暴发。新冠病毒是当时每个人都需要面对的威胁。隔离期间，青少年在社交媒体上投入的时间更多了。TikTok 异军突起，大受欢迎。这个平台在早期喜欢鼓励青少年女孩模仿其他女孩极具风格的舞蹈动作。一时间，几乎全世界的女孩们都在跳一个又一个的网红舞。但 TikTok 的野心可不只是打造几个网红舞蹈而已。它先进的算法能够捕捉到用户对任何内容的兴趣，并以更极端的形式推送更多相关内容。用户只要表现出对心理健康感兴趣，TikTok 就会安排无数视频，让用户知道其他青少年是怎么展示心理疾病症状的，又是怎么因此获得“粉丝”支持的。[60] 2023 年 8 月，带有“心理健康”标签的视频累计播放量高达 1 000 亿次，带有“创伤”标签的也有 250 亿次。

德国精神病学家克里斯滕·穆勒－瓦尔（Kristen Müller-Vahl）[61] 带领其团队发现了一个奇怪的现象。很多年轻人来到诊所，声称自己患有抽动秽语综合征（Tourette’s syndrome）。这是一种运动机能障碍，患者会有明显的抽动行为，如频繁眨眼或转动头颈，并且不受控制地说一些词语或发出一些声音。专家推测这种疾病与大脑中一个部位的异常有关联，这个部位叫作“基底神经节”。患者多在 5 ～ 10 岁期间开始发病，其中 80% 是男孩。

克里斯滕团队很纳闷，这些孩子都说自己患了病，但他们当中几乎没有一个是真正的患者。他们的抽动方式跟真正的患者不一样，小时候也没有发病的征兆。更诡异的是，他们的抽动方式惊人地相似。原来，这些患者，尤其是最初的一批男孩，都是在模仿一个德国"网红"。这个"网红"是真正的抽动秽语综合征患者，他在 YouTube 上有几条大火的视频，里面就展示了他抽动发作时的样子。除了抽动，视频里还有他高呼口号的模样。[62]

德国的这个研究团队写道："我们要报告一种全新的大型社会源流行病。与以往报道的所有病例不同，这种疾病完全通过社交媒体传播。基于此，我们希望给这种病取一个更加贴切的名字——大众社交媒体源流行病。"

真正的抽动秽语综合征以男性患者为主，当在社交媒体上蔓延开后，却在女孩中的传播速度更快。有些英语圈国家的女孩突然就开始产生抽动症状了，伴随着摇头动作，还会动辄高呼一声"豆子"。她们追随的是一个名叫"埃薇"的英国"网红"，这个"网红"在视频里示范了抽动等症状发作时的样子，也是动辄大呼一声"豆子"。[63] 在医生给这些女孩开的处方里，有一条建议就是远离社交媒体。

有证据表明，还有其他几种疾病也在通过社交媒体传播，它们都属于社会源流行病。传播的渠道主要是视频平台。分离性身份障碍（dissociative identity disorder，DID）曾被称为"多重人格障碍"，1957 年的电影《三面夏娃》（*The Three Faces of Eve*）就戏剧化地表现过这种疾病。患者称自己身体里住着不同的人，即所谓的分身（alter）。这些分身的性格、品质、性别、性取向和年龄都可能大不相同，而且通常会有一个"邪恶"的分身怂恿患者去伤害他人或自己。

DID 曾是一种罕见的心理疾病，[64] 但随着网络平台的流行，这种疾病也高发起来，特别是在青少年女孩群体中[65]。一些"网红"通过展示他们所谓的多重人格，吸引了数百万"粉丝"，这促使越来越多的年轻人纷纷开始给自己下 DID 的诊断。"网红"阿舍声称自己身体里住着 29 个分身，凭此收获了 110 万"粉丝"。视频标签"DID"的播放量高达 28 亿次，"分离性身份识别障碍"有 16 亿次，"DID

系统”有 11 亿次。[66] 这些惊人的播放数据证明了观众对 DID 高涨的兴趣。心理健康联盟（Mental Health Coalition）的研究负责人纳奥米·托里斯－麦凯（Naomi Torres-Mackie）概括道：“一夜之间，我接待的所有青少年患者都觉得自己有 DID……但其实他们并没有。”[67]

性别焦虑症（gender dysphoria）的确诊人数近年持续攀升，这也离不开社交媒体的影响。一个人对自己的性别认同可能异于其生理性别，如果因此而感到巨大的压力，极度焦虑，那么这种状态就叫作性别焦虑症。这种心理错位现象早就出现了，而且在全世界都存在。根据最新的精神病学诊断指南[68]，美国的性别焦虑症发病率以往还不到千分之一，而且发病率在生理性别为男性的人群里，比女性要高好几倍。这些数据是基于成年后考虑做变性手术的患者人数，实际总人数肯定远不止于此。过去 10 年，性别焦虑症的就诊人数飙升，尤其是生理性别为女性的患者人数。[69] 在 Z 世代的青少年里，患者性别比例颠倒了，生理性别为女性的患者比男性还高。[70]

患者人数的上升肯定与社会风气的开化有关。很多性少数人士之前出于恐惧，只能隐瞒自身的真实情况，现在他们有了更大的勇气坦白，不用再担心自己的性别认同被污名化。人们在性别表达上有了更大的自由，这是社会进步的表现。但是我们也要看到这几个事实：性别焦虑症患者常扎堆出现，比如一群亲密的朋友都为性别错位焦虑；[71] 很多父母和后来恢复原始性别的错位者认为，在认知发生错位的过程中，社交媒体是主要的信息及鼓励来源；[72] 很多在儿童时期没有任何征兆的青少年被诊断出性别焦虑症……[73] 这些事实都在提醒我们，社交网络的影响、社会源的性别错位很可能是患者人数飙升的原因。

原因 4：女孩更容易受到侵害和骚扰

在网络游戏平台上，中年女性故意接近青少年男孩，给他们打钱，让他们发送自己私密部位的照片，然后引诱男孩们在线下见面，并与他们发生性关系。这种事情你听说过吗？没有吧，我也一样，一次都没听说过。女性有多种方法表达性需求，但极少表现得如此赤裸。

进化心理学家戴维·巴斯（David Buss）[74] 认为，男性和女性的大脑有不同的情绪反应。面对特定的场景和对象时，男性和女性的敏感度和表现也不同。这种设定有助于他们在很久以前的交配竞争中占到先机，也影响着今天两性的交往和相处。不过，男性的设定让他们更有可能用胁迫、欺骗和暴力来实现性行为，并将青少年作为目标。[75]

在虚拟世界的许多角落，一些男性专门瞄准青春期和青春期前的女孩作为他们的猎物。[76] 相比之下，女孩在互联网上遭遇性犯罪的概率还是远大于男孩，她们的大脑更需要启动防御模式。[77]

记者南希·乔·塞尔斯（Nancy Jo Sales）对一些在美国郊区高中就读的女生进行了跟踪调查。她于 2016 年出版了《美国女孩》（*American Girls*）一书，书中说，手机应用程序几乎不限制成年人与未成年人之间的互动，因此少女们很容易被成年男性盯上。莉莉是来自纽约花园城的高中生，她说：

> 年纪大点的色狼很容易在网上逮到女孩子……因为女孩们渴望拥有更多的朋友、“粉丝”和点赞数。因此当有人申请加其为好友时，她们往往会不假思索地接受，根本不管对方是谁，也不管自己认不认识。哪怕是个连环杀人犯来加自己，她们都会立刻接受，甚至主动跟对方攀谈。这太恐怖了！很多女孩会在账号上发自己的内衣照、泳装照，一旦与陌生人成为好友，对方就能看到这些照片了。[78]

Instagram、Snapchat 等社交媒体让女孩们直接暴露在想要狩猎她们的成年男性面前，同时也让她们暴露在卑劣的校园色情文化中，看着自己的裸照成为男孩赢得声望的社交货币，为此付出羞耻的代价。互联网上残忍而猖獗的性诱导、性犯罪现象，要求女孩和年轻女性必须比大多数男孩和年轻男性更加警惕。女孩们别无选择，在线上世界，她们的大脑必须时常开启防御模式。这就能解释为什么在 21 世纪第二个 10 年初期，女孩们的焦虑水平显著上升。

质与量之争

青少年与社交媒体现在已经密不可分。社交媒体增加了孩子们的好友数量，却降低了社交关系的质量以及安全性。美国作家兼博客作者弗雷迪·德博尔（Freddie deBoer）专注于教育领域的话题，他写道：

> 如果我们把时间、注意力分给更多的人，那么对其中的每一个人而言，我们给予的关注肯定都变少了。互联网为现实世界里的社交行为提供了很多可替代的方案，人们在现实世界中进行社交的驱动力减少了，但这些替代方案并不能满足我们的情感需求……社交媒体创造了一个非常大的陷阱：表面上把人们连在了一起，但这种联系是肤浅的、无形的、无法令人满足的。我们看上去的确跟他人产生了联系，却得不到携手同行的笃定感与力量感，这种联系着实不真实、不踏实。[79]

在21世纪第二个10年初期，人们的生活被搬到了互联网上，许多活动在线上进行。无论男孩还是女孩，他们的社交关系的数量都有了大幅增长，维护这些关系所需的时间也显著增加，他们要阅读和评论好友的帖子，还要在Snapchat上跟几十个根本不熟的人保持“连击”①。这种爆炸性的增长必然导致亲密友谊的数量和质量下降，如图6–6所示。

临床心理学专家莉萨·达慕尔（Lisa Damour）指出，对女孩的友谊来说，“质量胜过数量”，最开心的女孩“不见得是朋友最多的，但她的朋友一定最真诚、最体贴。这样的朋友，哪怕只有一个也足够了”。[80] 她指出，这一点对男孩也适用。

女孩们纷纷涌向社交媒体，从此与之前的好姐妹、挚友们渐行渐远，彼此不再兴致勃勃地畅聊，她们沉浸在了一个主打短平快的社交世界里。朋友不少，但

---

① Snapchat的连击是说两个用户间连续几天都保持互动，连击的用户会有头像标识。若两人在24小时内没有发送任何内容，则连击中断，标识也消失。——译者注

友情很淡，且来得快去得更快。一群群“好友”、关注者、熟人来来往往，看似热闹，实则是铁打的平台，流水般的友谊。人际关系的质量让位于数量，孤独感随之迅速蔓延，如图 6-7 所示。男孩也没能幸免，但如之前其他数据所示，男孩孤独感的增长并没有集中在 2012 年左右。

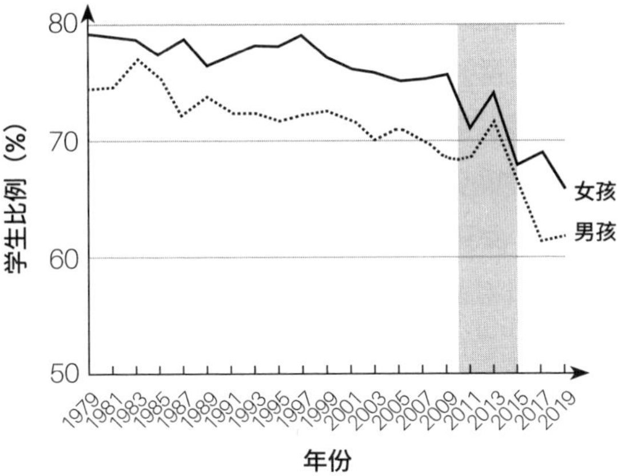

图 6-6　美国高中生认同“我有几个时常能聚在一起的密友”这一说法的比例

注：2012 年之前，数据曲线缓慢下降。2012 年之后，下降趋势越来越明显了。

资料来源：Monitoring the Future。

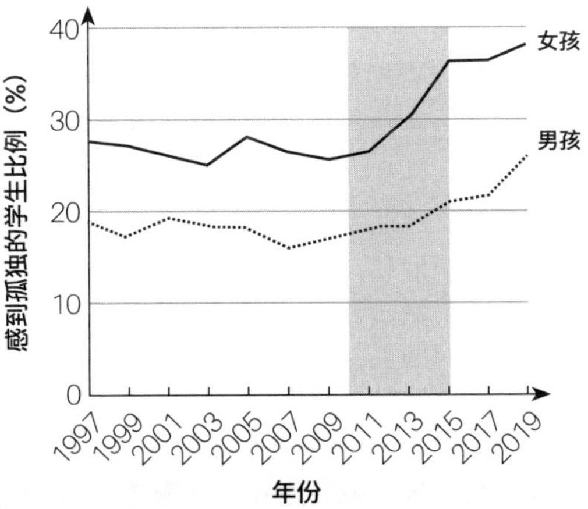

图 6-7　美国八年级、十年级、十二年级的学生认同“我时常感到孤独”的比例

资料来源：Monitoring the Future。[81]

这就是线上社交生活的悖论：你越是沉浸其中，就越容易感到孤独和抑郁。这种现象在个体层面和群体层面都存在。当青少年不约而同地减少了在线下与彼此的互动后，他们整体的社交文化就改变了。每个人的社交需求都得不到满足，即使是少数不使用社交媒体的青少年，也是如此。

分析了女孩比男孩更容易受到伤害的 4 个原因之后，我们就明白了为什么社交媒体是一个陷阱，且它诱捕的女孩比男孩多。社交媒体吃透了女孩对共生性的需求，于是以友谊为诱饵，引诱她们步步深入这个陌生的新世界。她们自带的各种本能、机能，都是针对现实世界的社交生活进化出来的，在这个新世界只会处处碰壁。**在虚拟网络中，女孩们所经历的社会比较是人类进化过程中经历的社会比较的数百倍。**社交平台对关系霸凌行为推波助澜，为作恶的人提供多种便利，所以女孩们不得不面临更多的暴行和欺凌。女孩们还天生开放坦诚，愿意与伙伴分享彼此的情感，所以也更容易患上抑郁和其他疾病。社交媒体的算法还在扭曲地奖励那些最极端的症状。另外，现实社会想尽了办法，才终于在性暴力和性骚扰方面取得不错的进展，这些宝贵的进展却被那些科技公司在线上世界轻易破坏，因为在科技公司看来，利润的重要性远大于用户的隐私和安全。

本章小结 The Anxious Generation

- 社交媒体对女孩的伤害比对男孩的严重。相关性研究发现，社交媒体的重度用户比轻度用户、不使用社交媒体的人更容易患上抑郁症等心理疾病。女孩的表现尤其明显，她们中的重度用户患病的概率比不使用社交媒体的人要高两倍。

- 实验性研究发现，使用社交媒体会导致焦虑和抑郁。两者不仅相关，而且有直接的因果关系。实验中，当受试者远离社交媒体，或控制使用的时间后，他们的心理健康状况都有所好转。多项准实验性研究还发现，当 Facebook 进入一所大学，或高速互联网覆盖到一个地区后，学生或居民的心理健康水平就会下降，特别是女孩和年轻女性。

- 女孩通常比男孩更容易沉迷于社交媒体，而且更偏爱图片视频分享型平台，如 Instagram 和 TikTok。相比文字类平台，如 Reddit，这些平台更容易引发用户之间的社会比较。

- 人的行为背后有两大基本动机——能动性和共生性。能动性指渴望创造个人业绩，给这个世界留下些许个人成就。共生性是指在集体中找到自己的位置和归属感。男孩和女孩都具备这两大基本动机，但略有差异，且在童年的早期差异就开始显现。选择游戏或活动时，男孩倾向于考虑能动性，女孩则更多地会考虑共生性。社交媒体披着共生性的外衣，最后却常常令人失望。

- 社交媒体对女孩的伤害比对男孩的更大，至少有 4 个原因。

  第一，女孩对外表的比较更敏感，尤其是面对他人对自己身材、容貌的表扬或批评时。主营图片视频分享的平台非常擅长影响女孩的社交计量器的分数，让她们觉得自己处处不如人。女孩的内心倾向于社会指定型完美主义，竭力靠拢由他人或社会制定的标准，哪怕标准高到无法企及。

  第二，女孩的攻击性常常是人际关系层面的，她们喜欢破坏他人之间的关系或他人的名誉。男孩的攻击性多是生理层面，常表现为暴力伤害。社交媒体为女孩们提供了无尽的方式来摧毁其他女孩的人际关系和名誉。

  第三，女性之间常分享彼此的感受和情绪。当一切都搬到网上后，女孩们变得超级互联，陷入焦虑和抑郁的女孩可能会把自己的症状传染给更多的女孩。女孩对社会源流行病也更加易感。社会源流行病是指通过社交行为传染的疾病，而非常规意义上的生理性流行病。

  第四，互联网降低了男性接近和骚扰女性，尤其是未成年女孩的门槛，而且他们往往能够逃脱责任。青春期前的女孩一旦注册了社交账号，往往很快就会被年长的男性盯上，而且她们会受到同校男同学的诱导，被迫发裸照。

- 社交媒体是个陷阱，女孩比男孩更容易落入陷阱。它打着维护友情和促进共生性的幌子吸引用户，在大力提升社交关系的数量的同时，却降低了质量，使得孩子们很难在现实生活中找到三五密友，享受纯粹而愉悦的友谊。这就解释了为什么在 21 世纪第二个 10 年初期，女孩们的孤独感急剧增强，而男孩的上涨趋势则相对缓和。

第7章

孤独的男孩

记者约翰·哈里（Johann Hari）在他非常重要的著作《被偷走的注意力》（*Stolen Focus*）一书中讲述了他的教子在9岁时发生的转变。这个孩子原本很招人喜欢，是猫王埃尔维斯·普雷斯利（Elvis Presley）的小"粉丝"。孩子一度央求哈里，希望哈里将来能带他去参观猫王的故居，哈里欣然同意。但6年后哈里再去看他时，这个孩子简直变了一个人，似乎已经迷失了自我。哈里写道：

> 他从早到晚瘫在家里，视线只在iPhone和iPad之间来回跳动，眼神麻木空洞。他的手机里塞满了WhatsApp和Facebook的消息，内容一屏接一屏地滚动着。iPad负责播放视频，一会儿是YouTube，一会儿是色情片。我偶尔也能从他身上看到他曾经的模样。那个高唱"拉斯维加斯万岁"的男孩依然在，只是被撕成了很多碎片，散落在了各个稍纵即逝的瞬间里。无论我们聊什么，他的注意力最多都只能集中几分钟。几分钟"大限"一到，他必定要猛地看向手机或平板，要不然就是突然转

换话题，毫无逻辑。他的心随着 Snapchat 而起伏、运转，对任何静止或严肃的事物没有半点兴致。[1]

这个案例虽然极端，却也是一个群体的缩影。类似的故事我已经听父母们讲过太多次。克里斯是我聘请来帮我完成这本书的一位年轻人。他也跟我分享了自己的故事，他告诉我他从小学开始就接触电子游戏和色情视频，并且深受其害，至今仍摆脱不了其影响。当时，这两种东西霸占了他全部的注意力，他根本抽不出时间去跟朋友玩耍，没法好好睡觉、上学，甚至连恋爱都谈不了。最后，借助亲朋好友的力量，他经过一番挣扎，才终于在大学期间让自己的生活回到正轨，并找到了防止自己沉迷于游戏和色情内容的方式。回首往昔那些沉沦于游戏的日子，克里斯还记得自己曾经是多么享受，并仍然感激游戏曾是他生活的一部分，但他也深知自己为此付出了什么代价。

我错过了太多本该亲历的社交体验，我现在感受到了这种影响：每当遇到新朋友，或要跟人沟通时，我感觉到我的互动没有我希望的那样顺畅和自然。我对这个世界缺乏了解，在地理、政治等领域缺乏常识。我没怎么跟人聊过天，也不怎么关心体育运动或赛事。我常常觉得自己就像一个空洞的操作系统。

在童年大重构中，男孩受到的影响与女孩不一样。第 1 章讲过，女孩本来就更容易患上内化障碍，而智能手机和社交媒体更进一步加大了这种差距。如果只看抑郁、焦虑和自我伤害的数据，我们很可能会以为大重构给女孩带来的伤害要远大于男孩。

其实大量数据证明，男孩们的情况也很严重。自 21 世纪第二个 10 年初期以来，许多国家中，男孩抑郁和焦虑的比率都在上升，只是绝对值一直在女孩之下。在美国、英国和澳大利亚，青少年的自杀率也在持续上升，男孩的比率通常要高得多。[2]

此外，还有其他预警信号，比如，男孩们早在 21 世纪第二个 10 年初期的心理大危机之前，就已经表现出了远离现实世界的迹象。进入 21 世纪后，男孩们与朋友的相处时间开始减少，2010 年后更是加速下降。女孩们的数据在 2011 年以前都还算不错，没有明显下降，但 2011 年后也开始恶化。我们再来看一个数据，有多少孩子会认为“像我这样的人是不可能成功的”呢？如图 7-1 所示，在 20 世纪 70 年代，只有 5% 的美国女孩这样想。到 21 世纪第二个 10 年初期，这一数据都没有太大的波动。但男孩的情况就不同了，从 20 世纪 70 年代末到 21 世纪初，曲线一直都在缓慢上升，在第二个 10 年初，涨势更是迅猛。

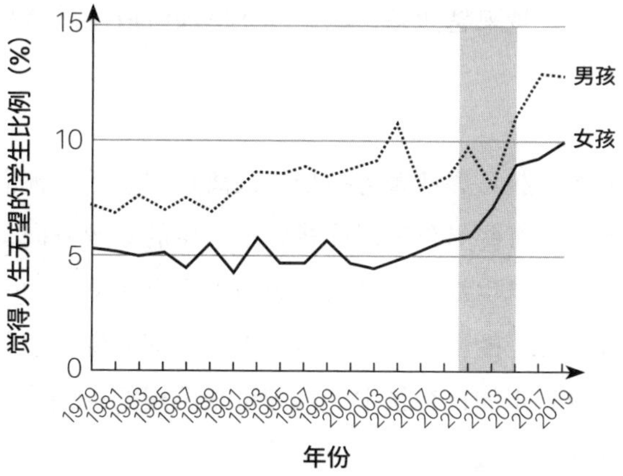

图 7-1　美国高三学生中认同“像我这样的人不可能拥有成功人生”的比例

资料来源：Monitoring the Future。[3]

综合各方面数据，我们可以说女孩的心理健康状况有一个集中的恶化期，变化大多发生在 2010—2015 年。在许多国家都是如此，而且证据也一再指明，智能手机和社交媒体的结合直接导致了女孩们的抑郁与焦虑状态急剧恶化。相比之下，男孩的病因就晦暗不明一些。他们在现实世界参与度的下降开始得更早，心理方面出现的问题也多种多样。我不能明确地指出，对男孩来说罪魁祸首到底是哪种设备或技术。本章将讲述男孩们是怎么一步步与现实世界脱节，而投入虚拟世界的怀抱中的。[4] 这个过程在 21 世纪第二个 10 年初期进入高潮。移动互联网的到来，让他们摆脱了一切束缚，可以随心所欲地上网。我对男孩心理健康状况的解读会比前一章对女孩心理健康状况的解读更具推测性，因为对相关情况的把握还不够全面。

我将从“推力”和“拉力”两个角度出发，分析男孩为何会从现实世界出走，投入虚拟世界的怀抱。我们先看来自现实世界的推力。自 20 世纪 70 年代起，线下的环境渐渐起了变化，这些变化对男孩和年轻的成年男性不太友好，导致许多人感到虚无落寞，找不到人生的目标和价值。这种无力感就是一股推力，把男孩们从现实世界里推开。与此同时，从 20 世纪 70 年代到 21 世纪第二个 10 年，数字世界蓬勃发展，给男孩们提供了多种多样的活动，极大地满足了他们的能动性需求。男孩们可以在虚拟空间里探索新环境，参与竞争，玩战争游戏，学习新技能，以及观看越来越露骨的色情片。这一切“美好”都藏在一块电子屏幕后面。这块屏幕还越来越小，越来越便携，能揣进兜里随时取用。这种乐趣就是来自虚拟世界的拉力。

两股力量夹杂在一起，裹挟着男孩步步远离现实生活。他们的时间和心思渐渐都投入虚拟世界中。有些男孩还因此找到了毕生的事业方向，凭着对新技术的精通，在科技行业混得风生水起。没错，虚拟世界有时不失为一个逃生通道，能帮很多人摆脱日益不友好的现实世界。但对多数男孩来说，它并不是一个成长的好场所。它无法传授真正的社交技术，培养将来可用的各种技能，让男孩们在现实世界中的未来成为成功男性。

男性力量持续减弱

2023 年，理查德·里夫斯（Richard Reeves）从公共政策研究机构布鲁金斯学会（Brookings Institution）离职。他曾是该学会的政策分析师，研究财富分配的不平等问题。他这次离开是为了创立一个新的研究机构，研究关于男孩和成年男性的问题。[5] 就在作出这个决定的前一年，里夫斯出版了《关于男孩与男人》（*Of Boys and Men*）一书。书中列举了许多事实，整体看来，自 20 世纪 70 年代起，美国男性的能力与地位就在持续下降，他们的财富、成就、福利一直在走下坡路。这种衰弱一定程度是由社会的结构性变化以及经济的发展带来的。随着社会的发展，体格和体力的价值在不断下降。近年来，欧美国家纷纷去工业化，产品的制造环节被转移到了发展中国家，或者逐步改由机器人负责。第三产业发展向好，且总体来看，女性在服务型经济的很多领域都比男性更有优势。[6]

《男性的终结》（*The End of Men*）一书的作者汉娜·罗辛（Hanna Rosin）对这种变化做了精辟的解释。她写道："现在的经济需要的是一套完全不同的技能。现在你想在职场上表现出色，不只要聪明睿智，还要沉得下心来，能长时间地集中注意力。你得有不俗的沟通技能，可以广泛吸取意见，并适应不同的挑战和变化，毕竟如今的职场环境早已不似当年那般安稳与平静了。而这些特质在女性身上体现得更加充分，她们能适应得更好。"[7] 她当时指出，最迟到 2009 年，"美国的就业市场就将向女性倾斜，女性可能会占据一半左右的职位，这是前所未有的景象"。[8]

里夫斯赞扬女性力量的崛起，认为这是消除对女性教育和就业机会限制的积极成果。1972 年，美国本科毕业生中还只有 42% 是女性。到了 1982 年，女性和男性的大学毕业率就持平了。在接下来的 20 年里，女性的大学入学率保持快速增长，但男性的数据还在原地踏步。于是到了 2019 年，大学毕业生的性别比例发生了逆转，59% 是女性，男性只有 41%。[9]

性别对调不只体现在大学毕业率上。里夫斯指出，纵观美国人的学校教育生涯，从幼儿园到博士，各个阶段的女生都在学业表现上碾压男生。男孩考试考不过女孩，ADHD 的比例更高，更有可能有阅读障碍。他们的高中毕业率也比女孩低，部分原因是男孩被开除或停学的概率是女孩的三倍。[10] 在上流社会和富裕的家庭里，这种性别差异尚不明显。但在其他更低的阶层里，差异会显著扩大。

这是女性力量的胜利吗？当然不是，毕竟两性的发展并不是一场"零和游戏"（a zerosum battle）。相反，正如里夫斯所说："男性陷入困境，不代表女性欣欣向荣。"[11] 而数据显示，当下的年轻男性的确正在苦苦挣扎。[12]

里夫斯在其著作中阐明了社会的结构性改变是如何让男孩在成功之路上举步维艰的。他指出了多个因素，比如，经济的发展削减了体力的价值；教育系统青睐坐得住并听得进去的孩子；整个社会缺乏积极正面的男性榜样，连父亲们的表现都不尽如人意，等等。里夫斯说：“男性的萎靡不是一场心理大危机的结果，而是社会深层次的结构变化带来的影响。”[13]

我认同里夫斯在社会结构方面的论述，他找到的几个理由的确有其道理。但我同时也要指出，他忽略了心理方面的两大关键因素。第一，20 世纪八九十年代兴起的安全主义思潮带给男孩的冲击大于女孩。男孩天生就更喜欢打打闹闹，四处冒险。当玩耍时间减少，被迫转向室内并受到过度监管后，男孩的损失更大。第二，21 世纪最初 10 年后期火起来的多人在线大型网游，还有第二个 10 年初期登场的智能手机，都进一步让男孩们远离了线下面对面的玩耍和肩并肩的沟通。从这一点上看，一场心理大危机已迫在眉睫，或者至少可以说一轮集体性的心理变化在所难免。**男孩一旦拥有了几台能上网的设备，大概率就会如约翰·哈里的教子一样沉沦其中，难以自拔。结果就是他们变得越来越脆弱和恐惧，对现实世界的风险极度厌恶。**2010 年前后，美国男孩的抑郁、焦虑、自我伤害率和自杀率都开始上升。[14] 在各个西方国家，男孩们的心理健康状况普遍显著下滑。[15]到了 2015 年，数量惊人的男孩表示自己没有亲近的好友，感到很孤独，看不到人生的意义，找不到未来的方向。[16]

那些赖在家里的男孩们

美国人喜欢用“未能成功启动”来形容那些偏离了社会主流推崇的发展路径、什么工作都找不到、只能回父母家里长期“啃老”的人。2018 年，在美国将近 30 岁的人群中，男性比女性更有可能在家“啃老”。前者比例为 27%，而后者是 17%。[17] 其实这个群体有个更加正式的叫法，即 NEET（not in education, employment, or training）。这个概念由英国的几位经济学家提出，NEET 是年龄为 16 ～ 24 岁，不读书，不工作，也不参加什么培训的年轻人的简写。NEET 们被说成是“懒得挣钱”的一群人。我们看英国[18] 和美国[19] 的数据就会发现，NEET 群体中除残障人士、全职爸爸、全职妈妈以外，剩下的大多数是男性。

美国父母更担心儿子将来的发展，对女儿则相对安心。[20] 父母们普遍认为女儿在面对挫折时更加坚韧不拔，他们相信女儿在逆境中会更坚强，不会轻易放弃。

男孩们的父母并没有多虑。男孩确实更有可能回到家里“啃老”，比如日本。一直以来，日本的年轻男性都面临着巨大的社会压力。学生时期，他们必须考出好成绩；毕业后，要找到一份体面的工作，顺应社会的期待，成为一名合格的“工薪族”。20 世纪 90 年代，日本的经济泡沫破裂，追求事业成功变得难上加难。很多年轻男性干脆退出了社会竞争，回到父母家中，把自己关在儿时的卧室里，闭门不出。经济形势持续低迷，他们发现越来越难与外部世界建立积极的联系，而互联网的兴起则为他们提供了一种逃避现实的方式，他们成了史上第一代可以足不出户在网上满足能动性和共生性需求的人。

这群人在日本被称为“蛰居族”，意指他们选择了一种“向内退缩”的生活方式。[21] 他们像隐士一样生活，平时会尽量挑准时间走出卧室的门，一天下来，连同住一个屋檐下的家人都很难跟他们打个照面。有些父母会把餐食默默摆在儿子房间门口。这些孩子通过自我封锁来缓解内心的焦虑，但封锁的时间越长，他们的社会生存能力就越弱，内心的焦虑感会进一步加强。周而复始，他们便被困在了一个恶性循环里。

精神病学界在很长一段时间里都把蛰居族视作日本独特的现象。[22] 但近年来，美国等国家也出现了这样的人群。很多年轻人把蛰居族和 NEET 当作自己的身份标识，主动将自己归入这个群体。在 Reddit 上，关于 NEET 和蛰居族的话题讨论很是活跃。他们大张旗鼓地聊那些给蛰居族出谋划策的电视节目，聊怎么在猫砂盆里小便，以避免因上厕所而出房间。

《纽约》杂志的记者阿莉·康蒂（Allie Conti）采访了 Reddit 上一个这样的用户。受访者来自北卡罗来纳州，名叫卢卡。卢卡从中学时就饱受焦虑症的困扰。他在 12 岁时得到妈妈的许可退了学，回到家里，在自己的房间上网学习。在过去，这样的孩子往往都受不了自学生活的无聊，以及常人难以想象的孤独。他们很可能会被逼着做出改变，或寻求他人的帮助。卢卡就不一样了。他发现互联网简直打开了通往新世界的大门，那里的生活精彩纷呈，让他乐不思蜀。退学以来已过了 10 年，他每天依然彻夜打游戏，浏览网站，白天则呼呼大睡。

卢卡对自己的生活状态不以为耻，反以为荣。在他眼里，其他同龄人都得找份工作，天天听上司的念叨和指示，日子过得还不如自己的舒坦。他觉得自己的房间是“监狱的反面”。他告诉康蒂：“我这儿才叫自由。没人在身边管我，我听自己的就好。我要是真走出家门，那才是走进了监狱。我的房间就是清爽、纯粹的代表。”

卢卡之所以拥有这样的世界观，是因为互联网连接为他模拟了现实世界里的各种快乐。他可以足不出户在线社交、打游戏、学习和看非法视频。这一切都轻松极了，不需要处理内心的焦虑，不需要面对现实世界的不确定性。这种傲慢又狂妄的认知在线上的各大男性社区里极具代表性。去看看男性主导的内容板块，或各种论坛，或虚拟社区，如 MGTOW 社区（意为“女人勿扰”），你就能明白。

温室里的男孩们

想象一个安稳平淡，没有任何风险的童年。在那样的童年里，孩子不会背着父母偷偷去爬树，一边爬一边体验肾上腺素飙升的刺激感；孩子不可能鼓起勇气邀请心仪的对象出来，因为表白而感到紧张不安。在那个四平八稳的世界里，深夜出去和伙伴冒险只是传说罢了。在这样一个童年里，孩子们身上鲜有擦伤和淤青，极少骨折，不懂心碎为何物。这听起来是一个更加安全的世界，但你真的希望自己的孩子生活在这样的环境中吗？

大多数父母会摇头。不幸的是，这一定程度上就是 Z 世代童年的真实写照。一个不能自由玩耍，且被抹去了一切风险的童年，对所有孩子都是不利的，但对男孩的影响似乎尤其大。[23]

当我开始为这本书的创作去研究男孩的心理健康时，我发现了一个奇特的现象。之前，我在多年的研究生涯里已经形成了一个常识：青少年进入青春期时，男孩和女孩在心理健康上会遇到不同的问题。女孩更多地表现为内化障碍，如抑郁和焦虑，她们会将情绪和苦痛深埋在心中。男孩则会表现出更多的外化障碍，将情绪向外宣泄，产生高风险或反社会的行为，通常会影响到他人。这些行为包括酒驾、暴力攻击和药物滥用。

但是在 2010 年前后，一个前所未见的现象发生了。无论男孩还是女孩，他们的心理模式都在向传统意义上的女性特征靠拢。对与内化障碍相关的问题，比如“我觉得自己什么都做不好”，两个性别的认同度均有显著提升，如图 7-2 所示，只是女孩的增长更为明显。同时，对与外化障碍相关的问题，如“你多久会故意破坏一次学校公物？”的认同度在两个性别中均出现了断崖式下跌，男孩的下降幅度甚至更为显著。到了 2017 年，男孩们的心理反应与 20 世纪 90 年代的女孩们呈现出了惊人的相似性。

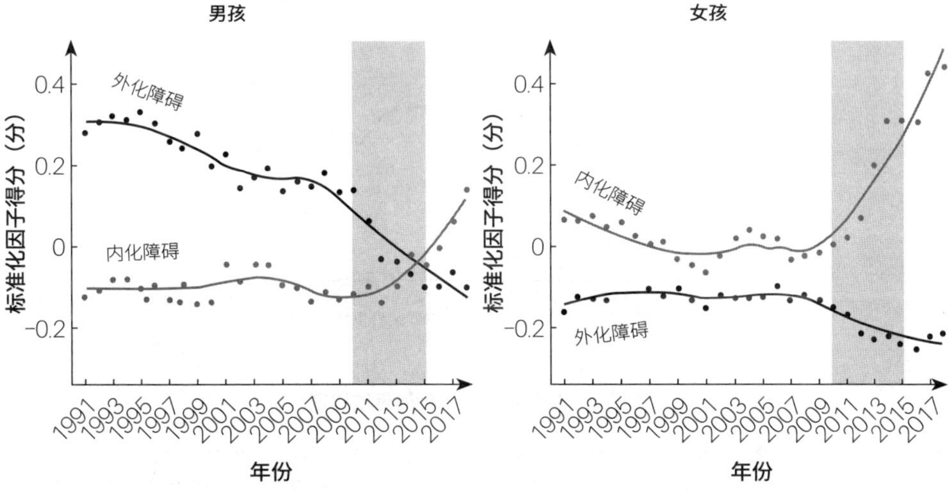

图 7-2 美国高三学生的内化障碍与外化障碍严重程度

注：进入 21 世纪第二个 10 年后，外化障碍在两种性别中都呈现出显著的下降趋势，内化障碍则双双上升。

资料来源：Askari et al.（2022），with data from Monitoring the Future。[24]

Z 世代最广为人知的特点之一是，他们比之前的青少年要乖得多，没有做那么多离经叛道的事情。Z 世代的孩子甚少酗酒，出车祸和超速驾驶被开罚单的发生率有所下降，肢体冲突和意外怀孕的情况也大幅度减少。[25] 这些当然都是值得表扬的好事，毕竟没人喜欢车祸之类的事情。但这方面进步的速度也太快了点，让我不由得心生疑窦，隐隐担忧。他们这么乖巧，让人省心，有没有可能不是因为懂事，而是因为正在逐渐脱离现实世界呢？无论风险有益还是有害，总体上他们普遍减少了风险行为。这有没有可能意味着他们错失了很多学习的机会，以至于根本不懂得该如何应对现实生活中的风险呢？

事情的发展似乎和我的担忧如出一辙，至少印证了其中的一部分。图 7-3 显示的是，美国八年级、十年级和十二年级的学生中，认同“我会时不时做点冒险的事情来考验自己”这一说法的比例。

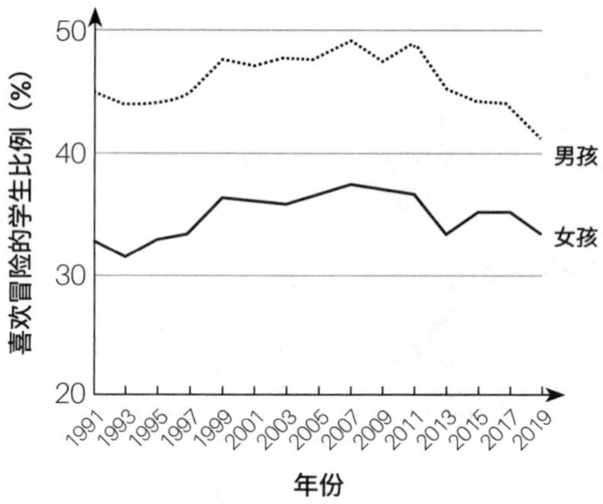

图 7-3　美国孩子对冒险的喜欢程度

注：图中数据为美国八年级、十年级、十二年级的学生中认同“我会时不时做点冒险的事情来考验自己”的比例。自 2010 年起，喜欢冒险的男生比例下降得比女生更为迅猛。

资料来源：Monitoring the Future。[26]

如图 7-3 所示，男孩们曾经高度认同这一说法，且认同度比女孩高得多。两条曲线在 21 世纪初都很平稳，不过紧接着就陡然下降，两种性别无一例外。但男孩的下降幅度更大，到 2019 年，男孩的比例已接近女孩 10 年前的水平了。[27]

男孩们对风险的厌恶与日俱增，这不仅仅体现在他们的言谈和思维方式上，他们真的在用行动证明，自己不愿意冒险。图 7-4 展示了美国不同年龄段的学生因意外伤害而住院的比例，左侧代表男性，右侧代表女性。如果仅观察 2010 年以前的数据，那么无论男性还是女性，住院率都低于 1/10，即每 10 万人里不到 1 万人，但年轻男性和青少年男孩除外。在 2010 年以前，10 ～ 19 岁以及 20 多岁的男性住院率远高于其他群体。部分原因就是他们太爱冒险，但面对风险时决策能力又不足。

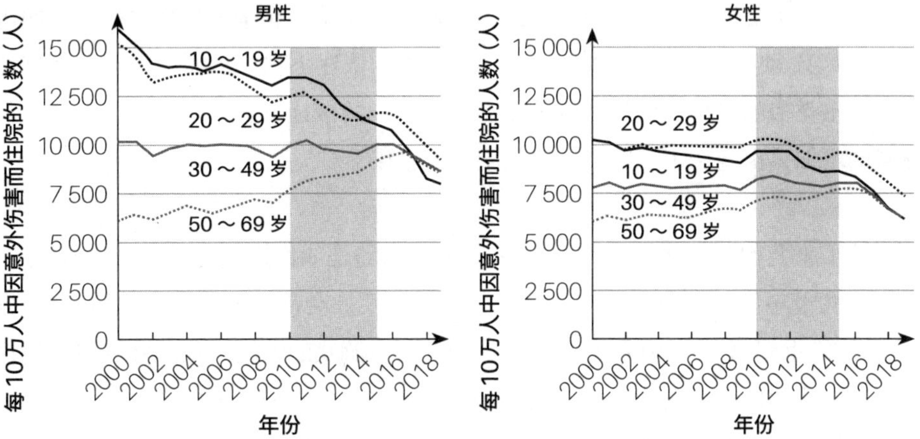

图 7-4　美国因意外伤害而住院的人数比例

注：左侧曲线是美国不同年龄段男性每年因意外伤害而被收治入院的比例，右侧是美国女性的数据。左右两侧分别加粗的一条曲线表示的是 10 ～ 19 岁年龄段的数据。不分男女，这条曲线都从最高处跌到了谷底。

资料来源：Centers for Disease Control。[28]

进入 21 世纪后，情况开始转变。21 世纪初，年轻男性和青少年男孩的住院率就开始缓慢下降。2012 年之后，下降趋势突然加速。同一时期，女孩的数据也开始下降。到 2019 年，青少年男孩的受伤率已经低于 2010 年同龄女孩的水平了。现在，青少年男孩的受伤率和女孩的已经区别不大了，甚至和五六十岁男性的都没多大差距。[29]

还有进一步的证据表明变化正在发生。一项横跨整个美国的数据调研发现，

2001—2015 年，无论男孩还是女孩，由跌倒引起的骨折病例数，如手指和手腕骨折，都在缓慢而稳定地下降。但有一个群体格外引人瞩目，即 10 ～ 14 岁的男孩，他们这方面的数据在 2009 年之后出现了显著的下降趋势。这说明他们参加的高风险型活动可能越来越少了，比如骑车从坡道上飞驰而下，或者爬大树。[30]

男孩们怎么了？为什么要集体回避风险？ 2010 年后这一趋势为什么又加剧了？图 7-2 提供了些许线索。我们可以观察到，男孩外化障碍的下降可以分为两个阶段：第一阶段是自 20 世纪 90 年代末开始的缓慢下降期，第二阶段是 2010 年后的急速下降期。与此类似，男孩因意外伤害住院的比率也呈现出同样的两段化趋势：21 世纪初期逐步下降，第二个 10 年则快速下跌。然而，女孩的数据并未显示出类似的趋势，两条曲线都没有第一阶段的缓慢下降期。另外，男孩内化障碍的增加只出现在第二阶段，时间上与女孩吻合。

接下来我们要看看，这个两段化的趋势到底是如何影响男孩的。首先是 20 世纪八九十年代盛行的安全主义思潮，以及男性社会价值的减弱，然后是 21 世纪初和 21 世纪第二个 10 年智能手机带来的网络游戏的发展。我们要搞清楚，这两个阶段是如何前后夹击，把男孩们赶出了现实世界、拽进了虚拟世界，进而加剧了他们的心理大危机的。

线上世界魅力无穷

现实世界对男孩的过度保护，导致他们很难在这里满足能动性的需求，很难通过冒险式玩耍巩固友谊，也很难享受无拘无束的自由玩耍。与此同时，虚拟世界却显得格外亲切而有趣，男孩们在这里可以满足能动性的需求，还能交到朋友。这个过程其实始于 20 世纪 70 年代，那时流行的还是发行于 1972 年的一款街机视频游戏 *Pong*。这款游戏后来出了主机端，可以在家里的电视上玩。也是在 20 世纪七八十年代，电脑开始走入家庭。在这一时期及整个 90 年代，电脑和电子游戏吸引了大量男孩，但对女孩的吸引力则相对较小。

虚拟世界真正开始蓬勃发展是在 20 世纪 90 年代。1993 年的 Mosaic 浏览器，1995 年的 AltaVista 浏览器，以及成熟的 3D 图像技术助推互联网起飞，成功走入大众生活。游戏也迎来了历史性的大发展，*Doom* 等“第一视角射击”游戏，以及后来的 *RuneScape*、《魔兽世界》等大型多人在线网游都在游戏史上留下了浓墨重彩的一笔。

进入 21 世纪后，科技的飞跃式发展让线上生活变得更加快捷、刺激、优质、实惠和私密了。Wi-Fi 的发展极大地提升了笔记本电脑的便利性和普及度，宽带网络在 21 世纪头 10 年的快速普及，让在线体验变得更加流畅便捷。无论是在 YouTube 或 Pornhub 上观看视频，还是在新推出的 2005 年版 Xbox 360、2006 年版 PS3 上体验沉浸式多人在线游戏，都变得更加容易。这些游戏设备让青少年独处一隅时，可以与世界各地的陌生人进行马拉松式的游戏对战，队友和对手不断变换。而在此之前，男孩们玩多人游戏时，往往是和身边的朋友或兄弟姐妹一起。大家聚在一起，共同体验激动人心的时刻，彼此激励，彼此分享玩笑和零食。

随着男孩和女孩们都有了属于自己的笔记本电脑、手机或联网的游戏机。大家越来越倾向于选择一个私密的空间，享受随心所欲的玩耍时间。男孩们找到了无数新途径，可以满足自己在能动性和共生性上的需求，尤其是他们可以花更多的时间独自在卧室里玩电子游戏和观看色情内容。他们不再需要用客厅里全家共享的电脑上网，也不再需要启动属于全家的游戏机了。不过，这种一个人藏在卧室，在网上自由游荡的玩耍模式，真的能满足男孩们能动性和共生性的需求吗？

线上世界代价高昂

沉浸式网游的确让男孩们越来越沉浸其中。不过，截至 21 世纪第二个 10 年初期，他们的心理健康状况都没有下降的迹象。[31] 然而在美国，正是在这一时期，男孩们自杀、抑郁和焦虑的比率开始上升。这就让我们不得不思考，智能手机的到来，如何改变了男孩与这个世界的关系？它与其他设备又有什么区别？在智能手机诞生前，科技公司想抓住孩子的注意力，必须得等他们坐到电脑前，或者启动了家庭游戏机才行。但在 2010 年后，有了智能手机的青少年在每一个醒着的时刻，都在和科技公司近距离接触。

这就好比美国政府突然放开了对阿拉斯加州的管控，开放了所有油田，任由石油公司开采。石油公司争先恐后地使出所有手段，争抢最好的油田。现在人们常说："数据就是新时代的石油。"把这句话中的"数据"换成"注意力"也没有任何问题。

随着智能手机的普及，科技公司迅速调整策略，开发移动应用程序，为青少年提供了无穷无尽的、充满刺激的产品。游戏开发者和社交媒体平台通通学会了免费使用、广告支持的模式，[32] 游戏公司还琢磨出了付费快速通关的选项，这些策略直接瞄准了玩家的钱包，甚至是其父母的信用卡，并且成功地让青少年沉迷其中。

与女孩类似，男孩的活动也渐渐转移了阵地。现在，他们在线上论资排辈，娱乐休闲。男孩喜欢的应用程序种类繁多，手机里简直是个大杂烩，有社交平台、线上社群、流媒体平台、游戏等内容，等他们再大点，还会有赌博和约会交友平台。到了 2015 年，许多男孩发现自己置身于一个充满刺激和极度争夺注意力的环境中，这种体验在 2015 年之前是难以想象的。

人类进入数字时代以来，科技行业就开发出了无数的产品和服务，以满足男孩的需求，而且他们不再需要像之前那样，承担社交或肢体上的任何风险了。无论从经济的角度还是社会文化的角度看，传统意义上男性特有的技能与特质贬了值，并且随着安全主义思潮的泛滥，虚拟世界开始乘虚而入，直接满足了这些需求，但男孩们学不到什么真功夫和真本领，于成长几乎无益。

电子游戏之毒

关于色情内容的故事是黯淡的，但电子游戏的情况则要复杂得多。在写作本书的开端，我曾一度怀疑，电子游戏对男孩的伤害和社交媒体对女孩的伤害是同一量级。实际上，对数十项研究进行的综合分析结果也显示，全世界男性“网络游戏障碍”的发病率远高于女性，而女性则在“社交媒体成瘾”上显著高于男性。[33] 然而，经过深入探讨媒体研究中这一极具争议的主题，我并没有找到确切的证据，让我有信心奉劝父母们一刀切地阻断自己儿子和电子游戏的接触。[34] 女孩的焦虑、抑郁与社交媒体有着明确的因果关系，但男孩和电子游戏之间并非如此。[35]

研究人员这些年来发现，男孩玩电子游戏其实是有很多好处的，跟看色情内容大不一样。电子游戏与认知力、智力的提高都有关联，可促进工作记忆、反应抑制能力，甚至是学习成绩的提高。[36] 有实验发现，玩电子游戏还能显著减轻抑郁。一组抑郁中的受试者曾被安排玩电子游戏，每周玩 3 次，每次 30 分钟，连续一个月后，受试者们的抑郁症状有了显著好转。[37] 还有研究发现，一群用户在玩过多人游戏后，其在现实生活中的合作精神也得到了加强。[38]

但电子游戏也有负面影响，至少会带来两类危害。首先，很多重度玩家，比如前文提到的克里斯，会过度依赖游戏。他们不仅玩得多，还从情感和精神上深深迷恋。[39] 新冠疫情期间的一项系统性研究发现，游戏能在短期内缓解人们的孤独感。但这其实是个陷阱，玩家为了消解孤独而选择用游戏来麻痹自己，久而久之，他们对游戏越来越依赖，更没法在现实生活中交到朋友、享受亲密而持久的友谊。所以从长远来看，玩家会越发孤独，心理压力越来越大，焦虑和抑郁的症状也会加重。[40] 这项研究是在新冠疫情期间进行的，那时的人们确实不太容易发展线下友情，但研究得出的结论与疫情前的现象也是吻合的，学界早就发现孤独感和游戏之间有着千丝万缕的联系了。[41]

研究人员用一份包含 7 个问题的《青少年游戏成瘾检测量表》（*Gaming*

Addiction Scale for Adolescents）做了调查，发现游戏玩家大致可分为 4 类：成瘾玩家、问题玩家、高频玩家、休闲玩家。[42] 成瘾玩家符合量表里的 4 项成瘾症状：复发，产生戒断反应，与他人起冲突，以及由电子游戏引发的其他问题。这些玩家对电子游戏毫无自制力，表现出的就是典型的成瘾症状。他们“深度沉迷于电子游戏，隐瞒玩了多长时间，对其他活动完全没兴趣，疏远家人和朋友，总是躲在游戏里逃避一切”。[43] 2023 年，加拿大的法官做出一项裁决，允许一群父母向 Epic Games 公司提起诉讼，因为该公司运营的《堡垒之夜》游戏使这群父母的儿子严重成瘾，导致孩子们长时间不进食、不洗澡、不睡觉。[44] 不过，游戏成瘾是不是一种独立的心理疾病，或这种成瘾是否预示着抑郁或焦虑等其他疾病，心理学界的意见尚不统一。[45]

让我们回到上面的研究中，继续看第二类“问题玩家”。这类玩家具备两三项成瘾症状。他们也因为过度玩游戏而付出了一些代价，但相对第一类来说，自制力尚在。接下来是“高频玩家”。这类玩家虽然玩得也不少，但一个成瘾症状也没有。重度成瘾者到底占多大比例，各研究有不同的估计值。[46] 2016 年的一项研究发现，全体成年玩家中，约有 1% 或 2% 属于成瘾玩家，7% 属于问题玩家，4% 属于高频玩家，87% 属于休闲玩家。[47] 2018 年的一项元分析研究 [48] 采用了另一套评判标准，发现 7% 的青少年男孩患有“网络游戏障碍”。此障碍的确诊标准是玩家要在生活的多个方面都“遭受了重大的损害，或承受着巨大的痛苦”。[49] 而青少年女孩患有“网络游戏障碍”的比例只有 1% 多一点。[50]

各个研究得到的数据虽不同，但我们折中一下，还是有理由判断约有 7% 的青少年男孩因为过度沉迷游戏，而在现实生活中受到了显著的负面影响。他们的学业、工作、人际关系都因此而受阻。想想看，这可意味着每 13 个男孩里就有 1 个遭到了重创。[51]

游戏带来的第二个负面影响是其高昂的机会成本。它们占据了孩子大量的时间。新冠疫情暴发前，常识媒体发布了一份报告，41% 的青少年男孩每天玩游戏超过 2 小时，17% 甚至每天要玩 4 小时以上。[52] 这与那些将大量时间投入社交媒体的女孩一样，男孩对游戏的沉迷，也意味着对其他活动的割舍。[53] 打游戏的时间本可以用来睡觉、锻炼以及与亲友交流。[54] 我认识的一个小伙子说："我多希望当初爷爷还在时，我能多陪陪他啊，但每次他来看我时，我都在打游戏。"

生活被一块块屏幕填满，玩耍体验不再真实

面对面的社交体验越来越少，这是童年大重构给男孩带来的重要影响。的确，男孩们主要是跟其他男孩一起玩游戏。所以电子游戏的辩护者可能会说电子游戏拉近了男孩们的关系，让他们有了更多的社交机会，就像女孩们在社交媒体平台上能和朋友们有更多的互动一样。然而，网络游戏是否能够像现实中与朋友相聚那样，对社交发展产生同样积极的影响？还是说游戏里的来来往往就像社交媒体上的关系一样，数量多但质量低？

电子游戏的设计旨在尽量留住玩家，最大限度地延长他们在虚拟世界中停留的时间，这与社交媒体的套路如出一辙。这些游戏的目的并不是为了培养持久的友谊或提升玩家的社交能力。正如彼得·格雷等研究者所说，自由玩耍的一个重要意义在于，孩子们要当立法者，给自己制定"法律"，即游戏的规则。他们还要扮演法官和陪审团的角色，万一有人违规，大家要给出处理意见。然而在大部分多人在线游戏中，这些工作都由游戏平台代劳了。跟线下的自由玩耍不同，电子游戏基本上不会培养用户的自主管理能力。

电子游戏在帮助孩子对抗和解决恐惧方面也远不及冒险式玩耍。电子游戏不能提供具身性的体验，尽管它们有自己独特的刺激方式，但无法像坐过山车、在正规赛场打篮球或者在冒险游乐场里抡锤子那样，让人产生恐惧刺激和心跳加速的感觉。男孩们玩《堡垒之夜》或《使命召唤》时，可能一天之内就要从飞机上跳下来几十次，或者持刀打斗、被人谋杀几十次，但这些虚拟的体验不能教会孩子如何在现实世界中判断和处理真正的风险。当男孩们不再与朋友在现实世界中探索和冒险，取而代之的是游戏里的跌宕与生死体验，很多重度玩家，如本章开头提到的克里斯，会因此而感到虚无，总觉得自己的生命中少了点什么。

退一步讲，如果电子游戏真的能够促进友谊，那么当下的男孩和年轻男性没理由比 20 年前的同龄人更孤独。但事实恰恰相反，2000 年，美国十二年级的学生中，有 28% 表示自己常常感到孤独。到了 2019 年，这一数据上升至 35%。这标志着美国男孩正在经历一场“友谊大衰退”。20 世纪 90 年代，只有 3% 的美国男性声称自己没有亲近的朋友。而到了 2021 年，这一数据涨了 4 倍，达到了 15%。2021 年，一项调查询问受访的美国人：“过去 6 个月，你有没有就某个重要的个人决定，跟谁商量过？”年轻男性给出否定答案的比例最高，达到 28%。[55] 当然了，这些数据并不能证明 21 世纪初火起来的在线游戏是全国范围内男性孤独感上升的根源，但至少我们该在心里打个问号——男孩和年轻男性把社交生活全权托付给游戏公司后，是真的进入了一个社交黄金时代吗？

与女孩在社交媒体上的遭遇类似，男孩的社交关系也是数量高但质量低。男孩的成长需要一帮“铁哥们”，需要彼此支持和接纳，共同面对风险和对手，形成一个强有力的团队、一个长期稳定的群体。只有如此，大家才能一起昂扬而茁壮地成长。虚拟世界的团队很难说有什么凝聚力，但男孩们在孤独感日益加重的情况下，依然心甘情愿地紧紧拥抱这些虚拟的群体和队友，因为他们别无选择，正如克里斯所说的：“游戏里有我所有的朋友。”

技术、自由与虚无感

男孩们在 21 世纪第二个 10 年获得了无节制的自由，互联网让他们可以在任何时间、任何地点，做想做的任何事情。那么为什么孩子们的心理健康状况却崩塌了呢？答案可能恰恰就藏在这份自由里。或许人类不该拥有这种无节制的自由，不需要在任何时间、任何地点，做想做的任何事情。

1897 年，法国社会学家埃米尔·涂尔干出版了一本著作，从社会学角度探讨自杀的原因。在社会本质的研究上，他或许是思想最深刻的专家。在那个时代，政府才刚刚开始统计相关数据，涂尔干就快速跟进，通过官方数据指出，欧洲存在一个普遍的规律：人们越是紧密地结合在一个社群里，且有道德权威约束大家的欲望，自杀的可能性就越小。

涂尔干的理论中有个核心概念，即“社会反常状态”（anomie），又称为“失范”，意思是一个社会没有形成或失去了稳定而广泛的规范或规则。当时的涂尔干就很是忧心，他看到现代社会飞速发展，变化令人应接不暇，传统意义上宗教的影响力式微，这可能会引起失范，进而导致自杀。他写道，当我们感到社会秩序在弱化或瓦解时，我们的内心并没有被解放的感觉，相反，我们的感受是迷茫和焦虑：

> 如果这种有约束力的社会秩序瓦解了，如果我们不再感到它在我们周围存在并行动，那我们内在的社会性便会失去所有的客观基础。仅存的将是虚幻影像的人为组合，一种一经思考就会消失的幻象。换言之，没有任何东西能够成为我们行动的目标。[56]

涂尔干的描述与 Z 世代的经历太吻合了。Z 世代不像过去的人那样，能在现实世界里深深扎根，稳健成长。过去，人类都是生活在一个稳定的社群里，周围都是熟人，一年以后，大家身边也还是彼此。这些社群是人类及其孩子们的社交家园，我们的祖辈在这里繁衍进化，生生不息。然而在童年大重构之后，孩子们被一张张虚虚实实或远或近的线上人际网罩住。围绕在身边的有熟人，也有陌生人。人与人的关系如雾里看花，很多人躲在网名和头像后，到了第二年，其中的很多人就不在圈子里了，甚至第二天就消失了。社交生活被铺天盖地的表情包、网络潮流、小的冲突与对立填满。这些冲突与对立此起彼伏，在数以百万计的用户中不停上演，日夜不休。孩子们无处扎根，得不到有营养的成长体验，也没有一套清晰健全的行为规范来约束自己，引导自己走向成年的世界。

涂尔干及其失范理论让我们理解了，为什么从 21 世纪第二个 10 年初期起，会出现那么多空虚失落的男孩和女孩，他们“常常觉得一切都没有意义”（见图 7-5）。

在童年大重构时期，男孩和女孩有着不同的遭遇。但不知何故，他们最终陷入了相同的困境，许多人在失范和绝望中挣扎。在一张张虚拟的人际网里孤独地漂泊，很难构建有意义的生活。就像前文约翰·哈里的教子，他们的个人意识已“高度碎片化”。人类的孩子、人类的身体需要扎根在真实的人类社群里。孩子们必须先在地球上长大，然后我们才能送他们去火星。

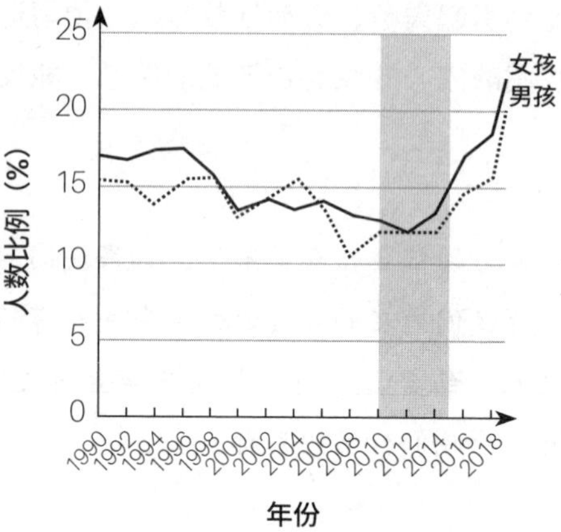

图 7-5 美国高三学生感觉空虚的比例

注：图中显示了美国高三学生中，完全认同或基本认同“常常觉得一切都没有意义”这一说法的比例。

资料来源：Monitoring the Future。

本章小结 The Anxious Generation

- 与女孩的情况类似，很多国家的男孩也在 21 世纪第二个 10 年初期开始变得抑郁和焦虑。但与女孩不同的是，男孩的问题在 20 世纪 70 年代就有端倪了。那时他们在学业、工作、家庭生活方面的表现就开始下滑，只是下滑的速度相对较慢。
- 男孩和年轻男性把时间和精力从线下世界转移到了线上世界。前者越来越封闭，不支持孩子们的自由玩耍、探索和冒险，而后者的发展如烈火燎原，势不可挡。
- 男孩在家“啃老”的概率比女孩更大，他们更有可能“不读书，不工作，也不参加任何培训”。有些日本男性过上了一种极端的隐居生活，所有的活动都囿于自己的卧室，他们被称为蛰居族。

- 21 世纪第二个 10 年初期，美国青少年男孩的思维模式产生了变化，开始向女孩的模式靠拢。之前男孩的认知和行为更偏外化，女孩更多地表现为内化，现在大家都更倾向于内化了。与此同时，男孩也开始厌恶风险了，甚至比女孩更厌恶。
- 男孩们很早就在远离高风险的户外活动，越来越多地待在家里，把时间花在电子设备上。但 20 世纪 90 年代和 21 世纪最初 10 年，他们的心理健康并未出现问题。到了第二个 10 年初期，情况才发生转变，男孩们的心理健康状况开始恶化。
- 男孩一旦拥有了自己的智能手机，就会跟女孩一样，把社交生活转移到网上，心理健康状况也随之崩坏。
- 可以高速上网的智能手机对男孩们的生活产生了深远的影响，其中之一就是他们能在任何时间，任何地点，不花一分钱，浏览大量的成人内容。科技公司轻易便可满足男孩基因里自带的旺盛性需求，而无须他们练就高超的社交本领，但这些本领恰恰是孩子们长大成人后用得到的。
- 电子游戏的确给孩子们带来了一些好处，但同时也带来了一些危害，尤其是对那 7% 已经重度成瘾或产生了行为问题的男孩用户。电子游戏多多少少让这部分玩家的身心都受到了重创，还要经历家庭的冲突，以及生活中方方面面的困扰。
- 男孩在线上平台经营的所谓人脉和关系，和女孩们沉迷于社交媒体一样，都是以数量取胜，但质量堪忧。男孩也如女孩一般，在童年大重构期间越来越孤独。部分男孩的确可以通过电子游戏加强和现实世界中朋友的联系。不过，对其他许多男孩来说，游戏只是让他们变得更加封闭，在卧室里待得更久罢了。游戏并不能让他们经历现实世界的风霜雨雪，并在其中茁壮成长。

- 童年大重构把一代年轻人从线下的社区、社群里拉了出来，甚至让他们远离了自己的家人，进而在不断变化的众多网络中塑造了一种新型的童年生活。于是，一个不可避免的结果出现了——失范。在这个光怪陆离的虚拟世界里，在一群群擦肩而过的网友中，稳定而有约束力的道德规范无法形成。

- 如社会学家埃米尔·涂尔干所言，失范的后果就是人心深处的绝望，以及自杀行为。这就解释了为什么男孩和女孩在童年大重构期间明明有不同的经历，却殊途同归，都快速地陷入了虚无的状态，找不到人生的意义。

第8章

精神的提升 还是内在的退化

之前几章客观地分析了手机式童年带给孩子和青少年的伤害。现在，我想暂时脱离社会学家的身份，仅以一个普通人的视角去思考问题。自2014年以来，我一直感到力不从心。21世纪第二个10年，整个社会好像都发生了深刻的变化。在大学校园里，似乎出现了从发现模式向防御模式的转变。在政治领域，情况更加扑朔迷离。我百思不得其解，人类社会是怎么了？技术的发展到底给我们带来了什么？自此以后，我的大部分研究都是为了寻找这些问题的答案。在这个过程中，我从一系列学术资源和古老的传统中得到了许多启示和线索。我认为，要描述我们当前所面临的变化，最合适的一个词是社会学界甚少使用的"精神境界"。被手机主宰的生活使我们所有人，不仅是青少年，都发生了精神退化。

我的书《象与骑象人》中有一章名为"灵性的觉醒"。这一章对各种道德情操进行了分析，如厌恶感、道德提升感、敬畏等。我发现，人们在社会空间会重点关注三件事情或者说三个维度，以辨识自己和他人的关系。首先是亲密度，如

图 8-1 的 X 轴所示。其次是社会等级，如该图 Y 轴所示。不少语言会根据这个维度，要求说话人对词语进行变形，比如法语的“你”，就有普通的“tu”和表示尊敬的“vous”这两种说法。

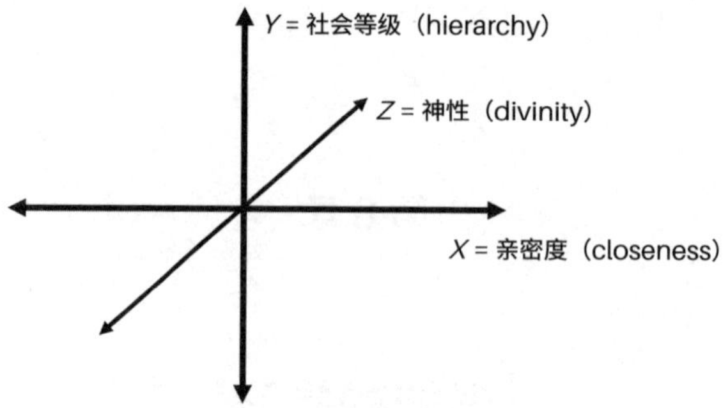

图 8-1 社会空间的三个维度

第三个维度是图中的 Z 轴，我把它命名为“神性”轴。许多文化中有明确的表述，认为高尚的行为可以升华人的品格，让人向神靠拢；而卑鄙、自私、恶劣的行为则会使人堕落，远离神，甚至可能坠入极端的对立面，即地狱。无论是有神论者还是无神论者，大家心里多少都有些判断是非好坏的标准，相信有些人、地点、行为、物品是神圣、伟大而纯洁的，能带来道德提升感；它们的对立面则是卑鄙而龌龊的，无法带来道德提升感，叫人堕落。

1771 年，当时的美国总统托马斯·杰斐逊对神性的概念做了一番通俗的解释。他给一位亲戚写信，为这位亲戚该给书房配置哪些书提供建议。信里他劝亲戚一定要买点小说和戏剧类的书籍，为此还专门论述了伟大的文学作品给读者带来的积极体验。

> 无论亲眼看见还是心中想象，每当慈善或感恩的行为呈现在我们面前，我们都会被其蕴含的人性之美打动，并强烈地渴望去做类似的事。与此相对的是，当我们目睹或听闻一些令人发指的恶行、现象时，就会为其卑劣感到不齿，在心中对这些邪恶和罪恶生出深深的厌恶来。

在杰斐逊看来，道德提升感的反面就是厌恶感。他在信里还聊到了法国的一部现代戏剧：

> 这部剧男主角身上的忠诚与慷慨，是不是开阔了读者的心胸，升华了读者的思想？这效果是不是不亚于历史上类似的真实案例？阅读可以净化读者的心灵，让读者暗暗产生向书中人物学习的欲望，对吧？

“升华”（elevate）这个词用得极其精妙，我们的心智与情操的确是上了一个台阶，“升”起来了。反过来，当我们看到一些卑劣、猥琐的行为，或者叫人恶心的动作，就会感到憎恶。那是一种心被向下拉扯的感觉，如坠深渊。这时候我们会立刻转身离开。因为我们的精神追求是高尚和光荣，而眼前所见与心灵所求南辕北辙。所以我才会在本章用“精神”这个概念来解释问题。人天生就有积极正面的追求，希望自己的所作所为在图 8-1 的 *Z* 轴上都表现为正数，而非负数。基督徒遇事会问自己：“此刻若是耶稣在，他会怎么做？”不信教的人也会思考，自己心中的偶像或榜样会怎么做。我自己是一个无神论者，但很多时候我也需要借用几个宗教的词汇和概念来理解人类的生命体验，比如本章的这几个概念。

在这个垂直维度上，由手机主宰的生活是在把大家的精神境界向上提升，还是在往下拉扯？如果答案是后者，那么问题就严重了，即便是那些不焦虑或不抑郁的人，也要为此付出代价。无论是成年人还是青少年，甚至那些自认为心理健康状况良好的人，他们的精神健康都会受到损害。另外，对整个社会来说，如果大多数人都将时间花在 *Z* 轴的负半轴，也会对社会造成伤害，我们将感受到一种难以言表的全社会范围的退化。

接下来我将借鉴古代传统的智慧与现代心理学的成果，尝试解释以手机为主导的生活在精神层面如何阻碍或削弱了 6 种重要的实践或体验。它们分别是：集体的神圣感；具身性的表达与体验；安定、宁静与专注；自我超越；缓慢发怒，快速宽恕；敬畏自然。

精神实践

2021 年，社会心理学家戴维·德斯迪诺（David DeSteno）出版了专著《神的原理》（*How God Works*），[1] 书名相当有意思。这本书回顾了心理学界对冥想、祈祷、忏悔、赎罪仪式等精神活动的研究。尽管研究人员还没有找到证据表明祈祷能改变现实世界的结果，比如治愈患癌儿童，但德斯迪诺发现，有大量证据表明，坚持某些精神层面的活动可以提高人的幸福感，让人不那么自我和自私，并且做好接受或拥抱超越自我的事物的准备。当一个社区的成员一起做这些事时，尤其是做同步的动作时，他们的凝聚力和信任感都能得到增强，可以有力地对抗失范和孤独感。[2]

我们看了这 6 种精神实践的原理就能明白，当我们的生活与数字世界结合得更为紧密时，我们实际上失去了什么。这些精神实践可以帮助人们改善情绪，儿童和青少年也适用。无论你信教与否，在这个焦虑又碎片化的时代，这 6 种精神实践能让人的心灵丰盈而蓬勃地成长，让大家彼此联结。对不信教的人来说，这些实践的意义反而更大，毕竟他们更缺少机会在教会组织里收获类似的体验。

精神实践 1：集体的神圣感

涂尔干认为，智人完全可以被称为“双重人”或“双面人”，因为我们身上存在着两种不同的属性。绝大多数时候，我们都在为自身利益奋斗，此时的属性是“世俗”的。作为一介凡夫俗子，我们每个人都在日复一日地追逐着个人的财富、健康与名誉。涂尔干指出，古往今来几乎所有的社会都会发展出集体仪式和活动，以暂时性地抬高成员的思想水平，把大家推到“神圣感”十足的精神境界中。在这些场景下，自我的想法退一步，取而代之的是集体的意识，比如基督徒每周日在教堂里共同吟唱赞美诗，穆斯林围绕麦加的卡巴天房朝觐，为争取公民权利而游行的人们高声歌唱……这两个层面的属性不是只有教徒才有，我们可以看看球迷的例子。同一支球队的球迷，会用类似的“技术手段”与同好们团结起来。赛前有动员集会，大家要一起唱加油歌，一起借助酒精的力量走向疯狂，还有一系列不输宗教仪式的球迷仪式、迷信讲究，以及在身上画的标记。[3] 在体育场内，作为万千球迷中的一员，每次进球或触地得分后一起唱歌或跺脚，这种体验令人心潮澎湃，涂尔干称这种活力满满的集体狂欢活动为“集体兴奋”。

不是一群人聚在一起，彼此间有了些许沟通，就能自动形成一个强大的集体。这是社会学的基本理论之一。当一个因素或某件事有可能抬升成员们的精神水平时，大家才会齐心协力地凝聚在一起，携手并进。此时，这群人才能形成一个强大而奋进的集体，“神圣”属性才能被激活。事后，人们还是要回归正常的生活，为各自的柴米油盐奔走。但因为有了之前的集体经历，彼此间的信任感和好感已得到显著加强，人们普遍变得振奋昂扬，自杀率都会下降。相比之下，短暂而虚拟的线上社交生活，以及那些非同步的互动动作，则完全没法与自古以来就存在的真实社群生活相提并论。两者的凝聚力有天壤之别。设想一下，一个人没有真实的社群生活，全靠网络来社交，他大概率不会太昂扬或乐观。

宗教为集体活动设计了许多模式，一一规定好了活动的时间，比如安息日、圣日等；地点，比如神殿、教堂、寺庙等；圣物，比如十字架、圣经、古兰经等。这些规定把宗教活动和世俗世界清晰地分隔开，信徒们必须虔诚地遵守，以保护活动的神圣性。在希伯来语里，表示神圣的词 kadosh 字面意思就是“分开”或“隔离”。

现在，社交生活转移到了线上，每个人都隔着屏幕沟通，这意味着什么呢？这意味着每个人都坠入了一团迷雾，所有活动不分属性，不分场景。人的身边没有了看得见摸得着的实景，没有了立体的三维空间。而我们的祖先是在这个空间里进化了无数代，我们的身体早已习惯了它的上下、左右和前后。在虚拟世界里，时间没了周期。原本在每天、每周或每年都要规律进行的活动，或者需要注意的规矩，都不存在了。事情没有结束或中止的时候，每个人都可以按自己的节奏行事，随心所欲，不必在乎什么可为，而什么又不可为。[4]

简言之，人们失去了生活的坐标，时间、地点、圣物通通消失了。那些古老的流程与密匝的讲究已隐入历史的烟尘，再难激活人们体内的本能。长此以往，大家便难以缔造并参加宗教或类宗教的仪式，不可能再一起追求集体的神圣感。虚拟世界让一切变得唾手可得，不分时间、地点，应有尽有。安息日不重要了，圣日也不在了，万般皆为世俗生活让路。青少年们就生活在这样一个失范而混乱的世界里，越来越抵不住网络活动的诱惑，动辄便被极端的政治运动吸引，想享受其带来的明确性与凝聚力，从而进一步远离了现实世界。

我们可以把曾经那些经常在日历上标注的活动、社区集会都重新办起来，为自己和孩子们营造一个更健康、更积极的环境。我们可以参加宗教团体的定期活动，或是加入那些致力于道德慈善和精神追求的组织。此外，也可以在家庭中建立特殊的仪式，比如设立一个“电子设备安息日”，每周选一天，在此期间大家都要减少甚至暂时戒掉电子设备，参加好玩的线下活动；还可以认真过好每一个节日，最好能和其他家庭一起过。这些实践能帮助我们的时间和空间恢复它们曾经拥有的社会意义。

精神实践 2：具身性的表达与体验

一旦某个时间和地点被赋予了神圣性，仪式就可以进行了，而仪式需要的是可活动的身体。虽然祈祷和冥想往往安静且少有动作，但大多数宗教仪式都有规定好的肢体动作。信徒们通过正确的动作来展现他们的虔诚，传达活动的象征意义。无论是基督徒的跪拜礼、穆斯林面向麦加的朝觐仪式、苏菲派苦行僧的苏菲旋转，还是犹太人祷告时的大卫王舞，都是如此。宗教仪式往往要求信徒们在大声祈祷的同时，辅以身体的移动或摇摆，而集体的歌唱和舞蹈则是一种向他人和神明敞开心扉的方式。[5]德斯迪诺指出，宗教仪式中的各种同步动作的普遍存在，不仅仅是碰巧。这些动作得到了研究数据的证实，确实可以增强成员间的凝聚力、亲近感和信任感，让原本独立的个体紧密团结，融为一体。[6]

新冠疫情期间，我们有了线上的婚礼、葬礼、宗教集会等活动。你只要参加过一次，就知道仪式的虚拟化会带来多少缺失。宗教活动的意义本就在于让信徒们聚在一起，同步行动。而童年大重构剥夺了这样的机会，人们不怎么做同步的动作了，甚至都不再做任何动作。新冠疫情更是进一步加重了这个问题。

和他人一起吃饭，也许就是能将人们联系在一起的最重要的具身性活动。每逢佳节或重大的人生事件，一场盛宴就是最好的仪式，通常会有专门为这一天或仪式准备的食物。试想，你是一位美国人，现在是感恩节，离大餐正式开始还有 1 小时，但有人对家人说自己饿得受不了了，现在就想端走自己的那份火鸡、配菜和蔓越莓酱，找个房间先吃了再说。对此，你会作何感想？这无疑是不能接受的。在这样一个特别的日子里，亲朋好友必须围坐在一起，共同享受美食。这是人类最普遍的习俗之一：那些“同食一餐”的人之间会建立一种纽带。[7]大家一起大快朵颐的过程，一起从同一个盘子里盛菜的动作，能够加强这种纽带，减少冲突的可能性。这种效果是虚拟世界永远实现不了的，无论虚拟现实技术发展到何种程度。

许多精神实践的效果因身体的运动和彼此的亲近而得到加强。如果你的一切活动都在线上进行，可能还是独自一人在你的卧室里，那么你的大脑里那些与精神实践共同演化的神经回路就很难被激活，[8]因此更难进入涂尔干描述的“神圣感”十足的精神境界。

你最好回到线下，多去参加一些与他人面对面的活动，尤其是那些能带来道德提升感，或有高尚的目的，或能让大家同步行动的，比如宗教集会、气氛热烈的演唱会等。尤其是新冠疫情结束之后的这几年，我们若能改变疫情期间形成的习惯，不总是选择轻松的远程方式，许多人会从中受益。

体育运动虽然不能完全属于精神层面的活动，但其中也包含了好几个关键的因素，能增强人们的凝聚力，比如运动中大家要彼此配合做一些同步的动作，要共同庆祝胜利等。大量研究表明，参加团体运动的青少年比不参加的更快乐。[9]人类是具身性的，需要面对面地相处，而被手机主宰的生活与此正好相反。电子设备让我们忘了自己这具肉身的意义与重要性。

精神实践 3：安定、宁静与专注

我们进行精神提升类的实践或修炼时，身体不见得时刻处于运动状态。有些修炼实际上要求保持静止，但静止反而会让身体紧张。冥想练习规定了我们应该如何坐、如何呼吸以及如何感知身体。佛陀遵循“八正道”以追求开悟的境界。八正道的第八个修行方法叫作“正定”，即心念保持稳定的意思。一个人的心若不加修炼，则心念不定，仿佛是只猴子在乱窜。现代人的生活中到处充斥着屏幕，同一时间，总有好几件事情在分散我们的注意力，这种猴子乱窜的情况更加严重，就像前文约翰·哈里的教子那样。而佛教教义的一条基本原则就是，人的心念是可以训练的。

冥想有助于安抚我们内心那只跳跃不定的猴子。坚持练习，假以时日，人的意识就会产生质变。哪怕不冥想，心念也不会跳得太厉害。研究发现，高频率进行冥想练习的佛教僧人，其大脑机能得到了持久的改善，那些与恐惧和负面情绪相关的大脑区域的活动不再如先前般活跃。这说明大脑开启了发现模式，对外界很开放淡定，而不会总处于防御模式的戒备与紧张之中。[10]

这就是为什么许多宗教会有修道院和修行人。那些追求精神层面成长的人，在修炼中得到了极大的助益。他们将自己与外界的喧嚣混乱隔离开，不再为他人的喋喋不休和世俗的烦恼而辗转反侧。一群人共同冥想时，每个参与者都可以安静地自省，大家的心理健康都能得到改善。有研究证明，专注和冥想的确可以有效地减轻抑郁和焦虑。[11] 这不是说你必须出家，或者找个专业的清修场所才行。普通人参加一些业余的集体冥想，给自己一段短暂的清修时间，也能得到这些益处。即使是每天仅 10 分钟的简短正念冥想，也能显著抑制怒气、负面情绪，以及外界压力带来的影响。[12] 正念冥想练习原本是一种修行法，属于宗教领域的活动，但现在它已被广泛运用于精神科等临床治疗领域，其有效性得到了越来越多的实验数据证明。[13]

佛陀将“正定”描述为一种“心一境性”的状态。佛陀曾说：“一旦进入正定状态，你的心念就不再散乱。内心之坚定，宛若洪水袭来时有卫士守护的堤坝。”[14] 然而，平日里，智能手机和社交媒体轻易便能冲垮这道防线。一条条通知、一件件琐碎的小事，不断冲击着我们的心智。噪声、碎片化的信息填满了我们的耳朵，注意力被彻底瓦解。[15] 当生活被手机主宰后，哪怕和朋友在一起时，我们也无法专注地与对方沟通。甚至当我们就一个人待着，想静一静时，都做不到不去碰手机。如果我们想获得内心的镇定和安宁，让注意力和意识更加集中，就不要在视觉和听觉上给自己太多刺激。我们可以多练习一下静坐，可以是冥想，[16] 也可以是去大自然里坐坐，还可以是一段长途旅行中，你就坐在车里，静静望向窗外，而不是全程听音频，或者让坐在后座的孩子从头到尾看视频。

精神实践 4：自我超越

请回想一下，你的心灵最近一次被震撼是在什么时候。当时你可能被大自然的雄奇与壮美所折服，也可能是看到了他人的美好善举，从中体验到了道德提升感，或收获了重要的启示。在那个时刻，你的自我意识是变得更加强烈，还是变得更加微弱了呢？

自我超越是精神境界得到提升的一个核心标志，而自我意识的矮化和弱化，是会在神经系统里留下痕迹的。大脑中有一系列相互关联的结构，当我们以自我为中心思考问题时，这些结构就会活跃起来。此时我们想的是“我希望得到什么”“我接下来需要去做什么”“我此刻在别人眼里是怎样的形象”，这些结构经常共同处于激活状态，所以它们被统称为默认网络（default mode network，DMN），意味着这是大脑平时最常见的状态，偶尔才会例外。[17]

这个系统其实也可以叫作“世俗网络”。研究发现，当人们参加精神提升类的活动，如冥想、祈祷，世俗网络的活跃度就会降低。[18] 社会心理学家达彻尔·凯尔特纳（Dacher Keltner）在其 2023 年的著作《敬畏》（*Awe*）中写道：

> 有研究表明，当大脑告别默认的自我中心意识后，敬畏之心便会被唤醒，让我们从弱肉强食、竞争激烈的厮杀状态中解脱出来。于是我们

> 看到了自己所归属的集体，成员们彼此依存，相互协作。我们也感知到了更宏大的环境，知道自己是一个家庭、一个社区、一种文化的一部分。我们身处的是一整个生态系统。[19]

当默认网络不再活跃时，人就有可能收获更高层次的体验。但社交媒体起到的作用是什么呢？所谓的社交平台，就是把你放到一个平台上，周围的一切都与你有关。你需要站在这个平台的中央，不断地发出信息，优化自己在别人眼里的形象。社交媒体可以把默认网络的活跃度调到最大，并长时间地保持这个水平。这种状态对谁来说都不健康，尤其是对青少年。[20]

佛教和道教的传统教义，时常在警示自我主义对开悟或飞升的阻碍。我们的意识不免会被世俗的烦恼牵扯。《道德经》是一部道家经典文献，大约成书于公元前 4 世纪，其中就有这样的观点：

> 不尚贤，使民不争；不贵难得之货，使民不为盗；不见可欲，使民心不乱。

社交媒体简直是这些困扰的“集大成者”，指出的方向与传统的智慧南辕北辙。社交媒体希望用户做的是：永远以自己为中心；追求物质主义，批判他人，学会自夸，变得心胸狭隘；尽力提高点赞量和“粉丝”数，并以此为荣……许多用户觉得，社交平台上那些看不见的奖励与惩罚对自己影响不大，但真正的影响很可能是在不知不觉间。很不幸，大多数孩子都是在文化学习的敏感期，即在 9 ～ 15 岁期间，成了社交媒体的重度用户。[21]

我们要体验自我超越，升华精神状态，就要远离那些可以激活世俗网络，并把我们推向自我中心主义的事情，比如使用社交网络。我们要走向社交媒体的反面，多参加祈祷、冥想、正念等实践活动。越来越多的证据已证明，这些手段能有效对抗焦虑和抑郁。[22]

精神实践 5：缓慢发怒，快速宽恕

《道德经》将“是非观念”列为桎梏。我研究道德心理学已有 35 年，发现人性有一个巨大的问题：我们易于动怒，却难于宽恕。我们容易严以待人，宽以待己。基督教也会要求我们正人先正己，别总是急着去批评他人。

社交媒体鼓励大家不假思索地在公众平台迅速做出评判，丝毫不顾及他人的感受、出发点，也没有意识到我们自身也经常犯下我们公开指责的那些错误。

佛教和印度教在这方面的要求要严格得多，它们严禁一切评判。以下是中国禅宗大师僧璨关于道德心理学最深刻的见解之一：①

> 至道无难，唯嫌拣择。
> 但莫憎爱，洞然明白。
> 毫厘有差，天地悬隔。
> 欲得现前，莫存顺逆。
> 违顺相争，是为心病。[23]

生活中，我们无法完全按照僧璨的教导行事，不能完全避免道德判断和评判，事实上，一神论的宗教非常推崇此类行为。在我的理解里，僧璨真正想强调的是，我们的心总是会本能地对周遭的人、事、物进行评判，这种下意识的评判会影响接下来的思考，使我们难以把握真相。这一见解是道德心理学第一原则的基础，我在《正义之心》一书中阐释过这一原则，即我们判断问题时，直觉总是先一步，理性思考随后才会跟上。换言之，我们遇到某件事情时，总是会进行先入为主的直观性解读。接下来我们会编个故事，想方设法地制造证据，以支持这个解读。一般来说，我们编的故事都会把自己包装得很正面。

主流的宗教基本上都建议我们减少对他人的批判，增加宽容心。在《摩西

① 此段话引用自僧璨的诗歌《信心铭》片段。

五经》中，上帝告诫以色列人："不要报复或者仇恨你们中的任何人，要爱人如己。"[24] 几千年后，马丁·路德·金运用在犹太－基督教中发展而来的宽恕思想，激励民权运动者以高尚的方式行动，做到人心所向。他说：

> 我们必须培养并保持宽恕的能力。一个不会宽恕的人也没有能力去爱别人。没有人完美无缺，也没有人是彻底地十恶不赦，人各有能有不能罢了。明白了这个道理，我们就不太可能去憎恨敌人了。[25]

"评判要慢，宽恕要快"的思想，是能改善人际关系，促进心理健康的。社交媒体则恰好相反，认为"评判要快，而宽恕要慢"。在一轮轮"网暴"中，用户要积极站队，否则自己就可能成为被"网暴"的对象。在社交媒体平台上，宽恕往往是个禁区，用户但凡踏入一步，就是对自己团队的"背刺"，会被大家当作叛徒。

从精神境界的角度来看，社交媒体已经可以算得上是一种病灶了。想要治好它，用户需要借用各种实践活动和美德的力量，如宽恕、慈悲与爱。正如佛陀所言：

> 于此世界中，从非怨止怨，唯以忍止怨，此古圣常法。彼人不了悟："我等将毁灭。"若彼等知此，则诤论自息。[26]

精神实践 6：敬畏自然

自然的恢宏与伟大无与伦比，能在精神层面给人以强烈的震撼。《诗篇》第 19 篇唱道："诸天述说神的荣耀，穹苍传扬他的手段。"拉尔夫·沃尔多·爱默生（Ralph Waldo Emerson）在 1836 年描述过这种体验，他在森林中行走时感到：

> 在树林中……上帝的一座座种植园由庄重和圣洁统治。……站在土地上，我的头沐浴在清新的空气中，思绪升腾进无垠的空间，所有

> 的小我和自私都退却了。我似乎是一颗通透晶亮的眼珠子，我又什么都不是，但我又能看到一切，一股股贯穿星河的暗涌往复奔流在我的身体内，我仿佛成了上帝的一部分。[27]

2003 年，我和达彻尔·凯尔特纳共同发表了一篇综述论文，研究重点是敬畏情绪。我们认为，敬畏的产生离不开两个同时存在的触发点：第一，你看到了某种极其浩瀚宏大的现象或景致；第二，你现有的思维体系无法分析或囊括这种浩瀚宏大。[28] 两者加在一起，能让人产生一种夹杂着快感的渺小感，有时还伴随些许恐惧感。敬畏使我们敞开心扉，敢于改变之前的信仰、尽忠的对象和行为。

达彻尔坚守这个领域，继续研究敬畏情绪，成果丰硕。他和学生们从世界各地收集了成千上万与敬畏相关的真实故事，并将它们归为 8 个基本类别，称为“人生的 8 大奇迹”：道德之美、集体兴奋、自然、音乐、视觉、精神和宗教敬畏、生与死，以及顿悟（那些崭新而宏大的理解或创意突然浮现脑海的时刻）。

有很多场景可以触发敬畏情绪，但领略自然之美几乎是最强烈也最容易实现的方式之一。我曾在一个播客对话节目 [29] 中听到达彻尔的一番描述，讲的是他因兄弟癌症离世，在哀悼中的一次散步经历，那堪称一场“敬畏中的散步”。听完此节目，我决定在我纽约大学教授的本科课程“幸福学”中，增加一节关于敬畏和美的课。我告诉学生们先去听这个节目，然后去户外缓缓地散步，地点不限。我只有一个要求，散步期间，不要碰手机。那一周学生们上交的作业是散步后写的杂记，那真是我执教 30 余年来最美的几批作业之一。

一些学生选择在纽约大学附近的格林尼治村漫步，他们第一次注意到了那些 19 世纪建筑上的装饰。这是一种视觉设计之美，他们之前匆忙路过无数次，却从未注意到。有几位同学去了公园，他们给我交来了最震撼的几份作业。一个名叫仪美的学生，她的敬畏漫步始于华盛顿广场公园，这片葱绿是纽约大学校园的心脏。那天正值最美的四月，樱花盛开如云：

> 春天的公园美得让人陶醉，我坐在长椅上良久，默默欣赏它的美。

> 人们从我眼前走过，我对他们产生了道德上的愉悦感和爱。无论谁看向我，我都会报以微笑。

这位同学在熟悉的公园里邂逅了前所未有的体验。在此激励下，她又去了中央公园，但这已不是作业要求的了。阳光洒在中央公园的小湖上，粼粼的波光让她沉醉："湖面和树上仿佛有亮闪闪的装饰物。在我眼里，一切都变得鲜活起来。"

有几个学生说，在开始这次"敬畏漫步"前，他们极少去欣赏身边景致的美。华盛顿广场公园是美国最美的几个城市公园之一，纽约大学的学生常常穿梭其中，却没怎么认真看过它。

这些学生里，有不少人患有焦虑症，但其中一部分人还是发现了自然之美的力量，发现它是一种有效的治疗方式。下面也是仪美的文字：

> 这次关于美和敬畏的体验，让我的胸怀变得更加宽广，也让我更关注当下的生活。过往那些琐碎的小事突然显得不再重要，对未来的担忧也显得无足轻重，因为此刻，我的内心是一片安定和平和。时间仿佛被拉长了，它在对我和我的焦虑说："别怕，一切都会好起来。"幸福感在心间涌动，我想要与人建立联系，和他们交谈。

在 2023 年的一篇综述性论文中，达彻尔和同事们列出了敬畏提升幸福感的 5 种方式：敬畏情绪可引发"神经系统的转变，减少人对自我的关注，增进社交关系，促进人与社会的融合，以及增强意义感"。[30] 仪美在两个公园安静地散步时，体验到了以上 5 种感受。

自然环境是人类进化的舞台。我们的神经对这样的美很敏感，能捕捉到祖先们眼里绝美的风景，那都是他们当初赖以生存的资源，比如那些水草丰美、树木茂盛的草原，以及草原上成群结队的草食性动物，那些美好的海岸，及其蕴含的丰富资源。伟大的进化生物学家爱德华·威尔逊（Edward Wilson）① 说过，人类天生就愿意“亲近其他生物”，有“与其他的生命形式建立联系的冲动”。[31] 这解释了人们为什么喜欢去奇妙的地方旅行，去探索那里的大自然，也解释了伟大的景观建筑师弗雷德里克·劳·奥姆斯泰德（Frederick Law Olmsted）为什么要给中央公园设计田野、树林、湖泊和一个小动物园。我的孩子们就喜欢在那里喂绵羊和山羊。这解释了为什么孩子们喜欢探索树林，看到石头就要翻开看看有什么东西在底下爬，也解释了为什么焦虑症患者在美丽的自然环境中待一段时间后，症状会减轻。[32] 因为这种体验如同归家。

童年大重构的一大标志就是孩子们不怎么去户外玩了。即使在户外，他们玩的或想的也是手机。即便看到了美好的景致，如水面上荡漾的波纹，或春风里摇曳的樱花，他们的第一反应也是赶快拍一张照片或录一段视频，发到哪个社交平台上。很少有人会像仪美那样沉浸在当下，全身心地拥抱此刻的美。

智能手机当然也能激发我们的敬畏之心。在 YouTube 上，有无数视频记录了那些充满勇气与正义的英雄故事，让我们感受到道德之美。世界各地最壮丽、最惊艳、最奇妙的地方都可以通过图片和视频，栩栩如生地在我们眼前呈现。观看这些内容很激动人心，也很有意义。但正如我们之前所讲，手机只以数量取胜，而牺牲了体验的质量。一个短视频可以给我们带来道德提升感，但这份感动转瞬即逝，因为我们很快就会滑到下一个视频，这个视频里的人可能正在宣泄他对某件事情的愤怒。无人机可以捕捉到维多利亚瀑布的奇特视角，那是你永远无法亲眼看到的。但这样的图像只能呈现在一块巴掌大小的屏幕上，而且你不费吹灰之力就看到了，那么它激发的敬畏之情，就远不如你自己徒步到一个小瀑布边感受到的更加深刻。

① 爱德华·威尔逊是世界知名的蚂蚁研究专家，“生物多样性”概念的倡导者和实践者，一生屡获殊荣，2021 年他已经离开了我们，为我们留下了 20 余部权威作品，包括《社会生物学》《论人性》《半个地球》《人类存在的意义》等，他在晚年还创作了一部小说《蚁丘》，是对他传奇研究生涯的总结。他的多部作品均已由湛庐引进。——编者注

如果我们想充分利用敬畏之情，让它在生活中扮演更重要的角色，那么就需要给它腾出足够的空间。给学生们布置作业的那周，我自己也去散步了。现在，无论我在哪个公园或自然环境中散步，我都会摘下耳机。我不再一边走，一边用 1.5 倍速的大脑极限速度去听有声书或播客节目。如果我们想让敬畏和自然之美在孩子们的生活中也发挥更大的作用，就要主动带他们或鼓励他们去美丽的自然环境中。记得别带手机。

每个人的心中都有个空洞

1662 年，法国哲学家布莱斯·帕斯卡尔（Blaise Pascal）在去世前不久写了一句话，这句话常被转述为："每个人的心中都有个空洞，唯有上帝才能填满。"[33] 我认同这个观点。在《正义之心》中，我借鉴了达尔文和生物学家大卫·斯隆·威尔逊（David Sloan Wilson）的著作，[34] 来阐释自然选择是如何雕出了那个空洞。人类经历了漫长的"多层次选择"（multilevel selection）。在群体选择的过程中，群体之间要竞争，群体内部的个体之间也要竞争。获胜的都是最有凝聚力的群体。人类为适应竞争，在生物进化和文化进化上发展出了一种新的属性，使得群体更有凝聚力。这种属性就是宗教性，包括了对神的敬畏和爱。

我身边有很多信教的朋友对空洞的起源有不同的意见。他们认为，这个空洞之所以存在，是因为"我们是由上帝创造的，我们爱自己的创造者"。尽管我们对空洞的起源有分歧，但就其表现形式还是达成了共识：我们每个人心中都有一个空洞，那是一种难以名状的空虚，我们一直在努力填补。如果我们不能用高尚和伟大填满它，现代社会很快就会用垃圾把它塞得满满当当。大众传媒兴盛以来，垃圾填充就没停过。但在 21 世纪第二个 10 年，垃圾的填充速度增长了 100 倍。

我们的所见所闻对我们有着深远的影响，古代先哲也都认同这个观点。佛陀曾说："我们的思考铸就了我们自己。我们的一切都由我们的思想而定。"[35] 马可·奥勒留也说："你思考的内容决定了你思维的质量，你的灵魂会染上你思想的色彩。”[36]

生活一旦被手机主宰，我们就会被大量由算法选择并通过通知推送的内容所包围，无论手里正在做着什么，我们都会被打断。这样的内容数不胜数，其中不少内容在精神层面将我们越拉越低。如果我们想回到 Z 轴的正半轴，且不再轻易掉下去，就需要夺回对信息的控制权，以及对生活的控制权。

本章小结

The Anxious Generation

当人们看到他人的善举时，会感到自己的精神境界被提升，进入了一个更高的层次。这说明他人的良善与高尚，有助于我们自身“神性”的提高。反过来，如果人们看到的是令人不齿的行为，则自己的精神也会被压制，有一种坠落感。

手机主宰的生活把人的精神向下压，改变了人的思维方法、感知、判断，以及与他人的关系。它与宗教和精神团体奉行的许多活动或实践背道而驰，而经过大卫·德斯蒂诺（David DeSteno）等研究者的证实，宗教和精神团体的许多活动或实践能让人更加快乐、幸福，彼此信任，并增强团队凝聚力。本章详细阐述了 6 种实践方式。

- 第 1 种：埃米尔·涂尔干指出，人类所做所想的出发点有时是世俗的，有时则是神圣的。世俗性体现在日常生活的方方面面，以自身需求为中心。神圣性则多体现在集体行动中，常常是一群人形成一个团结的集体，一起参加能在精神层面提升神性的活动。而虚拟世界恰恰相反，它没有时间和空间上的仪式感，任何事情的出发点都是完全世俗的。所以，线上的社群没法像线下社群一样充盈人的精神世界，让人们找到价值。
- 第 2 种：宗教仪式通常离不开带有象征意义的肢体动作，且这些动作多与他人同步进行。聚餐就拥有一种特殊的力量，能够将人们紧密地联系在一起。而虚拟世界，顾名思义，是非实体的，脱离了物质环境和主体，其大多数活动、动作都不同步。

- 第 3 种：众多宗教和精神实践活动都通过静止、沉默和冥想等，来安抚我们的意识中那些躁动不安的“猴子”，让我们可以向他人、神灵敞开心扉，迎接开悟的体验。已有证据证明，哪怕在物欲横流的世俗环境中，只是短暂地进行规律性练习，冥想也能提高人的幸福感。与此相反，被手机主宰的生活方式充斥着消息、通知和干扰，割裂了用户的意识，让我们习惯了用手机上的信息填充心灵的空隙。

- 第 4 种：自我超越感是精神状态实现跃迁的一大标志。我们的大脑里有一个神经网络，名为“默认网络”。一个人体会到自我超越感时，这个网络就相对平稳，不会太活跃。默认网络仿佛是世俗化模式的神经基础。社交媒体不断地强调自我关注、自我展示、个人设定和社交地位，一切的一切都与自我超越背道而驰。

- 第 5 种：大多数宗教都不鼓励信徒评判他人，社交媒体却反其道而行之，鼓励我们不假思索地评判他人。宗教要求人控制愤怒情绪，不要轻易动怒，要尽快放下怨恨，宽恕他人。在这一点上，社交媒体也是相反的态度。

- 第 6 种：自然界的宏大壮美是体验敬畏之情最普遍且最便捷的途径之一，我们由此提升精神境界，修炼内心的灵性。在大自然中散散步，你就能体会到自我超越感，尤其是在你彻底放下手机，集中注意力欣赏自然之美时。Z 世代急需体验这种感觉，因为这能有效治愈手机式童年带来的过度焦虑和自我意识。

> 我们每个人心中都有一个空洞，期待“上帝”来填满它，也只有“上帝”才能填满它。更准确地讲，我们每个人都渴求人生的意义，渴求与他人的联结，渴求更高的精神境界。被手机主宰的生活也能填满这个洞，但填进去的是一堆堆碎片化的、低级的内容。先人提醒我们，要慎重选择自己所接触的事物。

至此，本书第三部分结束。我们讨论了手机式童年以及被手机主宰的生活给大家造成的伤害，接下来我们要看看如何解决这些问题。我将在第四部分中证明，团结协作是一剂解药，能化解许多问题。

The Anxious Generation

第四部分

合力守护孩子们的健康童年

只要有几个孩子有了智能手机，开通了社交账号，其他孩子就也会向父母施压，最终每个孩子都沉迷其中。

The Anxious Generation

第 9 章

时代呼吁的集体行动

当我提议推迟孩子接触智能手机和社交媒体的年龄时，常常听到这样的回应："我赞同，但似乎为时已晚。"如今，你看到 11 岁的孩子边走边刷手机，一点儿也不会感到惊奇。他们的拇指在屏幕上疯狂滑动，可以看的内容似乎没有尽头。父母觉得这已经成为一种常态，我们无法改变这一现状。但在我看来，问题越是严重，越是需要我们悬崖勒马。

我乘坐过一些航班，飞机都已经离开登机口，准备起飞了，机组却发现了安全问题，于是立刻安排飞机返回，以及时排除隐患。1912 年，"泰坦尼克号"沉没，它的两艘姊妹号立刻被召回，进行了安全改造。当某种产品的生产者，特别是儿童用品厂商，发现产品有安全问题时，会立刻召回已售产品。问题如果解决不了，那么这款产品就不会再上市销售了。

回想 2010 年，彼时的青少年、父母、学校，甚至科技公司都还没有意识到智能手机和社交媒体会带来如此多的负面影响。然而，现在的我们已彻底清醒。2010 年时，群体性心理健康危机的迹象尚不明显，但此刻它已全面爆发。

尽管智能手机、社交媒体、广告商，以及其他各方面的社会影响共同作用，让一切看上去似乎已病入膏肓，但我们并非无能为力。不过我们不能单独行动，因为个体的力量实在太小，成本也太高。如果我们能团结一致，携手前行，成本问题就会迎刃而解。

本章篇幅不长，我将简要说明什么是集体行动困境，以及常见的几种解决方法。在接下来的几章里，我将分别介绍政府、科技公司、学校和父母能从哪些方面着手，来逆转从玩耍式童年向手机式童年的灾难性转变。

集体行动困境

社会学家一直在研究这样一种困境：集体中的每个人都在追求最大化自身利益，这就好比竭泽而渔，最终谁都无鱼可捕；但如果大家共同制定保护性规则，规定好每个人可以捕捞的数量上限，那么从长远来看，每个人的收益都将大大增加。这种困境被称为“集体行动困境”，也被称为“社会困境”。

青春期前的孩子就容易陷入这种困境。当他们升入六年级后会发现，身边一些同学已经有智能手机了。他们的手机里有 Instagram 和 Snapchat 等应用程序，所以在课间或上课时也能彼此联系。这给其他孩子带来了压力，他们也想拥有智能手机和社交媒体，但如果所有同学都没有这些东西，他们的学习和生活可能会更好。

亚历克西丝·斯彭斯跟我解释过，为什么她在六年级时完全控制不住自己，非要注册一个 Instagram 账号，为此还不惜与父母对抗到底。

> 我如此上瘾的原因是，我渴望融入同龄人群体，我不想错过任何信

息。一旦错过，我就会脱离圈子，而一旦脱离了圈子，大家就会嘲笑我，或者因为我不明白发生了什么而取笑我。我不想被孤立。

一个集体里，只要有几个孩子拥有了智能手机，开通了社交账号，其他孩子便会向父母施压，使他们也陷入同样的困境。“所有同学都有智能手机，你们要是不给我买，我会被其他人孤立的。”父母听到孩子说这样的话是很痛苦的。不过，所谓的“所有同学”，可能只是那几个有手机的而已。

很少有父母愿意让他们的孩子沉迷于手机，但看到孩子因此被孤立更加令人难以忍受。所以很多父母两害相权取其轻，在孩子 11 岁甚至更小的时候就给他买了手机。随着越来越多的父母妥协，还没有手机的孩子及其父母就更加恐慌和可怜了。于是整个集体彻底沦陷，局面可以说很平衡，但平衡得很可悲：每个孩子终于都有了智能手机，每个孩子都沉迷其中，玩耍式童年就此终结。

技术的发展日新月异，部分科技公司甚至也陷入了集体行动困境。他们必须争分夺秒地跟进产品潮流，尽力争抢儿童和青少年的市场份额。这些科技公司关于用户的年龄，本有内部规定。美国的法律更是有明确要求，用户年龄不得低于 13 岁。但一家科技公司如果严格遵守这些政策，就等于把新用户拱手让给了那些没有道德顾虑的竞争对手。

父母在培养孩子的独立性方面也陷入了集体行动困境。过去，所有父母都放心大胆地让孩子出去玩，每个家庭都不必太担心孩子在外的安全问题。但现在大家都不这么做了，你要成为第一个这么做的人就很难。如果你让孩子一个人在公共场所行走或玩耍，身边没有大人陪伴，那么很有可能会被好心的邻居误解，然后报警处理。警察可能会叫来儿童保护机构，父母会因“监护不力”被机构调查。在每个父母眼里，最优的策略都是随大流：始终密切监督孩子，即使这么做会影响孩子的全面发展。

我们该如何摆脱这些困境呢？集体行动困境还需要集体行动来解。我们有 4 大行动建议，每一个都非常有效。

行动建议 The Anxious Generation

建议 1：父母建立攻守同盟。就像父母给 11 岁的孩子智能手机时，会给那些坚守底线的家庭施加额外的压力一样，父母们也可以联合起来相互支持。某些学校的“八年级手机联盟”就是个例子。在孩子上小学时，加入联盟的父母就会签一份承诺书，约定好在孩子上八年级前，绝不会给他们智能手机。这份承诺书只有在该校同年级有 10 个家庭签署时才具有约束力，这确保了这些家庭的孩子可以一起玩耍，不会感到被孤立。这样一来，原本的困境就被打破了，这 10 个家庭共同迈出了改变的一步。我觉得八年级还是早了些，毕竟孩子们还没进入高中，如果能改成“九年级手机联盟”就更好了。

建议 2：社会更新规范与道德标准。公众可以用道德标准评判个人的行为，对恶劣的行为予以严厉的指责。比如，现在大家会谴责酒后驾驶的人，也会批评某个妈妈，因为她竟然让 9 岁的儿子独自坐地铁。[1] 前者确实该被狠狠谴责，但后者就太冤了。人们真不必把孩子的独自行动视作父母的失职，我们完全可以将一个 9 岁的男孩独自坐地铁视为正常情况，这在以前其实是被社会普遍接受的。

建议 3：科技公司积极开发新技术或新设备。有些产品或创意是可以改变人的行为和选择的，而且是同时改变一群人，比如可以上锁的手机存放袋、简单有效的年龄认证方法，以及改良后的功能手机。这些都可以降低孩子上高中前就接触智能手机的风险，让父母不至于感到太大的压力。

建议 4：政府部门和相关机构制定法律与规则。政府可以制定法律，全面要求社交平台对用户进行严格的年龄认证，也可以给“监护不力”做出清晰的法律解释，让民众知悉，给孩子自由不代表监护不力。各机构也可以制定相关规则，比如学校可以规定，所有学生在校时必须将手机锁入储物柜。

接下来的三章将从不同角度出发，介绍一个全面的计划，帮助政府、科技公司、学校、父母和孩子携手对抗各自的集体行动困境。我请到了我的好友和合作伙伴勒诺·斯科纳兹（Lenore Skenazy），来帮助我完成这三章的写作。2012年，我和妻子读到了《放养孩子》（*Free-Range Kids*）[2]一书。此书出版于2009年，勒诺就是其作者。这本书改变了我和妻子的育儿观。它让我们率先一步，把更多的自由还给孩子，进而让孩子收获了更大的自信，也让我们看到了孩子更大的潜力。后来，我和勒诺、彼得·格雷、丹尼尔·舒克曼（Daniel Shuchman）一起创立了一个组织，名为"自由成长"（Let Grow）。组织的使命是让孩子们"轻松、自然、合法地获得自由成长的机会，今后成为一个优秀、自信、快乐的成年人"。在后续篇章里，关于减少父母的过度保护、增加孩子的玩耍时间等内容，行文语气会和之前有所不同。我由衷敬佩勒诺在推动"放养儿童"运动中的领导力，也非常感谢她在后续几章里贡献的智慧。我们着重宣传了自由成长组织发起的几项运动，当下也有其他许多组织在推动类似的项目。[3]

声明
The Anxious Generation

在给出我的建议之前，有几条注意事项希望读者朋友留意。

首先，以下几章的建议都是我的肺腑之言，相信对大多数家庭和学校都有益，但我们必须意识到，每个孩子、家庭和学校都有其独特性。我介绍的心理学原理普适性很强，而我介绍的相关运用方法却不一定适合你。所以请你一定大胆改良，随意发挥，尽量追踪落地的效果。

其次，在某些观点上我可能并不正确。我的建议是基于本书前8章的内容，这些内容又建立在此前多项研究成果的基础之上。但其中的部分研究很难复现，社会学家对其结果的解读也有分歧。还有些正在进行的新研究，指出了新的方向与可能性。我会在我的 Substack 账号 After Babel 上发布更多文章，介绍更新的研究成果和观点，作为对本书的补充。

最后，我想说，在当今时代，做父母、教师、学校管理者、教练，或从事任何一种与儿童和青少年有关的工作都极其艰辛。但作为青少年，情况甚至更加困难。我们每个人都在努力做到最好，尽管我们对这日新月异的技术世界知之甚少，而它正在分散我们的注意力，改变我们的人际关系。理解正在发生的事情很难，知道如何应对更是难上加难。但我们又不能坐以待毙，只能摸着石头过河，在一次次的尝试中寻找答案，一点点地评估成果和进度。

还有，我的部分建议很难推行，因为它们需要通过立法变革来实现。美国的政治极化使得我们做任何事情都举步维艰。即便如此，在美国国会中，保护儿童免受网络伤害也是不多的几个有望达成跨党派共识的议题之一。只要民众意识到了集体行动困境的本质，就可以推动立法，打破魔咒，改变人们的选择。只要我们能并肩作战，多方配合，就一定能逆转手机式童年的攻势，一定程度上唤醒健康的玩耍式童年，造福孩子们。

第 10 章

社会可以做什么

“我们怎样才能尽可能多地霸占你的时间和注意力？”

这句话是 Facebook 首任总裁肖恩·帕克在 2017 年的一次采访中说的。[1] 他当时正在讲述 21 世纪初创建 Facebook 等主流社交媒体的人们的思维过程。

第 2 章引用过帕克在这次采访中说的另一句话，即社交媒体要“建立一个公众评价体系”，利用“人的一个心理漏洞”。帕克说：“当用户得到其他网友的点赞、评论时，其大脑会得到一点多巴胺的刺激。刺激接连而来，时不时就让用户开心一下，于是用户便忍不住想发布更多内容……更多的内容又会带来更多的点赞和评论。”他和扎克伯格、Instagram 创始人凯文·赛斯特伦（Kevin Systrom）以及其他的创业者都深谙这个漏洞。帕克补充道：“我们心里都很清楚其中的利弊，但还是利用了这个漏洞。这种操控对孩子的大脑有什么影响，只有上帝才知道。”

为什么会有公司这样对待自己的用户？原因很简单，对社交媒体来说，用户并不是它真正需要讨好的客户。平台之所以愿意免费给用户提供信息和服务，是因为用户才是平台的产品，是科技公司用来挣钱的工具。用户的注意力被视为一种宝贵的资源，是社交媒体攫取利润的关键。而真正的客户，即付费的人，其实是广告商。各大社交平台为争夺用户的注意力不遗余力。就像经营赌场一样，科技公司为了尽可能地吸引和留住用户，不惜一切手段。我们必须改变这种激励机制，让社交平台调整运营策略。许多行业过去都经历过，比如美国进步时代的食品安全法规，① 以及 20 世纪 60 年代的机动车安全法规。这些法规都降低了儿童的死亡率，效果显著且持久。[2]

本章首先要介绍科技公司，尤其是社交媒体公司，对用户常用的操控手段。这些手段回答了肖恩·帕克在本章开头提出的问题，讲清楚了科技公司如何掠夺用户的注意力，侵占他们宝贵的时间，让他们没空体验现实世界的活动。接下来我阐述了政府如何通过修改法律来督促各家公司改变运营方式和产品设计策略，以降低社交媒体的不良影响，让父母有更大的知情权和选择权，来决定孩子何时以及如何接触虚拟世界。

本章第二部分关注与过度保护相关的法律和政策，建议政府做出调整，以减少父母和学校在现实世界中对孩子的过度保护。我还会针对现实世界的环境改造向政府提出几点建议，希望生活环境能够更加有趣，对孩子更加友好，满足他们的玩耍需求，培养他们的自主性和责任感。

后文会讲到，政府之前出台的很多法规和政策，客观上加速了玩耍式童年的衰亡，促进了手机式童年的兴起。尤其是美国一些州对父母“监护不力”的定义很是模糊，但执行起来往往又过于严格；而对于互联网成年年龄的设定又过低，并且不严格执行。父母们需要更加完善的法律法规和更加科学的执行标准，这样

① 19 世纪 80 年代到 20 世纪 20 年代被称为美国的进步时代（Progressive Era）。在此期间，美国推出了一系列改革措施，旨在解决急速工业化带来的种种社会问题。其中，食品与药品的安全保障就是一个重要的课题，大量措施得以出台并切实落地。——译者注

才能落实更加健康的养育方式。①

何苦要拼谁的底线更低

特里斯坦·哈里斯（Tristan Harris）是一位极有水平的学者，他深入地研究了科技公司的激励机制，曾任谷歌公司的伦理专家。2013 年，哈里斯为谷歌员工做了一次演讲，题目是《别再打扰用户了，请尊重我们的用户》。[3]哈里斯指出，仅谷歌、苹果、Facebook 这三家公司的产品，就左右了世界上大多数人的所见与所感。这些公司在有意无意间瓜分了用户们的注意力。哈里斯强调，科技公司刻意在产品上设计的种种细节，导致了全球范围内的注意力大崩溃，让人们无暇再顾及屏幕外的世界。

2015 年，哈里斯离开了谷歌公司，后来创建了“人道科技中心”（Center for Humane Technology）。这个机构贡献卓越，从创立之初便发现了许多行业问题，并予以警告，提供建议。2020 年，哈里斯作为证人，受邀出席了一场参议院听证会。此次听证会关注的就是消费者保护问题。哈里斯在会上介绍了科技公司面对异常激烈的市场竞争，“最优”的几项策略分别是什么。人类的心理天生就有许多弱点，有些甚至与我们的基本需求紧密相关。哈里斯指出，这些科技公司陷入了一场名为“逐底竞争”的集体行动困境，拼的就是谁的底线更低。因为竞争中的某家公司如果不利用某个心理弱点，就会输给那些没有道德操守和底线的对手。[4]他说：

---

① 本章涉及技术的内容得到了拉维·伊耶（Ravi Iyer）的大力帮助。他是我的好友，也是我长久以来的研究合作伙伴。拉维曾在 Facebook 工作过 4 年，历任产品经理、数据科学家和研发经理。后来他离开 Facebook，加入了南加州大学马歇尔商学院的尼利伦理型领导和决策研究中心（Neely Center for Ethical Leadership and Decision Making），研究技术改革问题。我参与的两个关注技术改革的非营利组织也提供了很多帮助，它们分别是“自由行动”组织（Project Liberty）和“负责任的社交媒体委员会”（Council for Responsible Social Media）。本章与美国落地措施相关的内容得到了勒诺·斯科纳兹的协助。

这是一场注意力之战。市场上的注意力终归是有限的，而广告商的胃口却无限大。所以，科技公司必须展开“脑干抢夺战”。它们从小恩小惠做起，步步为营，先是搞出了“下拉刷新”按钮。这跟老虎机的拉杆类似，拉一下就给一批新内容，让用户得到一个小小的“奖励”，轻微成瘾。后来，它们又取消了“无限滚动”中的停止提示，让用户的大脑忘记何时应该去做其他事情。这些还不够，随着注意力争夺战愈演愈烈，科技公司开始进一步深入人类的脑干，触及用户的自我认知，让用户渴求他人的留意与认可。通过增加“粉丝”数量和点赞功能，科技公司操纵了我们的社会认同感。现在，每个人都热切渴望自己的内容能得到他人的持续反馈。这种产品机制导致青少年爆发了一场心理大危机。

在这个市场上，投广告的人才是买单的人。于是，用户变成了商品，被操控和束缚。社交媒体可以对用户进行个性化推送，所以其影响力之大，非报纸、电视台等传统媒体可比。我们明白了这个道理，就能理解为什么必须动用法律武器，对互联网公司进行管控。这里说的互联网公司，不仅指社交媒体，还包括电子游戏公司等，因为这些服务商攫取用户注意力和数据的手段，跟社交媒体如出一辙。

无论是哪种互联网服务，只要通过在用户内容里插入广告来挣钱，那么它就需要做好三件事情：一是获取更多用户；二是增加用户的停留时间；三是激励用户发布更多内容，以吸引其他用户的加入和互动。

科技公司获取更多用户的策略之一是，忽视他们自己制定的规则，允许 13 岁以下的孩子注册账号。2019 年，我和扎克伯格进行了视频通话。他很不错，当时在积极地与各方人士对话，包括批评他的人。我告诉他，据我的孩子们所说，他们在刚升入初中时，班上同学就都有 Instagram 账号了。如此看来，这帮孩子最晚在六年级时就注册了，但那时他们才 10 岁或 11 岁。我问扎克伯格有没有办法解决这个问题。他回答道：“不对，我们是不允许 13 岁以下的孩子注册的。”我告诉他，在我们这次通话之前，我就为一个虚构的 13 岁女孩成功注册了一个账号。注册过程无比顺畅，没有一个环节需要我验证真实年龄。他回应说：

“知道了，我们也正在解决这个问题。”在我写本章内容时，时间已来到了2023年8月。我又去注册了一个假账号，注册过程还是一如既往地顺利。全程依然没有任何年龄验证要求，尽管在过去4年里，验证技术的发展已突飞猛进。[5]同时我也没看到任何措施，可以避免青少年注册时在年龄问题上撒谎。

如果Instagram真的努力阻止或排除未成年用户，便会面临将这些用户推向TikTok等竞争对手平台的风险。年轻用户尤其有价值，因为他们早期形成的习惯往往会伴随他们一生。因此科技公司需要吸引年轻用户，以确保其产品在未来持续盈利。这导致科技公司将失去年轻用户市场份额视为一种生存威胁。[6]结果，生产青少年用品的公司陷入了另一场“逐底竞争”，看谁能在青少年市场上获得更大的份额。弗朗西丝·豪根得到的资料显示，Meta公司一直在研究青春期前的孩子，想尽办法吸引他们，甚至一度起意想要触及更小的孩子，连4岁的都不放过。[7]这种“逐底竞争”也发生在烟草行业，有公司意图通过广告吸引青少年上钩，只不过他们并不承认这一点。

科技公司为了确保用户在自己的应用程序上停留更长时间，采用了一种策略：利用人工智能来挑选推送给用户的内容。通过分析用户对不同内容的观看时长，人工智能随后会推送更多用户感兴趣的相似内容。[8]所以TikTok和Instagram Reels等短视频平台才会叫人如此上瘾。它们的算法能敏锐地检测到用户在浏览时停留的内容，这意味着它们可以捕捉到用户潜在的欲望与兴趣，可能比用户自己还了解用户，因此会出现平台向孩子们推送色情内容的情况。[9]

产品的开发者早就明白一个道理：越让用户省心，越能够提升用户的使用时长。因此，各个平台纷纷推出了自动播放、无限滚动等功能，它们就是通过这些自动的、不费脑子的交互，使用户沉迷。当用户被问及在哪些平台上花费的时间超出了他们的意愿时，这类社交媒体平台往往会“脱颖而出”。[10]现代电子游戏则采用了不同的策略来维持用户的参与度，比如免费试玩模式、社交认可的正反馈循环、类似赌博的随机奖励系统、永无止境的多人对战体系等，令无数玩家欲罢不能。

为了鼓励用户多发布内容，社交平台利用了青少年对社交地位和社交奖励的高度敏感性。Snapchat 有一种“连击”功能，这种功能把用户间的互动游戏化了。用户要每天坚持给某个好友发送图片，才能维持公开可见的连续互动记录。有了这重压力，孩子们不得不长时间泡在 Snapchat 上，花大量的时间维护所谓的友谊。这样，他们花在现实世界里的时间自然就更少了。另外，用户的隐私设置通常被平台默认为公开，这意味着个人发布的内容会向所有人开放，能最大范围地触及其他用户。

未成年人应该得到必要的保护，避免接触那些会让他们上瘾的产品。我当然希望科技公司能够自发地给予儿童和青少年更多的关怀，但考虑到竞争的激烈程度和商业的逻辑与习惯，我还是建议国家通过立法来督促科技公司把未成年保护措施落到实处。

政府和科技公司该怎么做

政府和科技公司至少有以下 4 种方式避免青少年沉迷于虚拟世界。

行动建议　The Anxious Generation

方式 1： 明确责任人。

方式 2： 设定用户的最低注册年龄为 16 岁。

方式 3： 年龄验证落到实处。

方式 4： 打造零手机校园。

方式 1：明确责任人

2013 年，英国导演比班・基德龙（Beeban Kidron）拍摄了一部纪录片《真实生活》（*InRealLife*），展示了青少年在网络世界里的遭遇。科技公司竟然对孩子们操控和利用至此，令她骇然。拍摄本片的过程中，她被英国上议院授予终身贵族爵位，得到了更好的条件，能进一步深入地挖掘问题。儿童的网络安全问题成为基德龙关注的焦点。她经过大量的走访与咨询，制定了一套互联网产品设计标准。如果科技公司能遵守这些标准，就能显著降低网络服务带给孩子们的伤害。这套标准就是后来的《适龄设计规范》（*Age Appropriate Design Code*），于 2020 年 6 月在英国生效。

这套规范有着革命性的意义，因为它明确规定了科技公司在服务未成年用户时，必须负起道德和法律上的义务。厂商设计产品时，必须优先考虑孩子们的情况，保证最大化孩子们的利益。根据规范下的定义，"孩子"指的是所有未满 18 岁的人。以隐私设置为例，对孩子们来说，将隐私设置默认为最严格的标准通常最符合儿童的最大利益。但对公司来说，情况则正好相反，他们希望儿童发布的帖子能够触及更多用户。所以《适龄设计规范》明确要求，互联网产品必须把默认的隐私设置定为私密。孩子必须主动更改设置，他们发布的内容才能对陌生人可见。与此类似的还有用户所在地数据，默认设置必须是关闭的，其他人不能通过孩子的帖子内容，或者孩子对应用程序的使用行为，分析出孩子的地理位置，除非孩子自己主动公开。此外还有一条规定：各平台必须把自己的隐私政策和父母监控方法等用清晰易懂的语言讲明白，必要时还需要制作讲解视频，以便让孩子理解到位。

《适龄设计规范》只约束针对英国市场的互联网服务，但它已经产生了两大扩散效应。首先，很多科技公司发现没必要针对不同的市场开发不同的产品，所以主动把一些调整应用到了全球范围。其次，美国加利福尼亚州在 2022 年落地了与这套规范类似的法律，其他州也有同样的动作。[11] 当然，互联网的特点就是散乱且庞杂，又没有实体和服务场所，所以让各个州分别制定法律，效果和约束力是相当有限的，最好是由美国国会出面采取行动。可喜的是，现在有好几项重要的法案已得到了美国两党的强烈支持，其中一项叫作《儿童在线安全法案》（*Kids Online Safety Act*），里面的数条规定都与英国的规范十分类似。[12] 只是美国国会向来效率低下，各个州不得不率先行动起来，保护本州儿童免遭线上的不法侵害。

也有批评者担心，政府的管控可能会限制用户在线上的发言，有损言论自由，而且政府可能会针对特定的观点、立场进行监控。这些担忧实属多虑了。[13] 社交媒体造成的大多数伤害，并不源于用户发言的内容本身。况且管控用户的发言内容也不是件容易的事，这部分内容平台很难进行有效监控。[14] 政府要管控的是完全在平台控制之下的设计决策，以及那些激励或放大了不良体验的设计决策。[15] 最近的几项提案，包括《儿童在线安全法案》在内，关注的就是互联网产品的设计逻辑，而非用户可以生成的内容范围。

无论用户的政治立场如何，平台优化的都只是产品的设计细节，比如把隐私设置默认为私密，而不是偏袒任何一方。TikTok 为符合英国的规范，规定英国的陌生人不得向青少年发私信。[16] Facebook 也限制广告商向低龄用户推送精准广告。[17] 这些举措都是“观点中立”的。[18]

方式 2：设定用户的最低注册年龄为 16 岁

20 世纪 90 年代末，互联网刚刚兴起，开始走进普通人的生活。那个时代尚无针对性的法律法规保护未成年网民的安全和健康，互联网公司可以在未经父母知情或同意的情况下收集和出售儿童的信息。为了应对这一问题，美国联邦贸易委员会建议国会通过立法，要求各网站在收集儿童信息前，必须征得其父母的许可。埃德·马基（Ed Markey）当时担任马萨诸塞州的众议员（现在已是参议员），他起草了一份提案，建议把互联网准入年龄门槛设定为 16 岁，不得随意收集低于 16 岁的儿童的信息。此举遭到了当时的电子商务公司的激烈反对。那时刚好有不少民权组织在担心，这种年龄门槛会阻碍青少年了解避孕、堕胎，以及其他敏感知识或信息。电子商务公司于是与这些组织联合起来，集体抗议此提案。[19]

在该提案的讨论过程中，各方达成了一个折中方案，将年龄限制设定在 13 岁。这并非为了顺应青少年的大脑发育特点，或是考虑他们身心的成熟度，而仅仅是出于政治上的妥协。但不管怎么说，美国终于还是在线上世界定下了一个明确的成年标准。后来，这个标准还渐渐被应用到了全世界。从此在互联网上，任何一个年满 13 岁或自称年满 13 岁的人，就是一个独立的成年人了，科技公司可以自由地收集他们的数据。参议员马基后来说："当时我就知道，这个门槛定得太低了。但没办法，这已经是我能争取到的最好结果了。"[20]

年龄门槛已经很低了，执行居然还不到位。《儿童在线隐私保护法》（*Children's Online Privacy Protection Act*）并没有在年龄认证方面，对科技公司做任何强制性的约束。科技公司只需要注意，如果有明确证据证明某个用户未满 13 岁，那么就必须停止收集该用户的信息，仅此而已。该法案于 1998 年生效，那时的互联网与今天有着天壤之别，但自那以后，国会并没有再出台或更新相关法律法规。只是在2023年，有几项提案正在审议中，其中有一项是关于调整《儿童在线隐私保护法》的，目的就是将新用户注册的年龄门槛提高至 16 岁。

《儿童在线隐私保护法》将 13 岁定义为互联网成年的标准后，给父母造成了一种错觉。这似乎是在说，政府认为 13 岁的孩子已经适合开设账号并使用各种网络服务。在父母看来，这个年龄门槛应该类似于电影的年龄分级制度，"PG-13"就是告诉父母，13 岁的孩子可以自己看这些电影，无须父母陪同。但独自看场电影与独自在网络世界里漫游不可相提并论。后者要求孩子进行自我管理，独自做决定，面对高度成瘾化的诱惑，与强大的科技公司斗智斗勇。

那么，互联网成年应该定在多少岁呢？注意，我们讨论的不是孩子们可以浏览网页或在 YouTube 和 TikTok 上观看视频的年龄。成年意味着孩子可以独立地与一家公司签订协议，自行使用这家公司的产品；意味着孩子可以开设自己的 YouTube、TikTok 账号，上传自己拍的视频；意味着孩子将看到算法精准推送的内容，还要让渡个人数据，允许平台使用和出售。这些都白纸黑字地写在了用户协议上。

有些父母已经竭尽全力，也没法让孩子远离 Instagram，比如第 1 章里来自波士顿的那位母亲，以及第 6 章里亚历克西丝·斯彭斯的父母。斯彭斯的妈妈描述自己与科技公司的斗争时说："对手是人工智能，我怎么赢得了它？它是一台电脑，比我聪明多了，它还在不停地教我女儿怎么智胜我。我无能为力。"我们不能将执行最低年龄限制的责任全部推给父母，就像我们不会指望父母监管青少年购买酒精饮料一样。面对网络，父母的力量微乎其微。我们期望酒类商店能够执行年龄限制，对于科技公司，我们也应该抱有同样的期待。

互联网成年标准无须提高到 18 岁，我赞同马基一开始提出的 16 岁方案。签订协议也好，让渡个人数据也好，16 岁的孩子足以做出独立的判断了。虽然他们还不是现实世界里的成年人，但比 13 岁要成熟和聪明得多，而且他们也已度过了可能被社交媒体伤害的最敏感时期（对女孩来说是 11 ～ 13 岁，对男孩来说是 14 ～ 15 岁[21]）。

但同时我们也要知道，16 岁孩子的前额叶皮质并没有完全发育成熟，他们的心理状态依然很脆弱。孩子们还是可能受到网络内容带来的许多伤害，这些内容可能是社交媒体、电子游戏、非法视频，以及其他容易成瘾的产品和服务。所以，当下的虚拟世界问题依然很多，对一个毫无防备的 16 岁孩子来说，它并非绝对安全。我只是希望国家能用法律的形式，把 16 岁这个年龄限制确定下来，使之成为一个强制性的标准。13 岁的孩子太过幼小，16 岁的孩子就明显更理性，也更能承担风险和责任了。我们把标准定在 16 岁，能在政治和社会层面获得更广泛的支持。我还想补充一点，十六七岁的孩子依然是未成年，还是该受到《适龄设计规范》等法律法规的保护。

综上所述，我建议美国国会尽快修正他们在 1998 年犯下的错误，把互联网成年的年龄下限从 13 岁提到 16 岁，让马基最初的提案落地，并强制各家科技公司严格遵守。

那么，科技公司要怎么做，才能守住这条新规呢？

方式 3：年龄验证落到实处

很多人听到“年龄验证”这 4 个字时，会以为用户注册或访问网站都要出示身份证件才行，如身份证、驾照等。这当然也是一种方法，美国路易斯安那州在 2023 年就开始强制推行了。该州州法规定，一个网站的色情内容比例如果高于 1/3，那么该网站就必须核实用户的年龄，拒绝未满 18 岁的用户访问。验证通过该州自制的一款电子钱包应用程序进行，这款应用程序能核验路易斯安那州发放的驾照。当然，没有多少用户愿意让色情网站知道自己的真实姓名，更不用说上传驾照了，毕竟那上面还有自己的照片。为了避开这条法律，Pornhub 网站直接关闭了路易斯安那州居民的访问通道。

社交媒体平台是否可以验证注册用户的身份证件，以确定他们达到了开设账号的合法年龄呢？理论上讲可以，州政府可以轻松为那些还没有驾照的年轻人提供身份证明。但实际操作起来还是有问题，平台时常会被黑客攻击，数据库有严重的泄露风险，数据可能会被卖给违法分子或被公开在网上，许多人可能会因此对那些有价值的网络服务望而却步。所以我不赞成法律强制要求非官方运营的网站通过官方证件来核验用户年龄。

那么网站还有让用户匿名使用服务，但又能准确验证用户年龄的办法吗？办法是有的。第二个思路就是让第三方网站来负责验证，然后由它们向平台反馈用户是否符合年龄要求。[22] 就算有一天，黑客入侵了第三方网站的数据库，也只能知道这些用户曾经做过年龄认证，并无法准确追踪哪些用户浏览了 Pornhub 等网站。

科技行业已经研发出了多种验证模式：

- 一组用户形成一个团队，为彼此验证并提供担保，谁要是撒了谎，以后就失去担保的资格。
- 用区块链技术向通过了官方验证的人发放一个身份证代币。以后这个代币就可以代替驾照，证明持有人的年龄已达标。但代币本身不记录个人信息，所以就算泄露也没有危险。

- 通过生物识别技术验证。Clear 是一家做此类识别的公司，因在机场身份验证方面的高效和专业而知名。现在，这家公司为之前已经验证过年龄的客户提供了一种便捷的方式，以便在体育赛事中证明他们已达到购买酒类的合法年龄。

现在，已经有许多可以提供年龄验证的第三方公司，验证的方式多种多样，这些公司甚至成立了自己的行业协会。[23] 随着时间的推移，它们的服务质量、可靠性和安全性肯定还会继续提高。我希望有年龄验证需求的网站能给用户多个选择，让用户自由挑选验证方式。[24] 快一点儿的验证方式只需几秒。路易斯安那州要求用官方证件验证年龄，在隐私方面的确有很大隐患。政府如果允许科技公司提供多种第三方验证服务，让用户自主决定如何核验年龄，用户自然就安心多了。

当下看来，还没有一个完美的方案能解决年龄验证问题。科技公司不可能一个不漏地核查所有用户的年龄，且不引发任何隐私或公民自由问题。[25] 我们或许可以转变思路，不再追求一个普遍适用的解决方案，而是着眼于帮助那些希望互联网对自己的孩子实施年龄限制的父母。这样我们就有了第三个备选方案：允许父母在孩子的手机、平板电脑和笔记本电脑等智能设备上做数字化的年龄标签。标签可以直接写入硬件，也可以与软件绑定。科技公司只要读取到了这个标签，就能立刻知道：此用户年龄未达标，在获得其父母应允之前，不得通过该用户的申请。

还有一个简单的办法可以管理用户的年龄，就是要求苹果、谷歌、微软联合起来，在现有的父母监控系统上再加上一个新功能。市场上几乎所有的智能设备都在用这三家公司开发的操作系统。苹果的 iOS 系统允许父母设置家庭账号，账号里可以录入孩子的真实年龄。所以当孩子拿到人生第一部 iPhone 时，里面就有他的准确年龄信息了。父母可以在 iOS 里进行设置，只允许孩子从苹果自己的服务列表里下载适龄的应用程序、电影或电子书等。这个功能值得推广，我们可以要求所有需要进行年龄验证的平台都采用这种方法。它们必须获得父母同意，才能为孩子服务。这一点甚至可以通过立法确定下来。的确，父母现在也有一定的权限，可以封锁一些网站，让孩子无法浏览。但这意味着筛选的责任全落在了父母身上，父母得知道哪些网站或页面是少儿不宜的。除非父母能时时守着孩子上网，或者对网站、网络潮流了如指掌，否则父母也无法面面俱到。[26]

苹果、谷歌和微软可以开发一个功能，我们姑且就叫它“年龄核验”功能。当父母为 18 岁以下的未成年人创建一个操作系统账号时，应默认启用这一功能。后续父母虽然可以选择关闭此功能，但创建之初如果默认为开启状态，那么这个功能将会被广泛使用。看看眼下那些所谓的父母监控功能，很多连父母都不知道怎么开启。当一台设备的“年龄核验”功能处于开启状态时，如果设备被人用来注册或登录某个网站的账号，那么网站就需要用户进行年龄验证。验证过程很简单，网站向设备问两个问题即可。第一个问题，你的“年龄核验”功能正处于开启状态吗？如果答案是肯定的，那么就问第二个问题，即此用户符合我们的年龄标准吗？标准依据情况而定，16 岁的孩子可以在社交媒体上注册账号，浏览内容；18 岁及以上才能观看性爱内容。

通过设备进行年龄验证的方法，为父母、科技公司和网络平台提供了一种共同承担责任的方式。如果当年亚历克西丝・斯彭斯的父母有这样的系统帮助，那么他们就能从社交媒体的深渊中把 10 岁的女儿救出来了。亚历克西丝受到来自同伴的压力也能减轻，因为当时如果有这样的系统，她身边的同龄人可能还没有使用 Instagram。此外，有了这种系统，网站还可以针对特定的功能设置年龄门槛。比如，网站可以禁止年龄过低的用户上传视频，或者不允许陌生人联系这些孩子。重要的是，它不会给其他用户带来不便。成年人在访问需要核验年龄的网站时，无须进行任何操作或出示个人信息，他们的互联网体验不会受到影响，隐私也得到了充分的保护。即使父母真的允许孩子注册社交账号或观看性爱视频，那么也只需关掉“年龄核验”功能即可。

方式 4：打造零手机校园

下一章我们讨论学校可以采取的措施。我建议所有面向未成年人的学校，从小学到高中，都应该禁止学生使用手机，这不仅能够促进学生的心理健康，还能提高学生的学习成绩。美国的各级政府，从地方到联邦，都应该支持学校的行动。只要学校有决心杜绝手机进课堂，打造零手机校园，那么政府就可以调拨一小笔预算，为学校配置手机存储箱，或者可上锁的手机袋子。美国政府各级教育部门应积极展开研究，验证零手机校园行动的效果，观察学生的心理状况和学业表现是否有改善。

丰富和改善现实世界的玩耍体验

2014 年夏天，南卡罗来纳州的单亲妈妈德布拉·哈勒尔在麦当劳打工。她当时带上了 9 岁的女儿雷吉娜，因为学校放暑假了。妈妈在工作时，雷吉娜就在一边玩电脑。但不久后，这台电脑在家中失窃了。雷吉娜便央求妈妈允许她去附近很受欢迎的喷泉公园玩，公园里有不少熟悉的朋友，其中很多朋友的父母也在。德布拉觉得这个提议不错，那里既安全又有夏日氛围，便欣然同意了。

雷吉娜在户外开开心心地玩了两天。到了第三天，一位路过的阿姨问她妈妈去哪儿了。雷吉娜回答："我妈妈上班去了。"这位阿姨立刻拨打了报警电话，警察也以遗弃儿童罪逮捕了德布拉。这项罪名一旦成立，最高可能被判处 10 年徒刑。因为这次报警，雷吉娜和妈妈被迫分开了 17 天之久。[27]

这起案件，以及其他与此类似的多起案件，让父母成了惊弓之鸟，唯恐对孩子的监护不够到位，纷纷开始了过度保护。我们的政府居然在判罚玩耍式童年！回想 20 世纪 90 年代，这难道不是童年的常态吗？

政府应该如何丰富和改善现实世界的玩耍体验呢？以下是 4 条建议：

行动建议 The Anxious Generation

建议 1：停止过度判罚，还孩子以必要的自由。

建议 2：让孩子能在学校开心玩耍。

建议 3：为公共空间增加玩耍功能。

建议 4：增加假期游玩体验，促进文化学习，开展课外技能培训。

建议 1：停止过度判罚，还孩子以必要的自由

许多父母都有与德布拉相似的经历，他们曾让孩子在户外玩耍，[28] 或者让孩子自己从公园走回家，[29] 这些“大意”之举引来了警察，他们不得不接受警方调查。这些案例促使自由成长组织发起了一项运动，旨在推动立法，让法律能够还孩子以必要的自由。

现在，大多数州的州法对“监护不力”下的定义很模糊，无外乎几句简单的描述，如“父母须对孩子进行适当的监管”。这话当然没问题，监管是必须的，但不同的人对“适当监管”有着截然不同的理解。有些人不允许自己 9 岁的孩子独自出门玩，看到其他孩子这么做就忙不迭地报警。但警察真的有必要出警，去调查街上独自玩耍的孩子的父母吗？

学术期刊《社会政策报告》（*Social Policy Report*）曾发表过一项研究成果。该研究发现，美国法律条款及其解读并不关心儿童在不同年龄段的发育状态和特点。[30] 在世界上的许多国家和地区，人们认为六七岁的孩子是很能干且有责任意识的。这些孩子可以承担一部分家务，如照顾年幼的弟弟妹妹或者宠物等。然而在美国的一些州，如康涅狄格州，法律却规定未满 12 岁的儿童不可以独自出现

在公共场合，所以一个 11 岁的孩子需要大人陪同才能出门。该州还真有一位母亲因为把 11 岁的孩子留在车里，自己去了趟商店就被捕了。[31] 而美国的红十字会培训儿童看护员时，最小的受训对象就是 11 岁的孩子。我和我的姐妹们也是从 11 岁就开始帮邻居看护小孩了。2023 年，自由成长组织成功说服康涅狄格州修改了其刑事危害罪的相关条款。可是其他州的法律仍然在监护的定义问题上模糊不清，给了处理部门相当宽泛的自由裁量权。

《社会政策报告》的这项研究指出："有些父母不能给予孩子自由玩耍的机会，于是无法在生理和认知层面上给孩子足够的刺激。这些父母在孩子的身心成长方面，才是'监护不力'的。"所以，父母不在场不等于监护不力；过度的保护才是。

我们的行动致力于明确监护不力的定义。真正的监护不力应该是：监护人公然、故意或轻率地忽视孩子身边明确存在的危险，而其他任何理性的人都不会让孩子陷入如此境地。换言之，即使孩子不在父母视线范围内，警察也不能仅凭这一点就认定父母监护不力。清晰明了的定义让父母敢于给孩子更大的自由，也让出于经济原因而无法时刻陪伴孩子的父母不再受罚，比如前文提到的德布拉。

2018 年，犹他州率先通过了此类法律。此后，得克萨斯州、俄克拉何马州、科罗拉多州、伊利诺伊州、弗吉尼亚州、康涅狄格州和蒙大拿州也通过了类似法律。这些法案通常在两党内都得到了一定的支持，最后大多也是一致通过。法案之所以能得到不同政治立场的人的支持，是因为大家都不希望政府过度干预家庭生活，除非有不得已的理由。

政府的任务是保护孩子免受不法分子的侵害，而不是要儿童在日常生活中不许受任何伤害。美国各州必须修正与儿童监护相关的法律条款，不要再惩罚那些愿意把自由还给孩子的父母了。他们只是给了孩子与年龄匹配的自主权，何错之有？如果你在美国，请联系你的州议员，如果你在其他国家，那么请联系相关的立法机构，督促他们修正法律，让法律能够"还孩子以必要的自由"。

建议 2：让孩子能在学校开心玩耍

在下一章，我将探讨美国的学校是如何为了增加学术训练和考试准备的时间，而剥夺了孩子们的玩耍时间的。这种做法其实适得其反，孩子玩耍的时间越少，越容易焦虑，越不容易集中注意力，最后能学到的知识也越少。

各州的州长办公室和教育部门应该展开研究，好好了解一下自由玩耍的重要性，尤其是课间休息时的玩耍。[32] 研究透彻以后，相信各州政府一定会要求学校增加课间休息的时间，以及上学前和放学后的玩耍时间，特别是小学和初中阶段。[33]

建议 3：为公共空间增加玩耍功能

我们希望孩子能面对面地交流，能拥抱现实世界，而不是仅仅通过一块屏幕沟通所有事情。要实现这些，我们必须让孩子容易接触到现实世界，以及生活在其中的人。如果一个地区在设计时只考虑了汽车通行的便利性，那么它对孩子往往就不会太友好。我们的城市和乡镇应该多修人行道、斑马线，设置红绿灯和减速带，建设多功能社区，将商业、娱乐、住宅等结合在一起。如此一来，街道上就会生机勃勃，孩子们可以玩的地方也多了，而且步行或骑自行车就可以到达。但如果孩子去商店、公园或朋友家的唯一方式是父母开车接送，那许多孩子便只能待在家里玩智能设备了。研究发现，与需要别人开车接送才能去公园玩的孩子相比，骑自行车或步行就能抵达公园的孩子出去玩的频率要高出 6 倍。[34] 所以，政府应该尽量把公园建得分散些，尽量均匀覆盖整个社区。如果我们还能把一部分公园设计得再惊险刺激些就更理想了，详情请见下一章。

欧洲有城市采取了一种新颖且低成本的方法来帮助孩子们及其父母加强社交，那就是在上学前和放学后的一小时里，把学校大门口的街道封锁起来。[35] 此时，街道成了临时的步行街，父母可以相互交流，孩子们可以自由玩耍，同时还能减少交通拥堵、空气污染和道路安全风险。其他城市想推行这个政策，可以通过简化道路封锁手续来实现。在这个时代，社区文化不断衰亡，孤独感日益增加，城市和乡镇应该简化手续，鼓励大家短时封路，以举办社区聚会等活动。比如，我们可以为孩子们打造一条临时的“玩耍街”，活动期间禁止车辆进入，孩子们可以像过去那样与伙伴们在街上自由玩耍。[36]

政府在规划道路体系、出台区划政策、办理开发许可、修建工程时，要时刻谨记：孩子也是居民的一部分。他们需要妙趣横生的玩耍区域，需要容易抵达的多功能空间。在这样的空间里，男女老少都能闲逛、交流、玩耍、购物、吃饭，累了也能随时找把长椅坐下。这样才能让每个人都更喜欢投入屏幕之外的世界中。

建议 4：增加假期游玩体验，促进文化学习，开展课外技能培训

近年来，为了提高大学升学率，美国的教育系统越来越重视学科成绩了。职业与技术教育的课程数量相应减少，学生的出勤率也一路走低。这些课程提供了丰富的实践机会，让孩子能学到商业、农业、机械业等领域的技能。

理查德·里夫斯指出，大量证据有力地证明了一点：男孩就读专门进行职业与技术教育的高中是大有裨益的。此类学校的男生在高中毕业率和未来的收入上都有明显优势，其他条件不变的情况下，他们要胜过就读于普通高中的男孩，但这种现象在女孩群体中并不明显。[37] 这进一步证明了，普通学校没能给男孩足够而有效的激励，埋没了太多人才。

数据证明，学徒制度能帮助高中毕业生尽快进入工作者的角色，适应工作环境，但许多职场的员工流动性极大，公司没有动力去雇用或培养新手，否则人才一旦流失，就等于为他人做了嫁衣裳。政府可以出面，资助年轻员工在培训期的工资，这样既减轻了企业的培训成本，又能提升员工的技能，让他们为公司以及未来的雇主创造更大的价值。[38]

政府还可以支持学生在高中毕业后去体验“间隔年”（gap year）或“服务年”（year of service）①，那些不太有希望升入大学的孩子尤其需要帮助。美国志愿队（AmeriCorps）等组织就在提供这样的机会，帮助年轻人学习工作技能，同时为社区服务。还有些项目致力于让孩子亲近大自然，在自然界中激发他们的反脆弱性，同时也提供了一个沉浸式欣赏自然之美的机会，让青少年受益匪浅。[39] 通常来说，这些项目都是由非营利组织或营利性公司运营的，但康涅狄格州自 1974 年起就一直在运营一个类似项目，免费为全州青少年提供服务。[40]

政府有权利也有义务解决集体行动困境。那些模糊不清的法律条款，左右摇摆的执行力度，加剧了一些问题。政府可以明确相关的要求和规范，约束科技公司的行为。科技公司应该严格执行年龄验证程序，同时停止对低龄市场的恶意抢夺。学校和父母应该有权利放手，把自由还给孩子，这是接下来两章的核心内容。当政府、科技公司、学校和父母联合起来，彼此协作时，就有希望解决问题，哪怕问题已非常严重，如当下年轻人的心理大危机。

本章小结
The Anxious Generation

- 美国各级政府应调整不当政策，减轻其对青少年心理的伤害，同时大力推进积极正面的政策，帮助孩子们解决心理问题。在现实世界，美国父母不得不过度保护孩子，一部分原因在于州法以及当地法律太不合理，对监护不力的定义下得过于模糊，执行起来又从严处理；而线上世界对孩子们的保护不足，联邦政府要负部分责任。联邦政府在 1998 年通过了一部不太有效的法律，且之后多年未曾更新过，所以我们面对日益显著的线上安全和健康问题时，才应对乏力。
- 要纠正线上的问题，美国联邦政府应向先驱者英国学习，颁布保护性法律，明确要求科技公司区别对待未成年和成

① 间隔年是指学生在毕业后没有立刻升学或就业，而是用一年的时间去旅行，体验与自己日常生活不同的环境，在实践和观察中学习新知。服务年是让学生在毕业后通过短期的带薪工作学习技能，积累工作经验。——译者注

年用户。同时，美国还应该把互联网成年的年龄门槛提高到 16 岁。

- 在网络用户的年龄验证方面，科技公司要负起责任，开发并落实验证程序。科技公司要支持父母给孩子的设备进行年龄设置，不让不适宜的网络内容过早侵害低龄用户。这样的功能对解决集体行动困境极有帮助，对父母、孩子和网络平台都有益。

- 要解决现实世界中的过度保护问题，美国各个州以及更低级别的政府要修改法律，明确监护不力的定义，让父母敢于允许孩子出门玩耍，而无须时时监护，更无须担心自己因此被逮捕或被调查。

- 美国的各个州和当地政府还应该出台政策，鼓励学校增加自由玩耍以及课间休息的时间。它们应该在进行区域开发规划以及发放相关许可时，充分考虑孩子们的需求。政府还要给年轻人创造更多探索和体验的机会，积极开展各种培训和假期项目。这些项目已经被证实对青少年的成长和进步意义重大，尤其是对男孩，这能帮助他们更加稳健地步入成人社会。

The Anxious Generation

第 11 章

学校可以做什么

2023 年 4 月，《华盛顿邮报》报道了一所学校的故事，标题为《不遗余力：一所学校与心理危机的对战》。[1] 这是一所基础教育阶段的学校，位于美国俄亥俄州的农村地区。学校请来了多位心理治疗师，还引入了一门社交情绪课程，这门课会科学地教授相关概念和知识，如“什么是同情和信任，如何提高自己的领导力和决策力”。学校鼓励所有学生，甚至包括幼儿园的孩子们，在音乐课上通过歌唱抒发情绪。学校还安排了几匹马进校园，学生们下课后可以去抚摸马，给马梳毛。马匹是由一个外部组织提供的，该组织致力于推广创伤敏感体验学习（trauma-sensitive experiential learning）①。

① 创伤敏感体验学习是一种教育理念，它强调在教育过程中，教育者要充分考虑到学生可能经历过的心理创伤，用包容和鼓励的态度引导学生。其教育方式灵活，重视体验，不拘于阅读或讲解等传统的教育形式。——译者注

波利尼西亚有句谚语："站在巨鲸之上，垂钓小鱼。"很多时候，专注于做一件大事比做许多小事更为重要，有时这件大事就在我们脚下，却未被察觉。为了解决这一代人普遍的焦虑问题，有两头"巨鲸"，也就是两件大事，学校可以利用现有资源去完成。这两件大事分别是"创建零手机校园"和"推广自由玩耍"。如果学校能双管齐下，同时做好这两件事，就能一举击中危机的要害，比其他所有办法加起来还有效。

创建零手机校园

山地中学位于美国科罗拉多州杜兰戈，2012 年，这所学校开始打造零手机校园。当时心理大危机才刚出现苗头，山地中学所在的地区，青少年自杀率相当高。沙恩・沃斯（Shane Voss）接任山地中学的校长时，他的学生正在网络霸凌的泥潭里挣扎，饱受睡眠不足的折磨，还要在线上世界面对无休止的比较。[2]

沃斯定下规矩，学生在校时一律不得使用手机。进了学校，手机必须放在背包里，不得放在口袋里或拿在手里。对此学校有明确的规章制度和相应的处罚措施。[3] 随着规定的出台，校园风气焕然一新。开课前或课间，学生们不再静悄悄地坐在一起，各自刷着手机。他们会叽叽喳喳地聊天或者跟老师沟通。沃斯表示，当他走进一所没有实施手机禁令的学校时，"那场景简直是现实版的《僵尸启示录》，所有孩子都在走廊里，但没人说话，气氛实在是诡异"。

山地中学的学生成绩也有大幅提升，几年之后就在科罗拉多州名列前茅。该校八年级的学生亨利解释了零手机校园行动的意义。他说，每天刚到学校后的半小时内，确实还会想一下手机，但只要上课时间到，手机仿佛就成了窗外的东西，跟我一点儿关系也没有了，我绝对不会再去想它。所以白天上学时，手机是不会让我分心的。手机式童年给孩子们带来了 4 大伤害，而零手机校园行动可以解决其中的三个：注意力碎片化、社会剥夺和成瘾。这个行动还能减少学生间的比较行为，帮助学生抵制虚拟世界的诱惑，促进彼此间的沟通与团结，有利于社群的形成。

道理不难懂。可是智能手机及其应用程序像磁铁一样吸引着青少年的注意力，有一半的青少年表示自己“几乎时刻都在线”。试想一下，一所学校的学生戒不掉手机，大家不是在玩手机就是在想着玩手机，课间或午休的时间全用来发信息、浏览社交媒体、玩游戏。这些学生自然不可能有足够的时间学习，他们一定会有更多的矛盾与冲突，且难以形成团队意识，找到归属感。

2020 年的一项调查显示，77% 的美国公立学校都自称已经禁止使用手机。[4] 但他们所谓的“禁止”只是不让学生在课堂上使用手机而已，学生还是可以随身携带的。所以上课时，孩子们可能把手机放在膝盖上，或是藏在书后偷偷看。有些老师格外负责，上课时会一排排地巡视，确保没有人偷偷玩手机。即便如此，也挡不住孩子们下课后玩得忘乎所以。他们收发信息，查看社交媒体上的互动消息，根本注意不到身边的同学。但凡学校同意学生随身携带手机，老师就得时时刻刻用心巡查，负担极大。很多老师最终选择放弃监管，对手机的公开使用视而不见。[5] 一位中学老师在给我发送的邮件中写道：“放过老师吧，请学校彻底禁止使用智能手机。”

学校只在上课时禁止使用手机几乎没有任何效果，整个在校期间都应该禁止使用。只要孩子们到了学校，就要把手机放进专门的储物柜，或者上了锁的袋子里，放学时才可以取出。有父母担心，万一发生了紧急事故，如校园枪击案，自己联系不到孩子该如何是好。作为父母，我很理解这种担忧，但真发生事故时，与其让孩子在混乱中给父母打电话或发信息，还不如让老师们拿着手机，掌控局面。在这种情况下，学生听从老师指挥，保持行动一致，留意周边情况，远比各自联系父母更安全。[6]

2023 年 8 月，联合国教科文组织发布了一份报告，涵盖了全球多个国家的数据，有力地论证了学生随身携带电子设备，主要是手机，对教学效果的负面影响。[7] 报告肯定了在线教育的积极意义，看到了互联网为偏远地区教育做出的贡献。但报告也指出，几乎没有证据能证明，互联网对线下的课堂教学也有促进作用。学校允许使用手机的话，孩子们在课上的反应会变慢，表现会退步。[8] 如此说来，零手机校园行动还只是第一步，其他设备也不能纵容，如笔记本电脑、平板电脑等。这些设备都可以收发信息，接入网络，把孩子拉到虚拟世界中去。我们可以看看科技公司的高管是怎么给自己的孩子选择学校的，他们中的很多人都把孩子送去了“零电子设备”学校，如半岛华德福学校。这所学校别说手机，连笔记本电脑、平板电脑都不让带。这就充分证明了零手机校园，乃至零电子设备校园的价值，也与许多致力于推进“1∶1 科技项目”的公立学校形成了鲜明对比。那些公立学校在努力普及电子设备，希望给每个学生都配一台。[9] 但华德福学校的做法或许才是真的上策。

2023 年，《美国国家教育进展评估报告》（*National Assessment of Educational Progress*）进一步证实了手机对美国教育事业的冲击。报告指出，新冠疫情期间美国学生的数学成绩大幅下降，抵消了过去多年的进步。但我们仔细分析数据会发现，学生的成绩其实早就开始退步了。[10] 从 20 世纪 70 年代到 2012 年，学生成绩还一直保持着上升趋势，随后便急转直下。新冠疫情期间的隔离政策，以及远程教学的形式确实犹如雪上加霜，尤其是对数学。但从 2012 年至新冠疫情暴发时，成绩的下降情况就已经触目惊心，而这段时间刚好就是孩子们把功能手机换成智能手机的过渡期，这导致在校期间他们的注意力高度碎片化。这还不同于库尔特·冯内古特笔下诡异的平等主义反乌托邦，在那里最优秀的学生要被拖后腿，他们必须戴上干扰思维的耳机。现实世界里却是学得最吃力的孩子受影响最深，2012—2020 年，排名在底部 1/4 的孩子，成绩退步是最大的，他们大多来自低收入家庭，且多为非洲裔或拉丁裔。

调查结果显示，低收入家庭、非洲裔和拉丁裔的孩子使用电子设备的时间更长，同时父母的管控更少。高收入家庭和白人家庭的孩子则相反。无论哪个群体，单亲家庭的孩子自由使用电子设备的时间都相对较长。[11] 这说明智能手机正在从社会阶层和种族两个维度拉大差距，加剧教育的不平等。曾经我们担心会有一道“数字鸿沟”让美国低收入家庭、少数族裔的孩子们接触不到互联网，现在看来，真正的问题不是他们接触不到，而是他们在接触时得不到足够的保护。

智能手机的恶劣影响不仅限于造成学习成绩下滑，还有对社交关系的破坏。本书第 1 章提到过，2012 年后在全球多个国家，突然间越来越多的孩子开始认同一个说法："我在学校里找不到归属感。"青少年向往社群文化，需要满足内心对共生性的渴求，而零手机校园在这方面效果显著，能迅速扭转学校的社交风气，改善学生的心理状况。[12]

互联网技术对教育而言当然可以是一种福音。很多教育平台，如可汗学院（Khan Academy），给全世界的孩子提供了非凡的学习体验，意义深远。① 现在，可汗学院在利用人工智能技术为每个学生打造专属的私人教师，为每位老师安排教学助理。[13] 而且，学生们需要借助互联网进行研究，老师需要利用网络资源进行创新教学、讲解和视频演示。因此，学校需要安排课程，教学生编程技能，让他们借助技术手段提高自己的能力，如操作统计软件，进行视觉设计，甚至使用 ChatGPT。

所以我从来不会要求学校打造"零网络校园"或者要学生彻底戒网。真正的问题在于学生们随身携带的个人设备，这些设备的成本收益率是最低的。学生们的智能手机上安装了各种旨在吸引年轻人注意力的应用程序，这些应用程序通过不断的消息通知将学生的注意力从课堂转移到虚拟世界。这才是对学习和人际关系最具破坏性的因素。一所学校如果声称重视培养学生的归属感、社群意识和健康心理，却未能实施禁止手机的政策，那么它就是站在巨鲸上，垂钓小鱼。

加大玩耍的支持力度

凯文·斯廷哈特是中央艺术小学四年级的教师，这所小学位于南卡罗来纳州的乡村地区。凯文常常需要和其他教师以及学生的父母沟通，翻来覆去聊的都是同样的问题。学生们很痛苦，他们大多缺乏韧性、毅力和团队协作能力；大人们担心孩子太脆弱，又没什么好办法。凯文也束手无策，直到后来他参加了附近克

① 可汗学院是由萨尔曼·可汗创立的新型教育组织，在《翻转课堂的可汗学院》一书中，萨尔曼·可汗详细介绍了自己教育理念的形成过程及新的教育模式给他自己与学生以及世界带来的巨大影响。这本书的中文简体字版已由湛庐引进，浙江人民出版社出版。——编者注

莱姆森大学的一个研讨会，一切才有了转机。那次会议探讨的是一种稀松平常的活动及其好处，即自由玩耍。会后，凯文得到了学校的支持和我们自由成长组织的协助，他采取了三项措施，鼓励孩子们在日常生活中自由地玩耍。这三项措施是：

1. 增加课间休息的时间，在此期间老师们不干涉学生的玩耍行为。
2. 每天早上提前半小时打开校门，允许学生去操场自由玩耍。
3. 开设“玩耍俱乐部”。学校可以每周至少抽一天，给学生提供一个全开放、混龄的玩耍空间，配以松散的、自由组合的玩具或工具，比如球类、粉笔、跳绳等。地点通常是户外的操场，天气不好时可以转移至室内的体育活动室。如果学校能开放更多功能教室，如艺术教室等，那就更有意思了。玩耍俱乐部的开放时间可以是下午 2：30 至 4：30，具体依学校的实际情况而定。总之，别让孩子们放学就回家，否则他们大概率要回去玩电子设备，或者参加由大人主导并监控的活动。我们要提供一个能让孩子们在一起玩的空间，这里禁用手机，孩子们有完全的自主权。但有两点要注意：一是不能故意伤害他人；二是不能无故离开且不通知负责的老师。这位负责的老师不需要设计或引导孩子们进行任何活动，他只是一个安全观察员，除非遇到紧急情况，否则无须与孩子们互动。

实行这三项措施一学期后，凯文发现学生们变了：

> 学生们变得更开心和友好了，行为方面的问题也变少了。大家都交到了更多朋友，时间管理更加得心应手，对生活也有了更大的掌控力。有些孩子之前总是霸凌其他同学，经常被叫到办公室谈话，现在他们都改正了不少，不再霸凌同学，也不必再时常去老师的办公室了。[14]

第二学期开始，凯文将玩耍俱乐部的开放频率增加到了每周两次。这是因为“效果太显著了，一定要再接再厉”。那么效果有多么显著呢？与前一年相比，学生旷课次数从 54 次降到了 30 次，校车上的违规事件从 85 起下降到了 31 起。“过去如果学生有问题，我们要请他们到办公室谈话，每学年大约有 225 次。”凯文报告道，“现在我们给孩子们增加了这么多玩耍的时间，一学年的谈话下降到了 45 次。”

凯文认为，玩耍俱乐部之所以有效，是因为以下原因：

> 自由自在的玩耍有助于应对，甚至可以说直接解决孩子们的诸多问题和需求，比如交友技能的提高、同情心的培养、情绪的管理和为人处世等。俱乐部让孩子们在校园里找到了一个愉快的空间、融洽的集体，他们变得强大而自信，同时还掌握了很多重要的能力，如创造性思维、创新意识、批判性思维、协作能力、沟通能力、自我导向、意志力以及社交能力等。

其他老师亲眼看到了学生们的进步，也纷纷参与进来。13 位老师加入了俱乐部，自愿为孩子们做现场的负责老师，其中包括校长和副校长。

“自由玩耍”这一策略实现了美国俄亥俄州那所学校想实现的许多目标。俄亥俄州的学校也希望在社会情感学习上帮到学生，已经不遗余力地“尝试了一切办法”，但他们是让成年人在课堂上系统地教授知识。与此相反，中央艺术小学是让孩子们做他们最想做的事情——与伙伴自由地玩耍，以此来迅速学习这些技能，这才是自然教授这些技能的方式。

以上就是我们脚下的两头“巨鲸”，零手机校园和自由玩耍。学校做好了这两件事情，就是为将来打好了预防针。如此既可以减少现实世界的过度保护，有利于提高孩子们的反脆弱性，又可以抵御虚拟世界的诱惑和钳制，有助于孩子们在现实世界里学习各种技能，增进人际关系。如果一所学校对这两件事情都无动于衷，那么其学生很可能会陷入焦虑的状态，学校将需要花费大量金钱来解决学生们日益增长的痛苦。

下面我还有几点建议，可以作为零手机校园和自由玩耍的补充，供学校参考。[15]

自由成长项目

不少小孩，甚至一些初中生，都被父母管得很严。他们不能单独离开自家街区，不能在大超市里离父母几排货架远。勒诺见过一些七年级的学生，他们已经十二三岁，父母却不允许他们自己动手切肉，原因是锋利的刀具太危险。

这就是为什么在学校开办玩耍俱乐部，延长课间休息时间，早上提前开放操场的基础上，勒诺和我还建议学校给学生们布置一个家庭作业，即自由成长项目。[16] 这个作业可以布置给所有孩子，从幼儿园到初中都合适。作业要求是回家去做一件你从来不敢独自做的事情，比如遛狗、做饭、跑腿。学生可以和父母商量一下，一起决定具体做哪一件。

孩子一定会完成作业的，无论遇到多大的困难，他们最后肯定能交差。他们与父母的关系和自我认同开始发生改变，父母会觉得自己的孩子能力变强了，孩子也开始这样看待自己。学校只是通过这个作业，稍稍助推了一下父母，让孩子拥有了更多的自主权和责任感，就针对性地解决了一个难题：许多父母并不清楚何时可以开始放手让孩子独立行动，于是永远都放不了手。在过去，5 岁的小孩就能自己走路去上学，在路口的车水马龙中守护他们的，不过是群 10 岁大的孩子，这些大孩子身披一条橙色彩带，行使着指挥交通的权力。这些原本都是象征着成长的里程碑，体现着孩子的独立性，近年来却在媒体大力渲染的恐惧中全部消失了。

我们不应该去怪罪那些直升机式父母[①]，真正有问题的是当下的社会文化，

① 直升机式父母指时刻关注孩子、过度干预孩子生活、随时准备着帮助孩子解决问题的父母。《园丁与木匠》一书中详细介绍过几种类型的父母，可以参考。——译者注

父母身在其中，也是被逼无奈，只能如直升机般盘旋在孩子头顶。有些学校不允许孩子独自离开校车，放学后必须由大人来校车站接才行。[17] 有些图书馆不允许未满 10 岁的孩子离开父母视线自由走动。[18] 有些父母竟然还被捕了，原因就是他们允许孩子们自己去户外玩，或者让孩子走路去商店买东西。

如果大人必须时时刻刻盯着孩子，那么孩子永远也学不会独立和自主。结果就是孩子越来越焦虑，大人也越来越不信任孩子。双方陷入恶性循环，局面不断恶化。很多孩子害怕尝试新鲜事物，他们的父母也不相信孩子有能力一试，于是父母更加过度地保护孩子，孩子也更加焦虑了。

勒诺在美国纽约州萨福克县旁听一堂七年级的健康课时，资深教师乔迪·莫里西告诉她："父母把孩子们搞得什么都不敢做。"他们都是非常友好开朗的孩子，但不敢独自尝试做任何事情。因为在他们眼里，做什么事都有失败的风险，结局可能非常糟糕。很多孩子说自己不敢做饭，因为害怕把食物点着了，甚至把房子给烧了；有几个孩子说自己不敢一个人去遛狗，因为怕控制不住狗，让狗跑到车道上；还有一些孩子说自己不敢和餐厅服务员说话，因为怕说错话，祸从口出。"闯祸"快成这群孩子的口头禅了。对他们来说，日常生活中充满了危机和潜在的羞辱。这与社交媒体上的体验颇为相似。因此，乔迪决定给学生们安排自由成长项目。

乔迪一度非常担心学生们的焦虑水平，所以一开始力度就很大，她给每个学生都布置了 20 项作业，要求他们在一年内完成。她提供了一份长长的任务清单，学生们可以从中选出自己想挑战的 20 项，比如走路进城、洗衣服、坐公交车……当然，孩子们也可以自创项目。一年时间很快就过去了，乔迪欣喜地发现，孩子们的焦虑水平有了显著的改善。于是她把勒诺请到了教室里，让勒诺花一个下午的时间，和孩子们好好聊聊项目的情况。

一个女孩分享了自己第一次没有父母陪同和朋友们去公园的经历，她兴奋地说："那天真是太好玩了！"一个男孩独自做了一顿有 4 道菜的晚餐，包括烤一个馅饼，他获得了极大的成就感。另一个女孩从来不敢尝试任何体育项目，但她勇敢地走进游泳池，并成功地加入了游泳队。还有孩子一个人出去吃了比萨，一个人骑车去了商店，一个人照顾了婴幼儿……大家如获新生，重塑了自信。一个女孩无意间的形容非常到位，她说自己重新定义了自己。在过去一年里做的 20 项挑战中，这个女孩最喜欢的是一天早上自己独自照顾 5 岁的妹妹，帮妹妹做好上学前的准备。

那天早上，女孩帮妹妹穿好衣服，给妹妹喂好饭，还送妹妹坐上了校车。这个七年级的孩子说："我一下子感觉自己长大了！"然而，她的收获不止于此。"这可能看起来微不足道，但当我看着她乘坐校车离去的那一刻，我觉得自己对妹妹来说很重要，有人开始需要我了。"这是一种全新的体验，她终于感到自己不再处处需要别人照顾了，而是被人需要。

我们信任孩子，敢于放手时，孩子才能展翅高飞。有一天，若父母能鼓起勇气，放手让孩子去探索真实的世界，那绝对是父母最伟大的一次壮举和转变。

不过，对大多数父母来说，这种转变无法凭一已之力完成。想想看，如果你的女儿独自来到公园，那里却没有一个孩子，她也只好转身回家；如果你 8 岁的儿子自己上街，但在街上玩的只有他自己，路人看到后可能会报警。

要重塑儿童的独立性，需要我们集体行动，而要发起集体行动，最好由学校来推动。当一个班级、一所学校，甚至一个学区都鼓励父母们卸下防备和管控时，整个城镇或县区的文化就会发生转变。父母们不再因为放手而感到羞愧或别扭。"瞧，我这可是在帮孩子做家庭作业，所有父母都不例外。"不久之后你会发现，孩子又可以四处奔跑，嚷嚷着"不给糖就捣蛋"了。他们会自己去商店买东西，一个人去上学。

孩子们的潜力远比我们想象的大，只是当下社会风气中蔓延的恐惧感蒙蔽了我们。他们如同被困在马厩里的赛马，动弹不得，现在是时候放他们出来了。

改良课间休息与操场玩耍体验

有三种办法可以提高课间休息的质量：增加时间、改良操场、减少规则。

我要告诉你一个令人震惊的事实——美国小学生在校的课间休息时间平均每天只有 27 分钟，[19] 而美国戒备级别最高的监狱，每天都能给犯人安排两小时的户外放风。一位电影制作人曾问一些犯人，如果放风时间减少到一小时，他们会有何感受。犯人们非常抗拒。有人说："那会激起很大的愤怒。"还有人说："那将会是一种折磨。"而当这些囚犯被告知，大多数孩子在学校每天只有不到一小时的户外活动时间时，他们都震惊了。[20]

1983 年，一份标志性的报告《国家处在危险中》（*A Nation at Risk*）发布，从此美国孩子的课间休息时间以及放学后的自由玩耍时间开始大幅减少。这份报告警告，美国孩子无论考试成绩还是学习技能，都落后于国外的同龄人。[21] 报告建议学校在学术科目上增加课时，并延长每个学年的教学时间。各学校纷纷响应，为了给数学、科学、英语课让路，课间休息和体育、艺术、音乐课的时间都减少了。

《国家处在危险中》这份报告虽然并没有要求人们只关注考试成绩，但实际上，人们就是这么做的。提高考试成绩很快变成了全美国人迷恋的事，新的改革措施开始根据学校的考试成绩来惩罚或奖励学校。2001 年联邦政府通过了《不让一个孩子掉队法案》（*No Child Left Behind Act*），加上最近的《共同核心州立标准》（*Common Core State Standards*），学校提高分数的压力再次增加。[22] 压力如此之大，以致一些学区不惜通过伪造学生的考试成绩来达到他们的目标。[23] 为了腾出时间做更多的练习和考试准备，孩子们的玩耍时间是最容易被牺牲的。学年变长了（侵占了暑假），家庭作业量增加了（甚至波及更低的年级），而课间休息时间被缩短或者完全取消了。

作为一名大学教授，我当然赞同学校采取措施提高学生成绩，但教育系统对分数过于重视，就可能忽略孩子成长过程中的很多需求和特点，也看不到户外活动的意义，让孩子们错失自由玩耍的诸多好处。2013 年，美国儿科协会发布了一份题为《学校课间休息的重要意义》的报告，介绍了自由玩耍对孩子社交能力、认知能力的诸多促进作用，同时指出："讽刺的是，减少或取消课间休息反而会使学生的成绩下降，因为越来越多的证据证明，课间休息不仅有利于孩子们的生理健康，强化他们的社交能力，甚至还能提高他们的认知能力。"[24] 这些效果在男孩身上尤为明显，[25] 也进一步解释了为什么自 20 世纪 70 年代以来，男孩在学校感受到了更强烈的疏离感。

学校要改进课间休息的体验，首先可以延长休息的时间。从幼儿园到初中，所有学校都可以延长，甚至根据美国疾病控制中心[26] 的说法，高中也可以增加课间休息时间。美国儿科协会还建议，学校不要把取消课间休息作为惩罚措施，以责罚有行为问题的学生。毕竟这些有问题的孩子，才最需要课间休息。协会报告还建议，学校应该在午餐前增加休息时间，而不是把午间休息和午餐时间合二为一，加起来也只有一小段时间，这容易导致学生为了给自己省出更多玩耍的时间而狼吞虎咽。

其次，学校可以升级操场的硬件。在美国，特别是城市地区，学校的操场多是柏油地面，配备了一些金属或塑料材质的游乐设施。这些设施的设计要点是耐用和安全。除此之外，还有一块草坪供运动时使用。但欧洲人就不同，他们善于设计探索式游乐场，这些游乐场富有冒险的乐趣，设计水平也全球领先。这些新奇的游乐场旨在激发孩子们的想象力，其中一种类型叫作"垃圾游乐场"，因为这个游乐场里全是些看上去稀奇古怪的杂物，比如建筑材料、绳索，以及其他零零碎碎的东西，通常还有各种工具。这种游乐场对孩子来说简直是天堂，有着无穷的吸引力。

纽约市总督岛上就有这样一个游乐场，那是我家孩子玩过的最尽兴的一个游乐场。[27] 如图 11-1 所示，游乐场四周立着告示牌，提示父母们不要进行干预。作为父母，我知道这很难。大人看到孩子遇到困难，都忍不住想帮忙，这是人之常情。毕竟，父母见不得孩子失落难过，或是冒险闯祸。所以，我建议父母干脆躲远点，给孩子一段没有大人陪伴的时间，这几乎是他们唯一被迫独立行动并认识到自己潜力的时刻。

在一个探索式的游乐场里，孩子们会彼此协作，一起搭建高塔和城堡，沉浸式体验集体大工程。记得有一次，我亲眼看到一个男孩敲钉子时把手指砸破了，他没有跑去找大人，而是简单地甩了甩手，便又镇定地敲了起来。当然，现场也是有成人看管的，以防出现重大安全事故。

图 11-1 美国纽约市总督岛上的一个垃圾游乐场

注：此垃圾游乐场的设计方和运营方是 groundNYC。[28]

学校不需要专门打造一个垃圾游乐场，只需在现有的操场中加入一些松散的零件，让孩子们可以移来移去就好。这些东西不一定非得是榔头或锤子，也可以是几条轮胎、几个水桶或几块板子。拉斯蒂·基勒（Rusty Keeler）是《冒险式玩耍》（*Adventures in Risky Play*）一书的作者，他认为操场上还应该有点干草捆、沙袋之类的东西，孩子们拖着这些又重又大的“玩具”，能“无意间锻炼到上肢力量”。[29] 一个干草捆不是一个小孩能推得动的，孩子们要结成团队集体行动，如此一来，大家便能在课间不知不觉地培养社交能力和团队精神了。我们在操场上放置一些松散的部件，是为了让孩子对环境有自主控制权和改造权。那些固定在地上的游乐设施，孩子很快就会觉得无聊，灵活而松散的零部件才能让孩子们投入地玩很久。玩的过程中，孩子们不只是构筑堡垒和城池，还培养了专注力、进退的智慧、团队意识，以及创造力。

第二种探索式的游乐场叫作“自然游乐场”，如图 11-2 所示。这里供孩子们玩耍的是天然材料，多为木材、石头和水，可以激发出孩子心中对生命的爱。

图 11-2　一个艺术级的自然游乐场

注：该游乐场位于美国伊利诺伊州诺默尔的科琳·胡斯小学，照片拍摄于 2023 年游乐场正式开放前夕。[30]

我们的祖先在热带稀树草原、森林的怀抱中，在溪流、湖泊的陪伴下，一代代地进化，缔造了人类童年的模样。当你将孩子置于自然环境中，他们会本能地开始探索，开发出各种玩法来。大量研究已表明，儿童需要与自然相处，这对他们的社交能力、认知能力和情感发展都十分有益。[31] 随着年轻人越来越多地沉浸在虚拟世界里，他们的焦虑水平也随之上升，正因如此，自然带给人的力量才变得更加重要。一项关于自然游乐场影响的综述性研究得出结论：

> 创造条件让孩子亲近自然，可以提升他们的认知能力，尤其是在教

育场景里。学校非常适合提供“绿色”的教育基地，这也是学生们急需的教育体验。孩子们在自然的环境中学习，不仅有助于减轻认知负担和压力，还能极大地促进身心健康，提升学习效率。[32]

通过改良课间休息来提升心理健康的第三个方法是砍掉不必要的规则，将信任还给孩子。我们在第 3 章介绍过一所位于美国加州伯克利的学校，其他学校一定要把它当成反面教材来看。这所学校事无巨细地规定了玩耍的规则，孩子们无论是玩抓人游戏、四方格，还是触身式橄榄球，都有一大堆注意事项要牢记，学校甚至规定了孩子们玩触身式橄榄球时，必须由一个成年人来当裁判，否则谁都不可以玩这个游戏。

我们再来看看与这所学校截然不同的教育模式。新西兰的斯旺森小学推行了“无规则课间休息”制度。[33] 在推行这项制度前，学生是不可以爬树、骑自行车的，其他活动也一样，但凡有一点儿风险就不允许玩。后来学校参加了一个研究项目，研究团队要求包括斯旺森小学在内的 8 所学校（实验组）改革课间休息制度，减少规则，鼓励孩子们去“冒险和挑战”；另有 8 所学校作为对照组，无须对课间休息做任何调整。作为实验组的成员，斯旺森小学的校长布鲁斯·麦克拉克伦（Bruce McLachlan）决定全力配合，他取消了课间休息时的所有规定，让孩子们自由地决定要怎么玩。

你问结果如何？那当然是操场上变得更加混乱与嘈杂，活动增多，孩子间的推推搡搡也增多，但与此同时，孩子们收获了更多的快乐，也更好地保障了安全。受伤、财物破坏和霸凌的情况全部有所好转。[34] 这样的结果符合玛丽安娜·布鲁索尼（Mariana Brussoni）等玩耍行为研究专家的判断，[35] 孩子们一旦知道要对自己的安全负责，自然就会负起责任，而不会依赖于时刻守在身边的大人。[36]

美国的小学能复刻斯旺森小学的模式吗？目前看来很难。许多学校会面临潜在的诉讼风险和父母抗议。大家还要担心，如此疯玩会不会占用太多备考的时间。这就是为什么我们说这是一个集体行动问题：如果各所学校都能够松绑，让孩子们以更符合天性的方式玩耍，那么学生们就能整体变得更健康、更快乐、更聪慧，受伤和焦虑的发生率也会降低，但这要求学校、父母和政府通力合作，别无捷径。

唤醒男孩们的活力

自 20 世纪 70 年代起，以某些标准来衡量，男孩和年轻男性的学业与工作表现一直在下降。第 7 章分析了下降的原因。一来他们与现实世界渐行渐远，这背后有多种社会或经济方面的结构性原因；二来他们被不断改进的技术吸引到虚拟世界中，毕竟这些技术迎合了他们的欲望。正如理查德·里夫斯所展示的，男孩在学业成绩、毕业率、大学学历等几乎所有教育指标上全面落后。对越来越多的男孩来说，学校的意义已经不大了。

里夫斯向政府提出了一系列改革建议，包括上一章里提到的增加职业与技术教育课程，希望能扭转男孩们的颓势。此外，里夫斯还强烈建议学校招聘更多男性教师。他指出，美国基础教育阶段男性教师的比例仅为 24%，低于 20 世纪 80 年代初的 33%，其中小学男性教师的比例仅为 11%，这种情况会加速男孩与现实世界的脱节。学界已有充分的证据证明，男性教师有助于男孩在学业上表现得更好，尤其是英语课。[37] 这可能源自榜样效应，而现在男孩们在学校里很难找到男性榜样了。正如一位研究进步教育的分析师所写："教师在性别上实现均衡化，对学生是有利的，这与教师在种族和民族上要实现多样化类似，孩子们是可以从中获益的。"[38] 许多男孩在生活中找不到积极正面的男性榜样，便转向网络寻求指导，但他们很容易被诱导进入极端的网络社群，思想也容易被刺激得走向极端。

教师性别失衡对男孩造成的第二重影响是，这会误导男孩，尤其是小学阶段的男孩，让他们以为教育和关怀类职业是女性才能干的，于是渐渐地对这些职业失去了兴趣。然而，正如里夫斯所言，近几十年来，这些职业的岗位数量一直在迅猛增长，且将持续增长；而那些通常是男性在干的更需要体力的工作，机会会越来越少。里夫斯认为，学校有能力也有义务引导男孩进入"HEAL"职业领域，即与健康、教育、管理和文化相关的领域。[39] 如果在讲台和学校的行政岗位上，男孩看不到几位男性教师的身影，那么他们对这些职业的兴趣就不会很高。

当下最迫切的教育实验

2019 年 5 月，我受邀回到高中母校去做演讲，学校位于美国纽约市郊。演讲前，我和校长等几位校方领导聊了一会儿，得知我的母校和其他大多数美国学校一样，最近也有大量学生罹患心理疾病，且患者人数还在上升。位居榜首的两大心理疾病是抑郁和焦虑障碍，伴以一路攀升的自我伤害率，女孩尤为严重。校方告诉我，这些学生刚入学时心理疾病就很严重了，此时，孩子们才刚从初中毕业，许多学生已经感到焦虑和抑郁。此外，他们中的很多人已经对手机上瘾。

那次演讲结束后 10 个月，我又被初中母校邀请去演讲。同样的情况我居然又听了一遍。开讲前，我依然和校长等领导聊了聊。原来初中学生的心理状况也堪忧。很多孩子刚念完美国的小学，才升入六年级，就已经焦虑和抑郁了。其中一些孩子也对手机上了瘾。[40]

我们要迅速行动起来，从小学和初中阶段开始预防，不要等到孩子们的心灵开始枯萎才幡然醒悟。创建零手机校园和推广自由玩耍，是两项很好落实的措施，无须投入太多资金，比雇几位心理治疗师或购买外部课程容易多了。[41]

我们要抓住这两条“巨鲸”，试试看效果如何，并考察一下具体如何实施，效果才能最好。如果一个地区要尝试去做这两件事，就要做得彻底。实验时，新的规则一定要覆盖好几所学校，且每所学校都要实现全校覆盖，不要只选出一部分学生或几个班级来做小范围实验。[42] 如此我们才能把握住整体的风气，考察局面是否全面好转。

我们来看看实验的大致流程。首先，项目由一个学区的督学、一个州的教育主管或州长，抑或某个有能力影响多所中小学的官员来推动。然后，推动人选择几所志愿学校，将这些学校随机分成 4 个组。[43] 第一组是零手机校园组；第二组是自由玩耍组，即学校举办玩耍俱乐部活动，并延长课间休息的时间；第三组是零手机结合自由玩耍组；第四组是对照组，一切照旧即可，尤其注意不要在手机管控和课间休息上做任何改动。[44] 只需要等两年，我们就能知道这些方案到底效果如何了，具体到哪一种的效果格外好，以及所有方案结合在一起，会不会实现一加一大于二的效果。

实验可以有很多版本，每个组的方案都能微调，或根据实验学校的情况，因地制宜地设计。[45] 自由成长项目可以放到自由玩耍组里，因为这个项目能通过自由玩耍激发孩子的自主性、冒险精神和独立性。或者，实验可以再简单点，单纯比较进行了该项目的学校和不进行该项目的学校有什么区别。

自 21 世纪第二个 10 年初期以来，一批又一批焦虑和抑郁的初中生毕业，涌进了高中，高中和大学都在努力应对这一问题。我们有能力扭转事态，我们需要做的是在小学和初中打造零手机校园，大力推广自由玩耍，尽力激发孩子的自主性。几年后，高中就可以迎来一批批健康快乐得多的新生了。如果学校能采纳上述建议，父母能在家里全面配合，政府也出台法律予以保障，那么我相信，我们一定能力挽狂澜，终结自 2010 年以来萦绕在青少年心头的苦痛。

本章小结
The Anxious Generation

- 自 21 世纪第二个 10 年初期以来，美国中学生的心理疾病发病率就不断上升，许多学校采取各种办法，希望遏制住心理问题的蔓延。
- 波利尼西亚有句谚语：“站在巨鲸之上，垂钓小鱼。”很多时候我们舍近求远，明明最好的办法就在眼前，却看不到。我为各所学校找到了两条“巨鲸”，这是两个非常容易落地的办法，几乎不需要校方额外的资金投入，它们分别是创建零手机校园和推广自由玩耍。
- 很多学校都声称禁止学生玩手机，但其实只是禁止学生在课堂上使用而已。这种禁令没有意义，因为它促使学生跟老师斗智斗勇，孩子们会想方设法在课堂上偷偷玩，下课后更是肆无忌惮。这使得他们在现实世界里很难与周围的同学建立友谊。

- 学校应该规定，在校期间任何学生都不得使用手机。学生一到校，就应该把手机放进专门的储物柜，或者可以上锁的手机袋子里。

- 第二条“巨鲸”是加大对玩耍的支持力度，鼓励学生多多玩耍。最简单的做法就是开办玩耍俱乐部，下午放学后让幼儿园到八年级的孩子去操场上自由玩耍。孩子们不许玩手机，但是可以玩很多灵活松散的“大玩具”，且几乎没有大人监督。在提升社交能力和缓解焦虑方面，这个俱乐部的效果可能要好过其他任何教育项目，因为自由玩耍符合孩子们的天性，是他们学习各种技能的最佳途径。

- 要加大对玩耍的支持力度，学校还可以提高课间休息的质量。具体来说有三个办法：一是增加时间；二是改良操场，如添加一些松散的物件、杂物、自然材料供孩子们移动和玩耍；三是减少规则。

- 自由成长项目也可以减轻孩子们的焦虑程度。老师可以给学生们布置一个家庭作业，要求学生们“独立地去做一件之前没做过的事情”。当然，孩子要先跟父母沟通好具体做什么。成功后，孩子会收获极大的成就感，父母也会对孩子更有信心，以后才敢继续放手，让孩子独自尝试更多事情。

- 如果一个街区或者整座城市的父母都愿意让孩子享受自由玩耍，给孩子更多的自主权，那么大家就能解决集体行动问题了，父母们不用再担心自己是否让孩子自由过了头。自由玩耍和独立性对战胜童年期的焦虑来说至关重要，是孩子成长为一个健康的成年人所不可或缺的。

- 男孩与社会越来越脱节，与女孩在学习成绩上的差距也越来越大。学校应该拿出方案，如增加实践课程、职业技能培训、技术培训，以及招聘更多男性教师等，以激发和鼓励男孩。此外，在男孩小时候为他们提供更多的课间休息也有帮助。

- 预防胜于治疗。如果幼儿园到八年级的孩子能在零手机校园中成长，拥有大量的自由玩耍时间，并参加自由成长项目，那就等于给童年打了许多针预防针，等他们进入高中时，抑郁和焦虑的人数就会少很多。

第 12 章

父母可以做什么

《园丁与木匠》(*The Gardener and the Carpenter*)一书的作者，发展心理学家艾莉森·高普尼克（Alison Gopnik）① 在书中说过，“育儿”这个概念其实是在 20 世纪 50 年代才出现的，到了 20 世纪 70 年代，这个概念流行起来，被大众所熟知。在漫长的人类历史中，我们的无数代祖先都在多人混养的环境中长大，一群人一起养育一群孩子非常正常。每群人都有自己的养育智慧，不需要所谓的育儿专家。

但到了 20 世纪 70 年代，家庭生活发生了变化。家庭变得越来越小，居住

① 艾莉森·高普尼克是国际公认的儿童学习与发展研究泰斗级专家，第一位从儿童角度深刻剖析哲学问题的心理学家。著作《园丁与木匠》《孩子如何思考》《孩子如何学习》被誉为引爆教育界的育儿书、儿童心理学革命性成果。她的书能揭开婴幼儿思维之谜，从儿童意识角度深刻剖析哲学问题，带父母读懂孩子行为背后的学习规律。这些书的中文简体字版已由湛庐引进，浙江科学技术出版社出版。——编者注

的地点也灵活多了。人们工作和上学的时间延长了，生儿育女的时间也往后推迟，30 多岁生孩子成了常态。新手父母们不能再像祖辈和父辈那样依赖群体智慧，于是各路育儿专家成了救星。他们渐渐发现，工作中常用的一个思路非常好用——只要我找到正确的训练方法，就能让自己胜任一份工作，然后做出亮眼的产品。于是，他们倾向于以在学校和职场上取得成功的这种思维方式来应对育儿。

高普尼克说，现在的父母们是木匠式思维。大家心中都有一个明确的育儿目标，他们认真审视着手头的材料，力求打造出一件亮眼的产品。其他人可以用客观的指标来量化评估这件产品。对一件木工产品来说，重要的是直角的地方够不够直，开关门是否顺畅。父母的育儿也类似。高普尼克说："混乱和变形是木匠的大敌；精准和控制才是木匠的挚友。重要的是反复测量，精准切割。"[1]

但在高普尼克看来，育儿更好的思路其实是园丁式思维。父母要做的是"提供一个良好的成长环境，安全且富有营养，让植物能茁壮成长"。这个过程当然也要花心思，但父母没必要追求完美。一个园丁只需要做好除草和浇水的工作即可，剩下的就是静待花开。花有自己绽放的时节和习惯，往往出乎人的预料，但也常常让人惊艳。高普尼克热切期待我们每个父母都能大胆拥抱混乱和变化。

> 父母的任务不是生产出某个特定款式的孩子。我们的使命应该是创造一个环境，用爱、安全感和稳定性将孩子包围，让所有的孩子，无论其性格或天赋如何，都能幸福成长。我们不需要去管理或塑造孩子的思维，而是要鼓励孩子自己去探索周遭环境，发掘惊喜和新知。我们不需要去教孩子如何正确地玩耍，只要把玩具给孩子即可……我们没办法逼孩子去学习，但可以成全孩子去自发地学习。

前文讲过，当下父母在现实世界中对孩子的保护常常是过度的，而且这种保护实属多虑。用高普尼克的话说就是："很多父母被木匠思维裹挟，对孩子的管控过于严格，反而阻碍了孩子获得幸福和快乐。"与此同时，我们对线上世界却过于放心，任由孩子们自由地使用智能设备，没有帮孩子剔除糟粕和风险。这等于一个园丁把花园全权交给了互联网来打理。父母们把孩子放在社交网络里成长，而不是让孩子脚踏实地地扎根于线下真实的社区。事后父母们又大吃一惊，因为自己的孩子居然感到孤独，渴望真实的人际交往。

在孩子的成长过程中，有两个阶段非常重要，父母要在这两个阶段成为合格的园丁才行。接下来勒诺和我就针对这两个阶段，给父母们提几条建议，大家可根据孩子的年龄分别采用，其中部分建议是多个年龄段的孩子通用的。[2]

给 0 ～ 5 岁孩子父母的建议

在生命的最初几年，孩子们要形成基本的感知与认知能力，如视觉、听觉和语言处理，还要掌握基本的生活技能，如行走、说话、精细动作，以及攀爬、奔跑等敏捷动作。在这几年里，父母要做的就是给孩子提供一个良好的成长环境，即让孩子摄入足够的营养，获得父母足够的爱，有足够的玩耍时间，如此即可，没有什么别的事情还能锦上添花，让孩子赢在起跑线上了。[3] 孩子想要的不过是在真实的世界里，多和父母以及其他友好善良的大人们互动，多和其他小孩玩耍罢了。这些年来，尤其是在美国，幼儿保育面临很大的困难，成了一个普遍的大难题。但至少下面讲的这几件事情，是我们应该努力为孩子做到的。

如何给孩子更多且更好的线下活动体验

正如第 3 章所讲，依恋理论告诉我们，儿童需要一个大人当安全基地，这个基地能够给孩子稳定而充分的爱，能在孩子需要时给孩子帮助和依赖。不过，这个基地最大的意义在于，给孩子一个冒险的起点，让孩子可以放心大胆地离开基地，去探索外面的世界，如此才能让孩子获得真正的学习与成长。对孩子来说，一场理想的冒险就是在自由玩耍中，和其他孩子一起探险、搞怪、闯祸。如果这群孩子是混龄的，那么低龄孩子的学习将更加高效和深刻。因为孩子通过尝试略超出他们当前能力的活动来学习，进步是最快的，换句话说，也就是以大一点儿的孩子为榜样，学习效果最佳。大龄孩子也能从中获益，因为他们在扮演老师和哥哥姐姐的角色。所以，父母能给孩子提供的最佳育儿资源就是充足的玩耍时间，确保有不同年龄的孩子参与，并有一个安全的、充满爱的基地，让孩子遇事能求助。

你和孩子互动时，不必时时追求教育效果，最大化每分每秒的意义或教育作用。你们是在享受一段亲子时光，不是在上课。不过要注意，你的行动比你的承诺更重要，请努力管住你的手，别去摸手机，给孩子做好榜样，不要三心二意，不要让注意力一直在孩子和手机间跳跃。

另外，对孩子的热心帮助不要扫兴，要尊重他们内心的热忱和表现欲。哪怕只是两三岁的孩子，他们也能力所能及地做点事情，比如开饭前摆放餐具，或者把衣物放入洗衣机。给孩子做家务的机会，可以让他们在家里获得更大的存在感和融入感。随着孩子逐渐长大，家务的范围还可以扩大。家务做得多了，可以防止孩子在未来产生虚无感，觉得自己一事无成。毕竟，现在越来越多的青少年认为："我这个人没什么用。"[4]

如何给孩子更少但更好的线上活动体验

智能手机、平板电脑、个人电脑和电视并不适合低龄的小朋友。跟普通的物件、玩具相比，这些智能设备提供的感官刺激过于强烈而生动。与此同时，它们又缺乏互动性，孩子多是被动地接受刺激和接收信息，无益于提高学习能力。所以，大多数专家建议，父母不要习惯性地让两岁以内的孩子玩智能设备，并提倡在孩子 6 岁之前，都应该有所节制。[5] 小孩的大脑"期待"着一种与环境的联结感，需要拥抱三维的世界与五感的刺激，需要与真实的人和物互动。

但有一种情形例外，即适度地使用视频聊天软件，如 FaceTime、Zoom 等，与家人或朋友聊天。学界在研究了智能设备与孩子们的关系后，得出一个重要的结论：与他人积极且同步地在线互动，即视频聊天，可以强化孩子们的语言能力，加深彼此间的情感联系。不过，如果只是让孩子被动地观看一些提前录制好的节目，就没有这样的效果了，甚至还可能产生副作用，阻碍孩子的语言学习，尤其是对两岁以下的孩子。[6]

西方国家的专家们对孩子应该如何使用智能设备，态度几乎是一致的。[7]以下是美国儿童和青少年精神病学会给出的一系列建议，我非常赞同。[8]

行动建议 The Anxious Generation

建议 1：未满 18 个月的孩子，原则上不能使用任何智能设备，但可以与大人进行一对一的视频聊天，如与不在本地的父母进行视频交流。

建议 2：18 ～ 24 个月的孩子，可以在一位成年人的陪同下观看教育类的节目。

建议 3：2 ～ 5 岁的孩子，非教育类的节目和应用程序，工作日每天最多可以观看 1 小时，周末每天最多 3 小时。

建议 4：6 岁及以上的孩子，应尽量养成健康的生活习惯，少用智能设备。

建议 5：全家一起吃饭或者外出时任何人都不使用智能设备。[9]

建议 6：父母要学习并正确使用父母监控功能。

建议 7：不要将智能设备作为安抚或陪伴工具。孩子闹情绪时，父母不要习惯性地用智能设备去哄孩子。

建议 8：睡前 30 ～ 60 分钟，让孩子关闭智能设备，并将其拿出卧室。

我明白，当你忙于准备晚餐、处理工作电话或是仅仅需要片刻休息时，没有智能设备的帮助，抚养幼儿是多么困难。妻子和我曾经也爱用《天线宝宝》来安抚孩子，从他们婴儿期一直用到了幼儿期。如果时光能重来，我们一定不会再那么依赖这部动画片。

给 6 ～ 13 岁孩子父母的建议

孩子们在幼年期掌握了基本的生活技能之后，就需要走出家门，经历更多挑战，其中包括社交方面的考验。他们会对社会规范变得敏感，开始留心自己在他人心中的形象。与学龄前相比，孩子可能会体会到更多的羞耻感和尴尬感，并为此而痛苦焦灼。[10] 这个年龄段的儿童和青少年将进入文化学习和风险识别的敏感期。小学阶段，孩子们开始充分运用第 2 章介绍过的两种学习机制：从众偏差和声望偏误。他们会开始做大多数人都在做的事情，模仿那些受人尊敬的偶像或楷模。由于儿童对社会学习有强烈的渴望，父母需要考虑哪些健康的学习榜样将对孩子产生影响，并思考如何将这些榜样融入孩子的生活。

如何给孩子更多且更好的线下活动体验

要帮孩子顺利度过社会学习期，最好的办法是让他们多和同龄人相处，比如一起玩耍。我们也可以安排孩子在线下的社区参加成年人的活动，但无论如何，千万不要任由孩子孤零零地看视频、玩手游或者浏览帖子。

为了减少现实世界中的过度保护，并鼓励孩子参与更多有益的户外活动，父母们可以参考勒诺提出的 7 条建议。

行动建议　The Anxious Generation

建议 1：练习让孩子离开你，且不能及时联系到你。比如朋友来家里吃饭，现在你正在做饭，你就可以让孩子和朋友的孩子去超市买几头大蒜，哪怕你并不缺大蒜。你要体验一次，让孩子在没有看护的情况下离开你的视线，你才能明白其实没什么好担心的，甚至还能感到很开心。毕竟你当年 8 岁时，这是很平常的事情。这种练习可以帮你放下负担，为下一步给孩子更大的自由以及延迟给他买手机做好心理准备。因为你已经见识到孩子的独立与能干，知道手机并没有那么重要。你只需要给孩子准备一张字条，注明孩子外出已经得到你的同意即可，比如在字条上面写“我没有迷路，我的父母也没有疏于监护”，然后加上自己的电话号码。[11]

建议 2：鼓励孩子去朋友家过夜或者邀请朋友来自家过夜，但不要事无巨细地为孩子打点一切。如果哪个孩子带了手机来，就要求他收好手机，全程不要用，否则这场活动的主角就要变成手机了。

建议 3：鼓励孩子结伴步行上学。如果家到学校不算远，一路也没有明显的危险，这群朋友里还有个大龄的孩子，那么这种做法在孩子刚入小学时就可以尝试了。美国的“安心上学”是一个公益组织，[12]致力于保障孩子们的上学安全，确保道路上有足够的机动车停车标识、自行车道、过街警卫等，让孩子们能安心上学。如果孩子的学校离家太远，不适合步行或者骑自行车，那你可以先开车送孩子，把他送到离学校还有 5 分钟步行距离的地方，让他自己走这一小段路。学校可以提供一点儿协助，这能有效缓解校园附近的车辆拥堵问题。

建议 4：放学后的时间用来自由玩耍。父母不要用成年人主导的各种补习班去填满孩子课后的时间，要创造条件，让孩子多跟同龄人玩，比如加入第 11 章介绍过的玩耍俱乐部，或者送孩子去朋友家里玩。周五放学后的时间尤为重要，因为孩子们可以边玩边制订周末计划，我们甚至可以把周五定为“自由日”，提醒自己和孩子这一天放学后就是用来玩的。

建议 5：去野外露营。在露营地，孩子通常比在家里自由得多。首先，这里摆脱了日常活动安排与时间规划的束缚。其次，孩子和父母一起住在小小的帐篷里，帐篷外就是大自然的亲切呼唤，体验会很美好。再次，在露营地，孩子可以和其他家庭的小孩一起四处探索，肆意奔跑。

如果你并不喜欢露营，也可以考虑约上朋友，两家人一起来场普通的旅行。朋友的观念要与你契合，大家都愿意给孩子最大限度的自由，这样孩子们才能玩到一起去。

建议 6：给孩子找一个可以单飞的营地，且营地不允许使用智能设备，也不过度推崇安全主义。现在有很多为期一两个月的单飞夏令营项目，儿童和青少年可以全身心地投入大自然中，远离各种设备和网络。在这样的环境里，孩子们会把注意力全部集中在跟同龄人的互动中，与他们建立友谊，一起参加一些略带冒险精神的户外活动，这些活动有助于他们紧密地团结在一起。注意，有些营地名不副实，本质上其实是暑期补习班，以补课提高成绩为服务内容，也不禁用网络。还有些营地的集体活动安排不用心，孩子在那里得不到集体归属感，也提升不了责任感。对这些营地我们要擦亮眼睛，尽量避免，我们要寻找能帮助孩子学会独立，学会对自己和他人负责的营地。[13] 如果条件允许，可以从孩子小学三四年级开始，一直到八年级或九年级，每个暑假都参加这样的夏令营，甚至等孩子到了高中也可以参加，那时他可能会希望以营地辅导员的身份参加。[14] 如果营地不会每天都在自己的网站上发布孩子活动的照片，那就更好了。夏令营就是要让孩子和父母学着断开联系，尤其是那些过于关注孩子的父母。

建议 7：创建儿童友好的邻里环境和玩乐社区。就算现在你与邻里之间并不熟，那并不意味着这种状态会持续。你可以先邀请一家人成为你的好友，然后逐步激活整个社区的氛围，带动大家都加入进来。你们可以为孩子们安排一些聚会，一起创建孩子可以自由玩耍的社区，打造一个“玩乐社区”。[15] 这个概念是硅谷的一位父亲迈克·兰扎（Mike Lanza）提出的。他把家里的院子改造成了一个儿童乐园，供附近小朋友们一起玩耍。如果你也有这个想法，他建议你邀请邻居来自家院子里吃个午饭，同时给孩子们准备一些工具和材料，供他们自由玩耍。这些东西可以是大大的瓦楞纸箱、呼啦圈等。无须大人引导，孩子们就会找到玩法。你告诉邻居，每周五你都会开放家里的乐园，欢迎所有小朋友来玩。时间也可以换成别的日子，不一定非得是周五，但一定要固定下来，形成习惯。孩子们知道时间一到，别人就会去玩，他才有动力加入进来。[16] 你还可以让附近的父母来“值班”，每次都安排一个人坐在院子里当安全观察员，以防出现紧急事故，这样其他父母就更放心了。

我最初读到《放养孩子》这本书时，作为一个心理学家，内心是非常赞同勒诺的。但接下来的几年，妻子杰妮和我每每要实践勒诺的建议，都不得不面对并克服内心的焦虑。儿子马克斯上小学四年级时，我们第一次尝试让他自己走路上学。其实在那之前，我已经“跟踪”他好几天了，每次都跟在他身后十几米外。这次，儿子终于真正独自走路上学了，我们夫妻俩屏住呼吸，目送他小小的蓝色身影走到车水马龙的第七大道边上，看着他穿过了马路。当时，我们给儿子买了一部 iPhone，让他带着去上学。换作今天，我会选择给他买一块儿童手表或者一款功能手机。

我还记得女儿 6 岁第一次来办公室给我送饭时的情景。她需要拎着饭盒袋子独自过一条马路，当时的我一想到这就惴惴不安，对她来说却是新鲜刺激的体验。她先是在路边左看看右看看，确定了 5 次双向车道都安全后，才一溜烟地跑过马路，进了办公楼的大厅。我在楼上转角处，透过玻璃窗看到了整个过程。孩子进来后兴奋得直跳，饭盒里的菜都洒了出来。

直面和体验真实的场景，才能治愈我们内心的焦虑。直击焦虑的源头，对孩子放手几次后，我们才能开悟，意识到那些恐怖的事情并不会发生，孩子也远比我们想象的能干。每经历一次，大人心中的焦虑就会减弱一些。

儿子独自上学 5 天后，我们夫妻俩便不再眼巴巴地目送他的背影了。我们相信他有能力找对路，很快还见识到了他搭地铁的能力。正是因为我们采纳了勒诺的建议，决定放手，才在几年后成全了马克斯成长过程中的一个关键时刻，否则那个闪耀的瞬间可能永远不会降临。犹记得他在 12 岁时迷上了网球，我常带他去纽约市皇后区看美网公开赛。从我们家去球场要坐地铁，全程 40 分钟，中间还要换乘一次。时间到了第二年，马克斯 13 岁了，一天晚上，他想自己一个人去看场比赛，杰妮和我心里都直打鼓，不知道该不该同意。马克斯保证说他没问题，他比我们俩更熟悉纽约的地铁路线，我们心中浮现出了勒诺的形象，于是同意了他的请求。

那晚的比赛着实精彩，马克斯非常尽兴。比赛结束时已是晚上 11 点多了，不过问题不大，马克斯跟着熙熙攘攘的人群走向了最近的地铁站。真正的问题出现在换乘的时候。马克斯离家还有最后一公里时，需要换乘的列车却在那天停运了。他捏了一把汗，不过灵机一动便想出了办法，马克斯走出地铁站，打了一辆正在巡街的空出租车。我倒是教过他打车的方法，但他从来没自己打过。这次马克斯成功打到车，回了家，到家时已是凌晨一点。那天的经历让他一夜长大，心中生出了无穷的自信。我们夫妻俩也对儿子刮目相看，从此以后愿意给他更多自由了。想想看，如果之前几年我们没有训练马克斯独自上学，逐渐建立对他的信任，不再时时刻刻追踪他的身影，那么网球赛那天我们是绝不可能同意他一个人去看的。

如何给孩子更少但更好的线上活动体验

小学和初中的学生要学很多知识，技术在其中会起到很大的作用，所以孩子们多少会使用到智能设备。但要注意，很多孩子坐到屏幕前就挪不开眼睛，一用就是很长时间，而且他们看的、玩的多半是娱乐内容，不太可能自己找教育类的资源来使用。所以，父母们还是要提高警惕，不是仅仅等到高中再给孩子买手机就万事大吉。孩子在有手机之前，平常会花多少时间在其他智能设备上，父母也要管理到位，否则孩子可能会付出高昂的机会成本，还会养成不良的使用习惯。此外，父母还要注意自己的行为，给孩子做一个好榜样（见图 12-1）。[17]

平均来看，8 ～ 12 岁的孩子每天要花 4 ～ 6 小时在各种智能设备上进行休闲娱乐。[18] 所以大多数医学专家，以及各国的卫生组织，都建议父母对此年龄段的孩子进行限制，不要放任孩子玩智能设备。加拿大魁北克省给出了几条建议，简单明了且有变通的空间。

过去 6 年跟你的互动真的很有意思。来，这是给你的第一台设备。

图 12-1 发表于《纽约客》的漫画 [19]

行动建议

The Anxious Generation

原则上，6 ～ 12 岁的孩子每天玩智能设备的时间应以两小时为限。不过也要考虑其他因素的影响，包括内容类型，如社交媒体、电子游戏、网络聊天、电视节目等；场景，如时间早晚、是不是几件事情同时进行等；孩子的个人特点，如年龄、身心健康状况、分析能力、批判性思维等。父母必须全面考虑上述因素。对低龄的儿童来说，父母尤其要小心挑选，确保孩子接触到的内容具有教育意义。此外，低龄孩子必须在家里的公共区域使用设备，让父母可以实时管理，不得把设备带到卧室单独使用。

我查阅了多个机构给出的建议，同时参考了前文已介绍过的多项研究，特补充以下几条建议。

行动建议

The Anxious Generation

建议 1：学会使用家中所有数字设备上的父母控制和内容过滤功能。你希望孩子在 18 岁时能够自我管理和自我控制，不需要父母控制或监督，但那不意味着现在就要给孩子绝对的上网自由，毕竟在当下，他们的前额叶皮质还没发育成熟，科技公司有太多办法让孩子成瘾，我们要利用好父母控制功能，捍卫孩子的网络安全。如果需要的话，你可以给孩子设置一个时间上限，他们使用智能设备娱乐的时间不得超过这个限度。时间限制的度不好掌握，设定得太高，孩子可能会尽力消耗完时长才肯放手。[20] 但如果不设定上限，那么各个平台就会步步为营，蚕食掉孩子越来越多的时间，包括睡眠时间。有些父母会利用监控软件读取孩子的聊天记录等内容，在某些特定的情况下，这是必要的，但总体而言，我不建议父母监控孩子的聊天内容。我们把重点放在阻止他们访问不适合其年龄的网站和应用程序，并明确设备使用的时间规则即可。[21] 在虚拟世界，父母也可能对孩子过度保护，尤其当父母发展到监视孩子的地步时，有些孩子甚至对此都不知情。

建议 2：父母要鼓励孩子多跟朋友面对面地互动，并保证他们有充足的睡眠，而不是仅仅关注他们使用智能设备的时长。智能设备最大的坏处就是会付出巨大的机会成本，由此造成第 5 章介绍过的 4 大伤害中的两种，即社会剥夺和睡眠剥夺。如果孩子平时会和朋友在线下共度许多时光，比如参加运动队、自由玩耍、出门闲逛、聚会等，而且孩子的睡眠时间充足，对任何智能设备都没有成瘾或滥用的苗头，那么你或许可以放宽智能设备的使用限制。他可以跟朋友一起畅快地玩电子游戏，但需要大家聚在一起玩，而且不能玩太长时间，这样比孩子一个人憋在房间里玩要好得多。莱纳德·萨克斯（Leonard Sax）是《浮萍男孩》

（*Boys Adrift*）一书的作者，他建议孩子在工作日平均每天使用智能设备不要超过 40 分钟，周末可以延长到 1 小时。[22] 但很多家庭采取的是工作日“一刀切”的制度，在上学的日子里孩子完全不被允许使用智能设备，到了周末则可以用较长时间。考虑到社交媒体的特性，如果你家是唯一一个在工作日“一刀切”的家庭，那么这个制度执行起来就会有很大的阻力。不过你可以跟孩子各位好友的父母们协商一下，大家一起设限，都不让孩子在工作日碰智能设备，那么就可以解决集体行动问题，每个孩子都能从中获益。

建议 3：为一天或者一周的生活制订出明确且固定的时间表。第 8 章提到过，清晰明确的时间规划与空间设置是仪式感的前提，是社群活动的必要条件，可以强化成员对集体的归属感，哪怕这个集体非常小，就是一个二人小家庭。家人们一起吃饭时应该规定“远离手机”，每个人都别碰手机，大家才能把注意力放到彼此身上。你们还可以举行家庭电影夜活动，一起定期观影。父母其实不应该允许孩子把手机带入儿童房，但如果你是允许的，要规定好清场时间，最晚不能晚过睡前半小时。[23] 每天一到这个时间，手机就必须拿出儿童房。你们可以设置一个“数码安息日”，每周一天，在这一天从早到晚谁都不许使用任何智能设备。你们还可以安排一个“零设备周”，每年安排一周，在这周大家都暂时戒掉智能设备。在过“零设备周”时，你们可以举家去一个风景优美的地方度假，享受大自然。

建议 4：留心观察孩子，及时发现他对智能设备成瘾或滥用的苗头。智能设备实在是太好玩了，特别是电子游戏，这个年龄段的孩子无人能抵抗。如第 7 章所说，少量地玩游戏通常来说问题不大，不过，约 7% 的儿童和青少年玩到最后会重度成瘾，或者产生学界定义的问题行为，这意味着游戏已经干扰到了孩子的实际生活，影响到了他在其他方面的表现。色情内容、社交媒体和电子游戏是三大问题源，最可能让青少年走弯路，产生问题行为。这些问题行为持续几年后，就可能造成不可逆的伤害，第 7 章的克里斯就说过，自己仿佛成了一台“空洞的操作机器”。美国心理学会针对如何识别社交媒体滥用，提供了一套判断标准，这套标准完全适用于所有的智能设备。

建议 5：等孩子到了 16 岁，再支持他申请社交媒体账号。孩子在青春期的头几年尤为脆弱敏感，此时不宜让他沉浸在 TikTok 或 Instagram 这样强大的社交平台中。这不等于说孩子完全不能接触这些平台上的内容，只要他能打开网络浏览器，就不可避免地会看到。不过，单纯地观看短视频，和注册一个属于自己的 TikTok 账号是两码事。一旦有了自己的账号，任何空闲时间孩子都可以通过手机应用程序登录平台，用起来就收不了手。开设账号意味着青少年要向平台提供个人数据，置身于算法推荐的内容洪流中以最大化参与度，同时还要不断发布自己创作的内容。因此，建议将这决定性的一步推迟到高中阶段再实践。

建议 6：孩子快进入青春期时，跟他好好聊聊网络的风险，也听听他的意见。即使孩子还没注册社交媒体账号，也会在网上碰到儿童不宜的内容，这些内容几乎是无法避免的。你可以与孩子谈一谈在网上发布公开信息或分享个人资料的风险，让孩子知晓这些行为可能招致性骚扰以及网络霸凌。你也可以问问孩子，周围朋友是不是在上网时有不好的习惯，他对朋友的习惯有什么看法，以及他认为应该如何避免。

迟早有一天，你必须得放手，让孩子获得上网的自由。但在孩子漫长的童年时期以及青春期前期，即 6 ～ 13 岁，你如果能尽量减少孩子的上网时间，并提高他在线活动的质量，那么你将为他创造更多机会，让他与现实世界亲密接触，也将为孩子的大脑赢得健康发育的宝贵时间，帮助他发展更强的自我控制能力和更集中的注意力。

如果你的孩子在使用社交媒体时出现了如下现象，那么他可能已经产生问题行为了：

- 游戏影响到了他日常生活的其他方面，如学业、工作、交友、课后活动等。

- 他经常有难以抑制的想要查看社交媒体的冲动。
- 他为了上网而说谎或采取欺骗行为。
- 他总是在社交媒体和面对面的互动中选择前者。
- 社交媒体导致他无法保证每天 8 小时的睡眠。
- 社交媒体妨碍他进行规律的体育运动。
- 他有时也希望自己能停下来，但怎么也无法让自己停手。

如果你的孩子出现了上述任何一种或几种迹象，那么你就需要跟他好好聊一聊了。如果孩子无法立刻自我调整或者同时出现了好几种迹象，那么你需要暂时没收他的手机等设备，对他进行设备脱瘾治疗和多巴胺矫正。你可以查阅与电子游戏、社交媒体问题矫治相关的网站，获得帮助。[24]

给 13 ～ 18 岁孩子父母的建议

在走向成年的过程中，升入高中是一个重要的转折点，这一时期，孩子在现实世界和虚拟世界都可以获得更大的自由，也要承担更大的责任。

如何给孩子更多且更好的线下活动体验

对孩子来说，进入高中①，几乎就等同于进入了青春期。这个时期是抑郁和焦虑的暴发期。前面几章已经论证过，帮孩子找到价值感以及与现实世界的联结感，对孩子社交能力和情绪管理能力的提高都至关重要。所以，我们大可以给这个年龄段的孩子安排一些成人级别的挑战与责任。此外，榜样的力量也不容忽

① 美国的高中多为九至十二年级，比中国早一年开始。——译者注

视，我们要给孩子找到值得学习的榜样。这个榜样要去外面找，不是我们自己。

行动建议 The Anxious Generation

建议 1：提升孩子的自主出行能力。帮助孩子掌握家附近常用的交通工具，如自行车、公交车、地铁、火车等。随着他们的年龄越来越大，他们可以探索的世界也应该越来越大才对。只要孩子到了可以考驾照的年龄，我们就支持孩子去考。如果家里有车，等孩子考取了驾照，大人可以传授一些驾驶技巧，鼓励他们上路。孩子可以和朋友四处兜风，享受愉快的旅程。父母要多支持孩子和朋友们去"第三地点"活动。第三地点是指家庭和学校以外的场所，如商场、公园、比萨店，在这些地方，孩子可以远离成年人的监督，自由地与同龄人交往。否则，他们可以自由社交的场所可能就仅限于网络空间了。

建议 2：让孩子帮忙做家务。十几岁的孩子完全可以做饭、打扫，也可以骑自行车或者乘坐公共交通工具去帮大人跑腿。等孩子到了 16 岁，他们还能开车帮大人出门办事。让孩子分担一些事情，不仅是在教他们正确的工作态度，也是在帮他们感知自己的价值，毕竟 Z 世代心中普遍存在一种虚无感，看不到人生的价值。一个 13 岁的孩子告诉勒诺，她开始独自承担更多家务了，比如帮妈妈去药店买药，或者自己去一些地方，而无须妈妈开车接送。通过做这些事情，她意识到了妈妈的不易。妈妈要做太多琐碎无聊的杂事，比如安排上下学的接送事宜，在寒风中枯坐着等孩子的足球赛结束，劳心劳力还得不到一句感谢。孩子一旦跟妈妈共情，且帮妈妈做了更多家务后，亲子间的矛盾便会渐渐消失，因为她们明白两人是同一个战壕里的队友。

建议 3：鼓励孩子找一份兼职工作。让孩子给别人当一回下属，会是一段很有意义的经历，哪怕他的上司不是个好打交道的人。孩子去当一天的临时工也行，比如帮邻居家铲掉车道上的雪，就这么一件不起眼的任务，其实也需要孩子跟大人交涉报酬等事宜，且踏踏实实地交付成果。

靠自己的劳动挣钱，再由自己决定怎么花钱，对青少年来说，这是一种增强自我效能感的重要体验。

建议 4：创造机会，让孩子培养和展现他的领导力。你可以让孩子去指导和照料年幼的孩子，形式不限，临时保姆、夏令营营地辅导员、助理教练等都不错。即使孩子自己都需要老师的帮助，也不妨碍他们成为弟弟妹妹的小老师。照顾小孩似乎能激发人的同理心和领导力，勒诺的小儿子第一次参加童子军的通宵露营时就经历了这样的事情。那时他才 11 岁，兴奋得手舞足蹈，忘乎所以，以致连睡袋都忘了带。当他想起睡袋的事情时，顿时号啕大哭，觉得营地一定会把自己送回家去。就在此时，一个高年级的童子军，其实也就是个高中生，对勒诺的儿子说："没关系的！我预料到可能会出现这类突发事件，所以总是习惯多带一个睡袋，以防万一。"勒诺的儿子很感激，勒诺本人知情后也感激不已。一晃多年过去，勒诺才知道当年那个高中生根本没带额外的睡袋，那晚他睡在了寒冷坚硬的地上，勒诺一时铭感五内，不知如何言谢。这就是成为领导者的方式，通过这样的经历，孩子们学会了自我牺牲和关怀他人。

建议 5：让孩子参加高中交换项目。交换项目的历史很久远，早在 1500 年，就有一位去英格兰的游客写道："这里的人无论多么富贵，都一定会把自己的孩子送去别人家生活一段时间，他们自己也会把陌生人的孩子接来住。"[25] 是的，那可是中世纪的英国，在那样的时代，人们就明白交换生体验能打开孩子的视野。比起父母的话，孩子更听得进去他人的意见。回到当下，我推荐美国人考虑一下"美国交换项目"。[26] 这个项目组织美国的高中生到别的州，在一个新家庭里生活一周，目的是加强美国人的凝聚力，令大家放下隔阂，团结起来，而且这个项目是免费的！父母还可关注由国际文化交流组织（前身为 American Field Service，AFS）主办的项目。在过去几十年里，该组织持续向各个国家派遣高中生，[27] 青少年通过这些项目与接待家庭同吃同住，还可以在当地上学。与此同时，你也可以成为接待家庭，短期照顾一个来自海外的孩子。[28] CISV（Children International Summer Village）由儿童心理学家多丽丝·艾伦（Doris Allen）博士创立，通过交换等项目培养孩子们的跨文化友谊，最小 11 岁就可以参加，全球有超过 60 个国家有 CISV 的分会。[29]

建议 6：鼓励孩子亲近大自然。你可以给孩子安排天数多一些、距离远一点儿的自然探险活动，他们可以和朋友们一起，也可以和团队一起。背包旅行、登山、划独木舟、徒步、游泳……通过这些活动，他们可以亲近自然，激发出对现实世界的无限激情、惊奇，以及生存能力。美国户外拓展训练中心（Outward Bound）和美国国家户外领导力学校（National Outdoor Leadership School）可以提供一个月甚至更长时间的项目，以培养孩子的自立能力、社会责任感、自信心以及团队精神。这些项目并不要求孩子有户外活动的经验。还有一些免费或有补贴的项目，[30] 第 10 章介绍过。[31] 正如户外拓展训练中心的创始人库尔特·哈恩（Kurt Hahn）所说：“我们的内心远比我们自己理解的更丰盛。如果我们能看到自己的潜能，激活它，那么此后余生我们都将不再甘于平淡。每个人的心中都有一股勃发的激情，那是对冒险的渴盼，是要把这一生活得精彩跌宕的豪情。”

建议 7：高中毕业后让孩子休息一年，体验一下间隔年。很多孩子高中一毕业，便马不停蹄地去念大学，脑子里对这个社会没有太多了解。他们怎么确定自己这辈子想干的是什么呢？他们甚至很难确定自己有没有选错大学。我们要给这些年轻人机会，让他们去发掘自己的兴趣，了解这个社会。间隔年里，他们可以去工作、挣钱、做志愿者。不要担心这些体验会影响孩子未来的精英形象，这些体验是孩子的铺路石，能帮助他们找到毕生的激情所在，帮助他们去追梦。间隔年不会耽误孩子的成长，反而还会给成长提速。这是孩子提高技能的一年，也是培养责任心和自立能力的一年。

我提的这些建议都是为了帮助青少年融入现实世界，从中找到自信，提高个人能力。父母要鼓励孩子走出舒适区，多参加这些活动，开阔眼界。我们自己也一样，要不断升级思维，保持成长的状态。虽说无缘无故地冒险受伤是愚蠢的行为，但一段英雄的旅程必然包含了一路的风险，而且，就算你不踏上这段旅程，一样有风险要面对。

如何给孩子更少但更好的线上活动体验

青少年时期，孩子的身心逐渐发育成熟，抑制冲动和自我控制的能力越来越强，所以父母们可以逐渐放宽管束了。虽然前额叶皮质要到20岁以后才完全发育成熟，但16岁的孩子可以，也应该比12岁的孩子拥有更大的自主权和决定权。

当你把孩子的手机从功能手机换成智能手机时，你应该跟孩子讲清楚规则，并仔细监控孩子的使用情况。你要设定好规则，告诉孩子哪些事情该做，哪些事情不该做。比如，你可以制定一条家庭守则，清晰地规定好什么时候可以玩手机等设备，什么时候不能。高中生比初中生更容易睡眠不足，所以父母要格外用心，帮孩子养成良好的入睡习惯，比如每晚在固定时间把手机拿出孩子的房间。我的大多数学生表示，自己每晚睡前做的最后一件事，以及早上醒来做的第一件事，都是查看短信和社交媒体账号。不要让你的孩子养成这个习惯。

当你的孩子开设了自己的社交媒体账号后，要留心他有没有滥用或成瘾的迹象。时不时跟孩子聊聊，问问他网络对他的目标有何助力或阻碍。跟孩子介绍社交媒体的算法逻辑，以及它们是如何让无数用户上瘾，对他们造成伤害的。

最后我还想说一点，是关于智能手机如何改变亲子关系的。2012年前后，青少年开始使用智能手机，随之而来的是孩子们大范围暴发的焦虑。与此同时，还发生了一件事情：父母也开始用智能手机了。从此，父母拥有了一项在功能手机时代不曾有过的超能力，随时随地监控孩子的举动。勒诺认为，这种超能力或许也是造成孩子们焦虑和自信心下降的原因之一。孩子无论去哪里，都躲不开父母的监视，比如去上学的路上，以及放学后跟朋友一起玩耍的时候。只要哪里不对劲，父母立刻就会给孩子打电话、发信息，或者等孩子回家后盘问各种细节。有人称手机是“世界上最长的脐带”，也有人称它是“隐形的围栏”。无论怎么比喻，只要孩子用上了手机，他们的自主性就开始急剧下降。就算父母不怎么看追踪软件，就算孩子从来没因为自行车掉链子而向妈妈紧急求助，孩子的自主性也可能下降。这使儿童和青少年更难感受到自己是独立的、被信任的和有能力的，也使父母更难放手。

这些年来，勒诺和我一直在探讨追踪软件的利弊。杰妮和我给孩子买了手机后，马上就装了追踪软件。有了这款软件，我们才放心更早地给孩子自由，让他在纽约市开始放养式成长。但后来我从勒诺那里了解到，对儿童的监视在日益严重化，有些学校甚至开始用计算机来追踪孩子的学业表现，孩子的考试成绩一出来，学校立刻就会给父母发分数通知，父母每天都能收到孩子在学校的行为报告。听到这些消息，我深感不安。在我的孩子年幼时，追踪软件帮我们夫妻俩建立了对他的信任，现在，追踪软件还在帮助我们管理家庭日常，比如确定大家何时回家共进晚餐。我们是否要关掉追踪软件呢？我们应该关吗？我也不知道。

本章小结
The Anxious Generation

- 为人父母，向来不容易。当下这个世界，社交局面和科技瞬息万变，做父母更是难上加难，但我们还是有很多办法做一个好“园丁”，为孩子创造良好的成长环境，而不是做一个“木匠”，把孩子修剪成满分模样。
- 你想在现实世界里成为一个优秀的“园丁”，那就需要做好一件事情，即给孩子充足的自由玩耍时间，就像你在这个年龄曾经拥有的那种，这意味着要为他们提供一个更长、更充实的玩耍式童年，随着他们的成长，逐步增强他们的独立性和责任感。
- 你想在虚拟世界里成为一个优秀的“园丁”，也需要做好一件事情，即推迟给孩子买智能手机或任何类似设备的时间，以延缓手机式童年的到来。上高中之前，孩子有一部功能手机即可。尽量与其他父母达成共识，一起杜绝智能手机的入侵，这样孩子就不会觉得自己是中学里唯一没有智能手机的异类了。

- 有很多办法可以帮助孩子融入现实世界，享受社区活动，比如送孩子参加禁用智能设备的过夜露营，全家一起去露营，或者让孩子和其他不使用智能手机的孩子找个地方一起玩。

- 随着孩子渐渐长大，鼓励他们扩大活动范围，寻找兼职工作，以及向其他成年人学习本领和技能。可以考虑让孩子参加交换项目、夏季的野外项目，或在高中毕业后体验间隔年。

- 自由放养式的童年更有可能培养出自信、有能力的年轻人，他们通常焦虑水平较低。相比之下，那些被安全主义思想、恐惧和父母监视主导的童年，显然不会太乐观。最大的阻力其实是父母自己的焦虑情绪，是大人不敢放手，让孩子离开成人的守护。我们需要训练自己放手，最终，能够信任孩子所带来的满足感会远远超过放手时的短暂焦虑。

- 大多数专家建议，18 ～ 24 个月的孩子不要接触智能设备，除非是为了跟家人进行视频通话。在孩子 5 岁或 6 岁前，父母都应该对智能设备有所控制。

- 孩子在 6 ～ 13 岁时，父母要学会使用父母控制功能，明确规定什么时间、什么地点不可以玩手机，并密切关注孩子是否出现了滥用或成瘾的苗头。

- 你的行动对解决父母们的集体行动问题很有意义。如果你晚一点儿再给孩子买智能手机，那么其他父母也会晚一点儿再买；如果你敢于把自由还给孩子，那么其他父母也会敢于放手。大家团结一心，携手行动，一切都会变得更容易，孩子们的童年体验也会更加开怀。

结　语

把童年还给孩子

创作本书并不是我计划中的一件事。犹记得那是在 2021 年底，我着手写一本书，那本书的主题是关于社交媒体对美国民主状况的破坏，我原本打算先用一章的内容来谈谈社交媒体对 Z 世代的影响，讨论一下社交媒体是如何干扰了他们的社交生活，并导致精神疾病激增的，其余篇章则用来分析社交媒体如何在其他方面也造成了广泛而负面的影响。我会展示社交媒体是如何让大众沟通、国会、新闻业、大学，以及其他重要的民主机构分崩离析的。

但当我真的写完了那一章，也就是本书的第 1 章后，我意识到原来青少年的心理问题远比我预想的还要严重和紧迫。这场心理大危机并不局限于美国，许多西方国家也在上演。它不只关乎女孩，也同样波及男孩。它甚至不单纯只是社交媒体方面的问题，而是人类童年的一场根本性变形，指向了一种反人类的童年形态——手机式童年。

扎克和我汇总了各项研究成果，整理出了 12 份总结性文件，其中 1 份是这场心理大危机的原因分析合集，来源是其他学者的发现与观点。[1] 随着研究的深入，我们看得越发清楚了，危机的罪魁祸首就是 2010—2015 年发生的童年大重构。美国 Z 世代的心理健康状况崩塌至此，的确少不了诸多因素的综合作用，但没有理论能够解释，为什么这场危机会蔓延到各个国家，同时影响到如此之多 Z 世代的孩子。除非有一天我们发现，在 21 世纪第二个 10 年初期，某种化学物质被释放到了北美洲、欧洲、澳大利亚和新西兰居民的饮用水或食物中，这种化学物质具有针对性，青春期的女孩受影响最大，对 30 岁以上人群的心理健康影响甚微。否则，在所有的理论中，对这场危机最有力的解释就是童年大重构。

于是，我决定把那本书的内容拆分成两本，并先完成你此刻正在读的这一本，因为青少年的心理健康问题已刻不容缓，而当下我们可以做很多事情来扭转这一局面。作为一名社会学家、一位老师、一名养育着两个孩子的父亲，我实在是一刻都不想再耽误了。如果手机式童年真的是这场大危机背后的主要原因，那么父母、老师和 Z 世代的孩子们可以采取一些强有力的措施来改变这一现状，瓦解手机式童年的攻势。

在第四部分，我列出了许多建议，下面这 4 条可以说是最关键的建议。

行动建议 The Anxious Generation

关键建议 1： 孩子上高中前不使用智能手机。

关键建议 2： 孩子 16 岁前不开设社交媒体账号。

关键建议 3： 学校内禁止使用手机。

关键建议 4： 让孩子有充足的自由玩耍时间以及自主权。

这 4 条建议极其重要，因为它们能解决多个领域的集体行动问题。但凡有一位父母行动起来，那么他身边的父母就更容易跟进，采取同样的行动。但凡有一所学校能贯彻执行零手机校园制度，那么它的学生就都能与同学更亲密地相处。如果一个地区能全面采纳并落实这 4 条建议，那么不出两年，该地区孩子们的心理健康状况就极有可能显著改善。[2]

我们要怎么做才能落实这 4 条建议呢？我想用另外两条建议来回答这个问题，同时也为本书画下一个句号。这两条建议是“表达出来”和“团结起来”。

表达出来

1968 年，比布·拉坦（Bibb Latane）和约翰·达利（John Darley）进行了一个经典的社会心理学实验。他们请哥伦比亚大学的数名学生来到实验室，表面上是参加一个关于城市生活问题的讨论，[3] 而真正的实验其实是在等待室进行的。学生们要先在那里填写一些摸底问卷，但没过几分钟，一股奇怪的烟雾就通过通风口涌入了房间。同学们是会站起来告诉别人，还是坐在座位上默默地填写问卷呢？

在对照组里，学生要独自坐在等待室填写问卷，在这种情况下，有 75% 的学生采取了行动，50% 的学生在发现烟雾后的两分钟内便离开了房间，去寻找实验的负责人告知此情况。实验团队在等待室安装了双面镜，对整个过程进行了监控和录像。

在实验组里，同学们是三人一组进入等待室的，每人分别坐在一张桌子前。研究团队想知道，当几个受试者同时发现烟雾涌入时，大家采取行动的概率是提高还是降低了。答案是降低了。实验组的 24 名学生里，仅有三名站出来，去找负责人报告了情况，其中仅一人反应相对迅速，在发现烟雾后 4 分钟内便这么做了。当他决定去找人时，等待室里已烟雾弥漫，每个人的视野都开始模糊。

注意，那些烟雾不是火灾产生的烟雾，只是研究团队用二氧化钛粉末制造的假象，这种技术常被用在电影里制作烟雾效果。[4]但有一点很重要：同学们并不知道发生了什么。在一片迷茫与未知中，人们总是习惯性地看向身边的人，看别人有什么反应，以此来判断情况如何、当下到底危险不危险。如果每个人都坐着不动，那么大家很可能会得出结论，认为这不是紧急情况。

数字技术渗透到孩子们的生活中，恰如烟雾涌进我们每个人的家里。大家都觉得事有蹊跷，但又看不懂是怎么回事。我们心里打鼓，总怕这烟雾对孩子是有毒的，但放眼望去，谁都没采取实质性的行动。

我们从上面的实验中得到了一个最重要的教训：自己的态度一定要明确地表达出来。既然你发现手机式童年有害，想把玩耍式童年还给孩子，那就要高声表达这个诉求。很多人跟你一样，早就发现了端倪，只是不知道下一步该怎么做。你需要大声地向朋友们、邻居们、同事们、社交媒体上的“粉丝”们以及选区代表们表达你的诉求。

只要你能清楚地表达自己的意见，让大家都知道你全力支持这 4 条重要的建议，你就能鼓舞更多人站出来，与你一起行动。如果你是 Z 世代的一员，那么你的社区就更需要你亲自发声了，你的声音拥有最大的说服力和影响力。

团结起来

只要你身边有观念一致的父母，大家都认同玩耍式童年的价值，同意把自由还给孩子，那么你一定要和这些父母团结起来。美国有很多成熟的组织都在关注这个问题，且致力于加强父母间的联系，如自由成长组织、Outsideplay、Fairplay 等。还有很多不错的组织也致力于让父母彼此联系，提供创意和资源，以尽量推迟手机式童年的到来，或减少其损害。这些组织有 Fairplay、Center for Humane Technology、常识媒体、Screen Strong 等，我在本书的在线补充资料中会列出更多组织信息。你可以多和孩子朋友的父母聊聊这个问题，相信大家都有类似的担忧。只要你们能团结起来，一起抵制智能手机和社交媒体的侵袭，那么父母和孩子们自然能更容易地摆脱手机式童年的噩梦，转而选择现实世界的社区活动。

如果你的孩子已经上学了，那么请与其他学生父母联合起来，直接找校长或负责人沟通，督促校方采纳本书第 11 章的建议：打造零手机校园，给孩子更多自由玩耍的时间。我敢保证，大多数校长、校方管理层、教师都讨厌手机，但他们需要先得到父母的支持，才能放心地采取行动解决这个问题。

如果你是一名教师，对智能手机和社交媒体造成的社会混乱及其对教学秩序的打扰感到不满，那么请和其他教师联合起来。你要先和教师们商量好，然后一起找学校领导谈谈，让学校加强对个人智能设备的管控，不仅针对手机，还有所有可以进行聊天和社交的设备，不允许孩子在课上有任何接触这些设备的机会。你不应该孤身与整个互联网斗智斗勇去争夺学生的注意力，而应该让学校想办法，向所有父母发出倡议，争取父母们的支持，携手对抗手机式童年。希望教师们能团结起来，集体向父母发声，督促父母从旁助力，一起拯救孩子的教育，这样成功的概率将会大大增加。

如果你是一个 Z 世代的孩子，那么可以参加一个由同龄人发起的组织，一起关注童年问题，共同推动变革。比如，有一个名为“为我们做设计”（Design It For Us）的组织，就是一个由年轻人领导的联盟，他们致力于政策改革，以敦促互联网行业为儿童、青少年和刚成年的年轻人产出健康有益的内容。正如该组织的联合主席埃玛·伦姆克（Emma Lembke）在美国参议院听证会中的证词所说：“我们每个人的经历或许不同，但我们都很受挫和失落，因为我们总被其他人形容成被动的受害者，是大科技公司脚下的牺牲品。我们要积极地推动变革，为下一代孩子打造一个全新而安全的互联网世界。”[5]

我在本书开篇讲述了一个虚构的故事，称一位富豪要把一群孩子送到火星上长大，事先并不告知孩子们的父母。作为父母，我们绝对不能接受如此荒诞的事情，但其实我们已经在接受了。即使我们并没有真的把孩子送去火星，孩子也没完全留在我们身边。

在地球上进化繁衍至今，人类的童年需要真实的玩耍和探索体验。孩子们必须扎根于现实世界的社区，才能茁壮成长，虚拟的网络世界无法满足他们的需求。在虚拟世界中长大的孩子，难免会受到焦虑、失范和孤独的冲击。一场从玩耍式童年向手机式童年过渡的大重构，是一场灾难性的悲剧。

是时候叫停火星计划了，让我们把孩子带回地球家园吧！

致 谢

本书是团队的智慧结晶，在此我要先向我的三位队友致以诚挚的谢意。

我要感谢的第一个人是扎克·劳施。2020 年，我聘请了这个年轻人当我的研究助理。他和我一样，都喜欢从社会心理学角度出发研究复杂的社会问题。他主动引领我们回答了我需要解决的两大问题，这两大问题分别是：心理大危机的国际形势如何？男孩们正在经历什么？ 2022 年秋，我正式提笔撰写本书时，扎克已经成为我的知己和编辑。接下来的一年零两个月里，我们紧密合作，他甚至牺牲了许多夜晚和周末的时间，投入这本我们最初预计篇幅不长的书中。在这段时间里，扎克从一个心理学二年级的研究生，成长为一流的研究人员和学者。没有他，就没有这本书。

其次，我要感谢勒诺·斯科纳兹。自从读了她的著作《放养孩子》后，我便视她为我育儿理念的灵感来源及挚友。撰写本书时我向她求助，了解哪些信息对父母有价值。她在谷歌文档上与我共享了许多有益的创意，于是我便邀请她与我一起创作第 12 章，然后又一起写作了关于学校行动的第 11 章，后来还加了第 10 章，关注政府应采取的政策。如果这本书的问世能够唤醒父母、学校和社会，让他们把独立性还给孩子，那将归功于勒诺作为自由成长组织的主席多年来的不懈努力，以及她为本书第四部分做出的巨大贡献。

再次，我要特别感谢企鹅出版社的编辑弗吉尼亚·史密斯（Virginia Smith）。

我和金妮[①]的合作始于 2016 年，那时格雷格·卢金诺夫和我开始撰写《娇惯的心灵》一书，金妮就是我们的编辑。金妮与助理编辑卡罗琳·悉妮（Caroline Sydney）一起，对本书的每一章都进行了细致的编校工作。我总是拖稿，多亏了她们的精诚努力，本书才得以成形。

除此以外，我们的团队还有许多成员。每一位都为本书的付梓做出了重要贡献，让我感怀在心。伊莱·乔治（Eli George）是一位 Z 世代作家和学者，在创作本书的整个过程中，他与我紧密合作，提供了定性研究、创意思维，还开展了出色的编辑工作。拉维·伊耶是我的好友，也是我多年的合作伙伴，他在第 10 章就科技公司和政府能采取的措施方面提供了数条建议和好几段内容。克里斯·赛塔（Chris Saitta）负责所有的注释，并帮助我们了解男孩们正在经历什么。锡德里克·沃尼（Cedric Warny）帮助扎克开发了本书需要的数据库。戴夫·西西维利（Dave Cicivelli）是个酷酷的艺术家，也是我的朋友，他为《总数减一》（*All Minus One*）一书创作了插图，这次，他又施展自己的艺术魔力，为这本书创作了封面。

2023 年夏，我将本书原稿发给了几十位朋友和同事，请他们帮我找找书中的疏漏和不足。大家认真阅读，给予了各种各样的反馈，真诚而有建设意义。在此，我由衷地感谢：特雷弗·阿加茨马（Trevor Agatsuma）、拉里·阿姆塞尔（Larry Amsel）、玛丽·阿维莱斯（Mary Aviles）、约翰·奥斯汀（John Austin）、迈克尔·贝利（Michael Bailey）、芭芭拉·贝克尔（Barbara Becker）、阿图罗·贝哈尔（Arturo Bejar）、尤里·比尔姆斯（Uri Bilmes）、萨曼莎·博德曼（Samantha Boardman）、戴夫·博洛茨基（Dave Bolotsky）、德鲁·博洛茨基（Drew Bolotsky）、玛丽亚·布里奇（Maria Bridge）、特德·布鲁格曼（Ted Brugman）、玛丽安娜·布鲁索尼、马琳·邦古姆（Maline Bungum）、罗恩·伯恩（Rowan Byrne）、卡米尔·卡尔顿（Camille Carlton）、黑莉·切莱梅多斯（Haley Chelemedos）、卡丽萨·陈（Carissa Chen）、吉姆·科恩（Jim Coan）、格雷丝·科尔（Grace Coll）、

① 金妮是弗吉尼娅的昵称。——译者注

杰克逊·达文波特（Jackson Davenport）、萨曼莎·达文波特（Samantha Davenport）、迈克尔·丁斯莫尔（Michael Dinsmore）、阿什莉·戴克曼（Ashlee Dykeman）、卢西·法里雷（Lucy Farey）、阿丽拉·费尔德曼（Ariella Feldman）、克里斯·弗格森（Chris Ferguson）、布赖恩·加拉格尔（Brian Gallagher）、彼得·格雷、本·海特（Ben Haidt）、弗朗西斯卡·海特（Francesca Haidt）、马克斯·海特（Max Haidt）、珍妮弗·汉密尔顿（Jennifer Hamilton）、梅拉妮·亨佩（Melanie Hempe）、亚历山德拉·赫德森（Alexandra Hudson）、弗雷娅·英迪娅、安德烈亚·基思（Andrea Keith）、妮科尔·基腾（Nicole Kitten）、塞纳·科莱娃（Sena Koleva）、比尔·库恩（Bill Kuhn）、埃莉·劳布（Elle Laub）、约翰·李（John Lee）、安娜·伦布克、梅克·莱纳德（Meike Leonard）、丽莎·利特曼（Lisa Littman）、朱莉娅·隆巴德（Julia Lombard）、麦肯齐·洛夫（Mckenzie Love）、塞尔吉奥·A. 洛佩斯兹（Sergio A. Lopez）、格雷格·卢金诺夫、乔伊·麦格拉思（Joy McGrath）、卡罗琳·梅尔（Caroline Mehl）、卡丽·门多萨（Carrie Mendoza）、杰米·奈克里（Jamie Neikrie）、埃文·奥本海默（Evan Oppenheimer）、帕梅拉·帕雷斯基（Pamela Paresky）、耶金·帕克（Yejin Park）、罗比·彭诺耶（Robbie Pennoyer）、玛丽亚·佩特罗娃（Maria Petrova）、凯尔·鲍威尔（Kyle Powell）、马特·普尔福德（Matt Pulford）、费尔南多·劳施（Fernando Rausch）、理查德·里夫斯、杰妮·里夫（Jayne Riew）、杰夫·鲁滨逊（Jeff Robinson）、托比亚斯·罗斯－斯托克韦尔（Tobias Rose-Stockwell）、阿瑟·罗森（Arthur Rosen）、尼马·鲁哈尼法德（Nima Rouhanifard）、萨莉·萨特尔（Sally Satel）、莱纳德·萨克斯、里基·施洛特、戴维·谢林、伊薇特·希恩申（Yvette Shin）、丹尼尔·舒克曼、马克·舒尔曼（Mark Shulman）、贝内特·西佩尔（Bennett Sippell）、本·斯帕洛斯（Ben Spaloss）、戴维·斯坦（David Stein）、马克斯·斯托塞尔（Max Stossel）、乔纳森·斯特雷（Jonathan Stray）、艾莉森·泰勒（Alison Taylor）、朱尔斯·特帕克（Jules Terpak）、琼·特文吉、锡德里克·沃尼和基思·温斯滕。

这份长长的名单里包含了几位极其用心的朋友，他们堪称超级编辑，事无巨细地对每一页内容提出了详细的点评，他们是：拉里·阿姆塞尔、格雷丝·科尔、迈克尔·丁斯莫尔、布赖恩·加拉格尔、妮科尔·基腾、麦肯齐·洛夫、玛丽亚·佩特罗娃、杰妮·里夫、马克·舒尔曼和本·斯帕洛斯。

我非常幸运，能在纽约大学斯特恩商学院担任教授。院长拉古·桑达拉姆（Raghu Sundaram）和系主任巴蒂亚·维森费尔德（Batia Wiesenfeld）在非常时期给予了我坚定不移的支持。斯特恩商学院的商业与社会项目是一个学习的好地方，学生们可以在此钻研商业如何影响乃至颠覆社会。

我最需要感谢的人是我的妻子杰妮·里夫，是她让我此生第一次产生了生儿育女的愿望，而现在我们俩正分享着见证着两个孩子成长的喜悦，也一同看着孩子们逐步启程，勇敢地去人生的旷野探险。

The Anxious Generation

注释与参考文献

考虑到环保的因素，也为了节省纸张、降低图书定价，本书编辑制作了电子版的注释与参考文献。请扫描下方二维码，直达图书详情页，点击“阅读资料包”获取。

扫码查看本书的注释与参考文献

未来，属于终身学习者

我们正在亲历前所未有的变革——互联网改变了信息传递的方式，指数级技术快速发展并颠覆商业世界，人工智能正在侵占越来越多的人类领地。

面对这些变化，我们需要问自己：未来需要什么样的人才？

答案是，成为终身学习者。终身学习意味着永不停歇地追求全面的知识结构、强大的逻辑思考能力和敏锐的感知力。这是一种能够在不断变化中随时重建、更新认知体系的能力。阅读，无疑是帮助我们提高这种能力的最佳途径。

在充满不确定性的时代，答案并不总是简单地出现在书本之中。“读万卷书”不仅要亲自阅读、广泛阅读，也需要我们深入探索好书的内部世界，让知识不再局限于书本之中。

湛庐阅读 App：与最聪明的人共同进化

我们现在推出全新的湛庐阅读 App，它将成为您在书本之外，践行终身学习的场所。

- 不用考虑“读什么”。这里汇集了湛庐所有纸质书、电子书、有声书和各种阅读服务。
- 可以学习“怎么读”。我们提供包括课程、精读班和讲书在内的全方位阅读解决方案。
- 谁来领读？您能最先了解到作者、译者、专家等大咖的前沿洞见，他们是高质量思想的源泉。
- 与谁共读？您将加入优秀的读者和终身学习者的行列，他们对阅读和学习具有持久的热情和源源不断的动力。

在湛庐阅读 App 首页，编辑为您精选了经典书目和优质音视频内容，每天早、中、晚更新，满足您不间断的阅读需求。

【特别专题】【主题书单】【人物特写】等原创专栏，提供专业、深度的解读和选书参考，回应社会议题，是您了解湛庐近千位重要作者思想的独家渠道。

在每本图书的详情页，您将通过深度导读栏目【专家视点】【深度访谈】和【书评】读懂、读透一本好书。

通过这个不设限的学习平台，您在任何时间、任何地点都能获得有价值的思想，并通过阅读实现终身学习。我们邀您共建一个与最聪明的人共同进化的社区，使其成为先进思想交汇的聚集地，这正是我们的使命和价值所在。

著作权合同登记号：图字：01-2025-0797 号

图书在版编目（CIP）数据

焦虑的一代 / (美) 乔纳森·海特 (Jonathan Haidt) 著 ; 赵学坤译. --北京：中国纺织出版社有限公司，2025. 3.（2025.11重印）-- ISBN 978-7-5229-2527-1

Ⅰ. G782

中国国家版本馆CIP数据核字第2025C70L95号

责任编辑：王　羽　　责任校对：王花妮　　责任印制：王艳丽

中国纺织出版社有限公司出版发行

地址：北京市朝阳区百子湾东里 A407 号楼　邮政编码：100124

销售电话：010—67004422　传真：010—87155801

http://www.c-textilep.com

中国纺织出版社天猫旗舰店

官方微博 http://weibo.com/2119887771

天津中印联印务有限公司印刷　各地新华书店经销

2025年3月第1版　2025年11月第2次印刷

开本：710×965　1/16　印张：18.75　插页：1

字数：295千字　定价：89.90元